# MACD指标
## 波段交易技术精解

刘振清◎编著

中国宇航出版社
·北京·

版权所有　侵权必究

图书在版编目（CIP）数据

MACD指标：波段交易技术精解 / 刘振清编著. 北京：中国宇航出版社，2025.5. -- ISBN 978-7-5159-2525-7

Ⅰ．F830.91

中国国家版本馆CIP数据核字第2025ZY5631号

| 策划编辑 | 卢　册 | 封面设计 | 王晓武 |
| --- | --- | --- | --- |
| 责任编辑 | 卢　册 | 责任校对 | 吴媛媛 |

出版<br>发行　**中国宇航出版社**

社　址　北京市阜成路8号　　　邮　编　100830
　　　　（010）68768548
网　址　www.caphbook.com
经　销　新华书店
发行部　（010）68767386　　（010）68371900
　　　　（010）68767382　　（010）88100613（传真）
零售店　读者服务部
　　　　（010）68371105
承　印　三河市君旺印务有限公司
版　次　2025年5月第1版　　2025年5月第1次印刷
规　格　710×1000　　　　　开　本　1/16
印　张　12.75　　　　　　　字　数　195千字
书　号　ISBN 978-7-5159-2525-7
定　价　49.00元

本书如有印装质量问题，可与发行部联系调换

# 前 言

没有只涨不跌的市场，也没有只跌不涨的市场，这就是股票市场的现实。按照经典股票投资理论，在股价低于其内在价值时，进场买入股票，在股价远超其内在价值时卖出，是最理想的交易模式。不过，这种交易模式也只能停留在理想之中。现实情况是，股价的波动与其内在价值偏离是经常存在的，而且受市场环境、投资者情绪的影响，可能还会出现较大幅度的波动。换句话说，从现实的角度出发，若能找到股价某一波段上升的低点与高点，将是最有效的交易策略。当然，"最低点买入，最高点卖出"，也是理论上的最佳交易模式。市场上的投资者都在努力通过寻找更好用的技术指标，达到或接近最理想的交易点位。MACD指标是其中之一，而且被证明在寻找波动低点与高点方面，是非常好用的指标之一。

从阿佩尔发明MACD指标至今，已经得到了市场上投资者的普遍认可。在股票交易软件中，借助该工具做交易分析与决策的投资者数不胜数。目前，MACD指标已经成为大多数股票交易软件K线图中的默认首选指标。也就是说，MACD指标的效用已经经过了市场检验，并得到广大投资者的认可。同时，因为MACD指标在波段交易中的良好效用，被广大投资者送上了"指标之王"的美誉。

当然，MACD指标也不是万能的，也无法百分之百准确地识别股价的波动以及运行趋势、最佳买点与卖点，但如果以MACD指标为核心构建一套完整的交易系统，在股价波动过程中找准股价运行趋势，在股市中获利的概率就会大增。

应用MACD指标做好波段交易，应该注意以下几点。

第一，掌握MACD指标的语言。MACD指标的各个组成部分（DIFF快线、DEA慢线和MACD柱线）在运行过程中，会随着股价的上涨、下跌发出各类信号。作为投资者，必须准确、全面地识别这些信号，并将之应用于交易实战。本书写作的初衷，就是让读者掌握尽可能多的MACD指标语言和MACD指标实战操作技巧。

第二，建立一套符合个人特点的MACD交易系统。每个投资者都有自己的性格、爱好，这些个性化特征必将作用于交易实战。这些个性化特征本身并无优劣之分，关键是要投资者善加引导和利用，尽可能扬长避短，这样才能在交易中游刃有余。

第三，相信MACD指标，但不迷信MACD指标。股市中有太多的变数和不确定性，任何一种技术指标的准确率都是概率问题，即使能够做到90%准确，也还有10%的失误。

第四，合理控制仓位。这是做交易的基础和保障。无论你选择哪种技术指标，做哪种类型的交易，都必须把仓位控制好。没有良好的仓位控制，就不会有好的交易结果。毕竟，你是要在股市中长期生存下来的。

# 目 录

## 第一章　MACD 指标：波段操作指标之王

### 第一节　正本清源说 MACD 指标 / 3
一、MACD 指标的产生 / 3
二、基本原理：持仓成本 / 4
三、内核：价格强度与变化 / 6

### 第二节　MACD 指标研判核心：交叉、拐点、位置与方向 / 7
一、交叉：股价强度的变化 / 8
二、拐点：提示趋势的变化 / 9
三、位置：位置决定价值 / 10
四、方向：把握股价运行趋势 / 11

## 第二章　MACD 指标波段交易四大经典形态

### 第一节　交叉：黄金交叉与死亡交叉 / 14
一、MACD 指标金叉及交易技法 / 14
二、MACD 指标死叉及交易技法 / 19

### 第二节　发散：多头发散与空头发散 / 24
一、MACD 指标多头发散 / 24
二、MACD 指标空头发散 / 27

第三节　突破：MACD 指标对 0 轴的突破 / 29

　　一、向上突破 0 轴 / 30

　　二、向下跌破 0 轴 / 31

第四节　背离：顶背离与底背离 / 32

　　一、MACD 指标与股价顶背离 / 32

　　二、MACD 指标与股价底背离 / 35

## 第三章　MACD 指标线经典形态解读

第一节　MACD 柱线的伸缩 / 39

　　一、MACD 柱线"缩头"与"抽脚" / 39

　　二、MACD 柱线"杀多棒"与"逼空棒" / 45

　　三、MACD 柱线"尖峰"与"尖谷" / 49

　　四、MACD 柱线"双峰"与"双谷" / 52

　　五、MACD 柱线三重顶与三重底 / 56

　　六、MACD 柱线顶背离与底背离 / 59

第二节　MACD 指标线经典形态分析 / 62

　　一、多头风洞与空头风洞 / 62

　　二、双头与双底 / 66

　　三、天鹅展翅 / 70

　　四、佛手向上 / 72

　　五、小鸭出水 / 74

　　六、漫步青云 / 76

　　七、空中缆绳 / 77

　　八、空中缆车 / 79

　　九、海底电缆 / 81

　　十、海底捞月 / 83

## 第四章　MACD 指标与 K 线组合辨识波段趋势

### 第一节　MACD 指标与顶部识别 / 86
一、利用 MACD 指标识别顶部 / 86
二、M 顶 +MACD 指标顶背离 / 91
三、圆弧顶 +MACD 指标死叉 / 93
四、头肩顶 +MACD 指标顶背离 / 95

### 第二节　与 K 线组合识别底部反转 / 97
一、利用 MACD 指标识别底部 / 97
二、W 底 +MACD 指标底背离 / 104
三、圆弧底 +MACD 指标金叉 / 105
四、头肩底 +MACD 指标底背离 / 107

### 第三节　MACD 指标上升趋势与下降趋势识别 / 109
一、利用 MACD 指标识别上升趋势 / 109
二、利用 MACD 指标识别下降趋势 / 113

## 第五章　MACD 指标辅助分析系统

### 第一节　成交量辅助系统 / 117
一、成交量基础分析：放量与缩量 / 117
二、成交量确认价格变化 / 120
三、成交量确认 MACD 指标突破 0 轴 / 121
四、成交量确认 MACD 指标低位金叉 / 122

### 第二节　均线系统 / 124
一、均线的三大核心效用 / 125
二、30 日均线与 MACD 指标金叉 / 128
三、MACD 指标与均线金叉共振 / 131

## 第六章　MACD 指标波段追涨技法

### 第一节　MACD 指标强势追涨技法 / 135
一、DIFF 线拐头与 MACD 指标线急速拉升 / 135

二、MACD 指标二度金叉擒牛股 / 137

三、MACD 指标"空中加油"形态 / 139

四、上档盘整再起飞 / 141

### 第二节　MACD 指标盘整追涨技法 / 143

一、MACD 指标双回探形态 / 143

二、MACD 指标"水上飞"形态 / 145

三、MACD 指标"鳄鱼嘴"形态 / 147

四、0 轴折返再升空 / 148

## 第七章　MACD 指标组合波段技法

### 第一节　MACD 指标主升浪战法 / 153

一、周线 MACD 指标 0 轴金叉与主升浪 / 153

二、中轨线与 MACD 指标双向确认主升浪 / 155

三、周均线金叉与 MACD 二度金叉抓主升浪 / 158

### 第二节　MACD 指标抄底战法 / 160

一、低位双金叉＋突破 0 轴 / 160

二、MACD 指标金叉与 RSI 指标超卖 / 162

三、MACD 指标金叉与 BIAS 指标超卖 / 165

四、MACD 指标底背离与布林下轨线支撑 / 167

### 第三节　MACD 指标逃顶战法 / 169

一、MACD 指标顶背离＋MACD 指标死叉 / 170

二、KDJ 指标超买＋MACD 指标死叉 / 172

三、股价遇布林上轨线回落＋MACD 柱线缩头 / 174

## 第八章　以 MACD 指标为核心构建交易系统

### 第一节　基于 MACD 指标的选股技术 / 179

一、MACD 指标选股的基本原则 / 179

二、MACD 指标选股策略——0 轴选股 / 179

三、MACD 指标选股策略——背离与趋势选股 / 181

### 第二节　MACD 指标与左侧、右侧波段交易系统 / 183

一、左侧交易与右侧交易 / 183

二、利用 MACD 指标构建左侧交易系统 / 185

三、利用 MACD 指标构建右侧交易系统 / 188

# 第一章

# MACD 指标:
# 波段操作指标之王

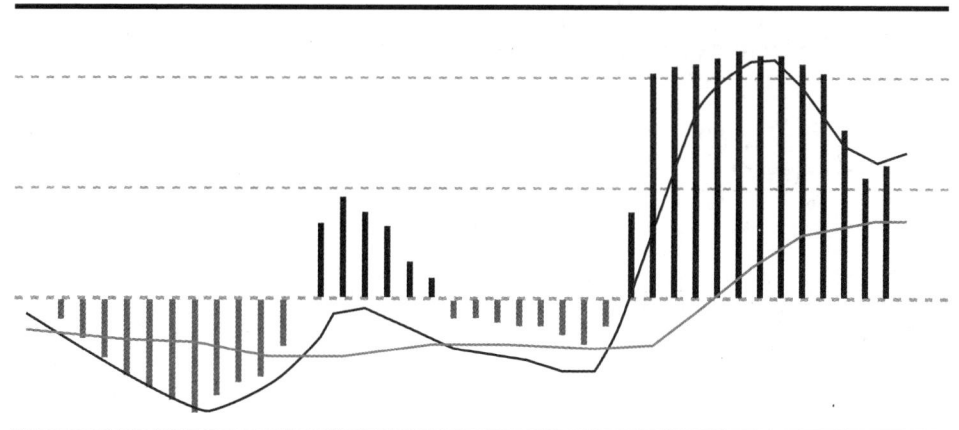

# MACD 指标：波段交易技术精解

MACD 指标即 Moving Average Convergence and Divergence，全称为指数平滑异同移动平均线，是由杰拉尔德·阿佩尔（Gerald Appel）在移动平均线基础上重新发展出来的一种技术指标，被市场上的交易者广泛采用。

在大多数炒股交易软件中，MACD 指标都是默认的首选指标。

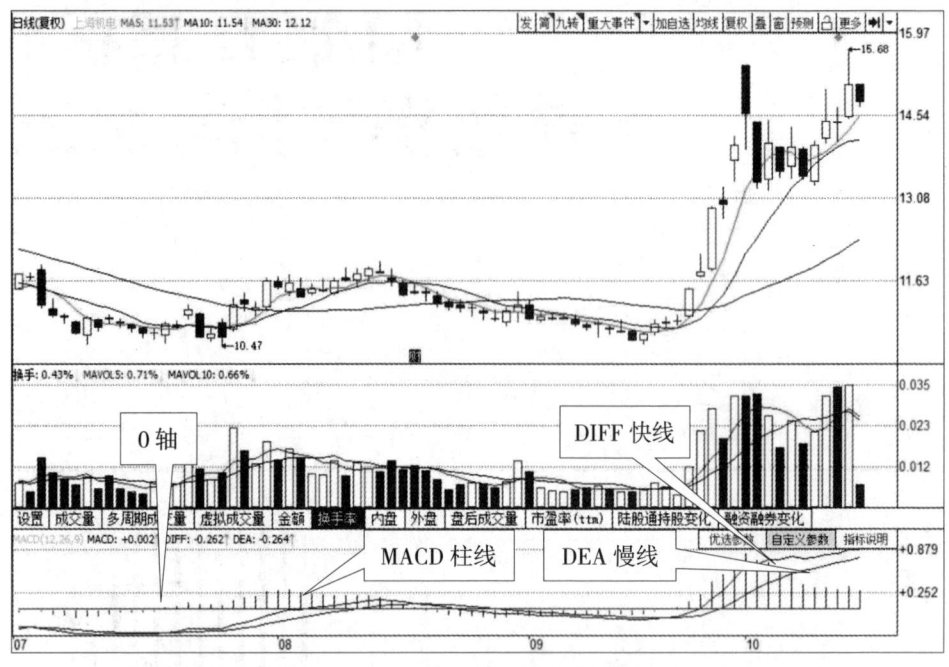

图 1-1  MACD 指标示意图

如图 1-1 所示，MACD 指标主要由 DIFF 快线、DEA 慢线、MACD 柱线、0 轴等四部分构成。MACD 指标能够成为很多炒股软件的默认首选指标，可见其应用的广泛性，也从侧面说明该指标是被历史检验过的有效且实用的指标之一。

# 第一节　正本清源说 MACD 指标

从本质上来说，MACD 指标是 MA（均线）指标的一种演化与发展。在实战过程中，MACD 指标的效果经受了几十年的交易考验，已经得到广大交易者的广泛认可。

## 一、MACD 指标的产生

MACD 指标产生于 19 世纪 70 年代。那个年代正是证券分析理论蓬勃发展的年代，目前使用的很多技术指标都产生于那个年代，如威廉指标、RSI 指标等。

阿佩尔是 19 世纪 70 年代开始从事投资市场研究的，其首次提出 MACD 指标的概念，是在 1979 年和福雷德·海期尔（Fred Hitschler）合著的《股市交易系统》一书中。

在最初发明的 MACD 指标中，实际上只有两根指标线和 0 轴，并没有 MACD 柱线。MACD 柱线是由美国人托马斯·艾斯普利（Thomas Aspray）在 1986 年加入的。自此以后，MACD 指标才变成了我们今天所看到的样子。

从 MACD 指标的全称 Moving Average Convergence and Divergence 中，可以看出该指标的核心设计思路。Moving Average，字面含义为移动平均线（MACD 指标是根据指数平滑移动平均线，即 EMA 为基础设计出来的）；Convergence and Divergence，指的是收敛和发散（异同）。也就是说，MACD 指标是对 EMA 指标进行了一定的平滑异同处理。

MACD 指标的参数主要为时间参数，即快速移动平均线的时间参数、慢速移动平均线的时间参数以及平滑天数等三项。

根据经验，一般将快速移动平均线的时间参数（短期参数）设为 12 天，将慢速移动平均线的时间参数（长期参数）设为 26 天，而将平滑天数（M）设为 9 天。这三个参数也是很多炒股软件中默认的参数。例如图 1-1 中，

MACD（12,26,9）指的就是慢速移动平均线的时间参数为 26，快速移动平均线的时间参数为 12，平滑天数为 9。当然，投资者也可以根据个人偏好自行设置移动平均线的时间参数，具体方法如下。

第一步，将鼠标移至 MACD 指标线的位置，DIFF 快线或 DEA 慢线均可。

第二步，右击鼠标，在弹出的"对话框"中选择"修改指标参数"项目。

第三步，在弹出的"对话框"中重新设置指标参数，如图 1-2 所示。

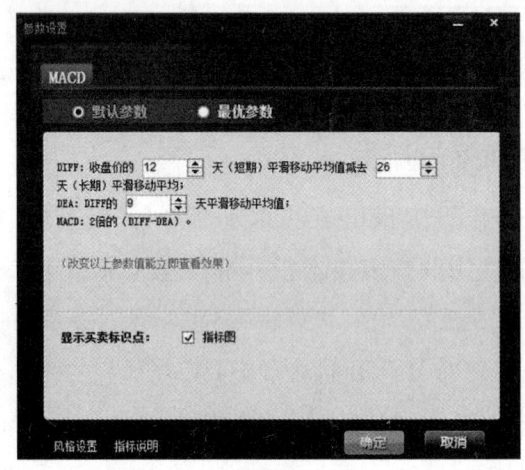

图 1-2　MACD 指标参数设置

## 二、基本原理：持仓成本

MACD 指标是在均线基础上衍生出来的一种技术指标，而均线又是反映市场平均持仓成本的一条线。因此，MACD 指标的变化在某种程度上也反映了市场持仓成本的变化情况。

### 1. 持仓成本理论

持仓成本是指一段时间内买入或卖出股票总交易成本减去浮动盈亏后除以持股数量而得到的数值。股价高于短线持仓成本时，说明短线买入股票者大部分呈盈利状态，在赚钱效应的驱动下，会有越来越多的投资者买入股票，因而股价继续上涨的概率较高；反之，股价低于短线持仓成本时，说明短线买入者大部分处于亏损状态，市场上的投资者因惧怕亏损而选择观望，因而股价继续下跌的概率较大。若股价反弹至持仓成本线时，持有该股的投资者必然认为此时是一个较好的卖点，于是纷纷卖出股票，就会对股价上涨造成较大的压力。

总之，股价低于市场持仓成本时，说明股价处于弱势，且未来下跌的可能性较大；股价高于市场持仓成本时，说明股价呈强势，未来上涨的可能性较大。

2. MACD 指标背后的持仓成本理论

MACD 指标线中的 DIFF 快线向右上方倾斜，且位于 0 轴上方时，说明股价的短期成本线高于中长期成本线，且成本差呈放大态势，说明股价将呈加速上涨态势；MACD 指标线中的 DIFF 快线出现拐头向下时，说明股价的短期成本线高于中长期成本线，且成本差呈缩小态势，说明股价上涨乏力，有转为下跌的风险；MACD 指标线中的 DIFF 快线与 DEA 慢线出现死叉时，说明股价的短期成本线开始低于中长期成本线，且成本差呈放大态势，即股价开始进入下跌行情。

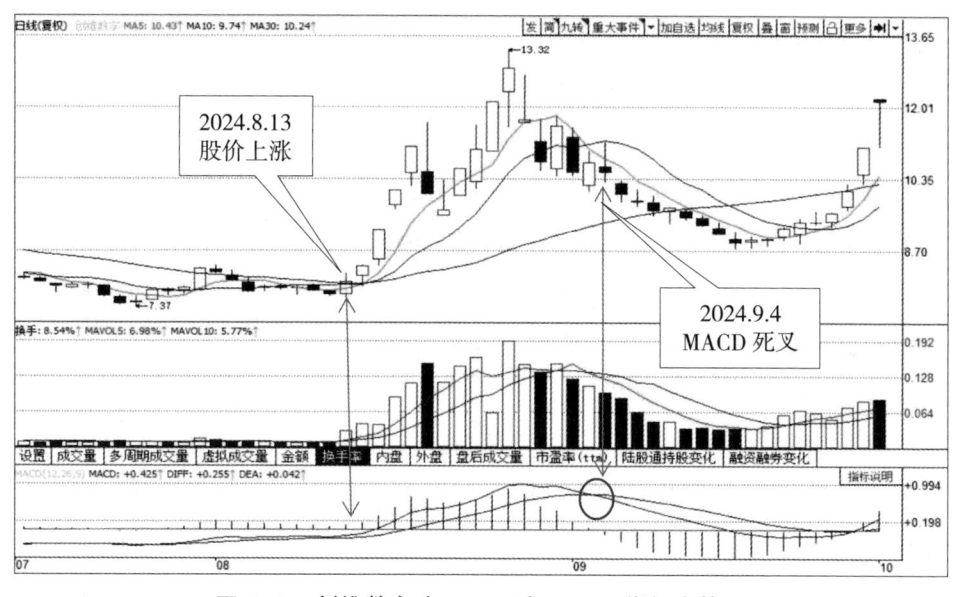

图 1-3　创维数字（000810）MACD 指标走势图

如图 1-3 所示，创维数字的股价经过一段时间的调整后，于 2024 年 8 月 13 日重新启动一波上涨行情。在股价上涨过程中，该股 MACD 指标中的 DIFF 快线出现向右上方倾斜的形态，说明股价位于短线投资者持仓成本线的上方，股价短期内还将继续上涨。其后，经过一段筑顶走势后，9 月 4 日，该股股价出现大幅下跌。此时 MACD 指标出现死叉，说明市场上短线投资者的持仓成本低于中长线投资者的持仓成本。同时股价又低于短期均线，说明市场上大多数投资者开始出现亏损，股价开始启动下跌行情，投资者宜卖出股票。

### 三、内核：价格强度与变化

在 MACD 指标中，DEA 线和 DIFF 线是两条核心指标线，整个指标形态的变化，在很大程度上取决于这两条指标线的变化。这两条指标线的值与一个基本指标——EMA 指标密切相关。

EMA 指标英文全称为 Exponential Moving Average，中文全称是指数平滑移动平均线，简称指数平均线。它是一种趋向类指标，本义是以指数式递减加权的移动平均，也就是说，距离计算日越近的数据，将会赋予越大的权重，与计算日相隔较远的数据，将被赋予相对较小的权重。

DIFF 快线的计算公式如下：

DIFF ＝ EMA（12）- EMA（26）

也就是说，DIFF 线是 EMA 快线（12 日）与 EMA 慢线（26 日）之间的差值。通常来看，所谓快线，就是近期的 EMA 均值（12 日），慢线就是远期的 EMA 均值（26 日）。随着股价的波动，近期均值有时会高于远期，其反映的也是近期股价走强的一种态势；反之，近期均值低于远期，则说明近期股价走势相对远期较差，股价运行趋势较弱。

DEA 慢线的计算公式如下：

当日 DEA（9）＝ 2/（9+1）今日 DIFF+（9-1）/（9+1）前日 DEA

也就是说，DEA 线实质上就是一条 DIFF 线的指数平滑平均线，它是对 DIFF 的平滑处理，因而其灵敏度要弱于 DIFF 线。

通过上述对 MACD 两条指标线的介绍可以发现，从本质上来看，这两条指标线反映的就是股票价格强度的一种变化。DIFF 线反映了短期内的价格强度，DEA 线则反映了平均的价格强度。如果 DIFF 线在 DEA 线之上，说明价格的短期强度大于均值水平，属于股价走强的一种表现；反之，则说明股价可能正处于弱势运行趋势。

下面来看一下磁谷科技的案例，如图 1-4 所示。

# 第一章　MACD 指标：波段操作指标之王

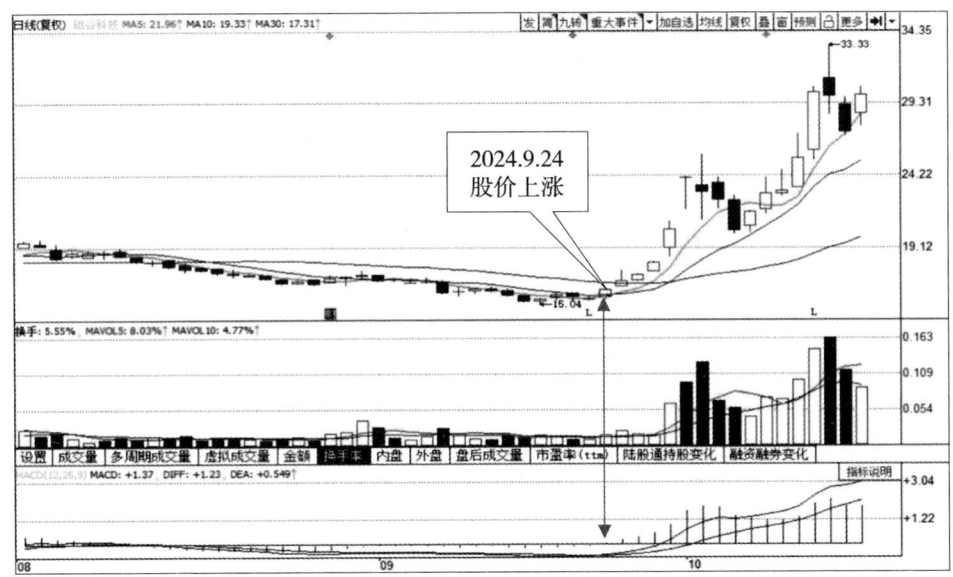

图 1-4　磁谷科技（688448）MACD 指标走势图

从图 1-4 中可以看出，磁谷科技的股价在 2024 年 9 月中旬以前一直处于振荡下跌态势。MACD 指标同步处于振荡下行状态，且 DIFF 线位于 DEA 线下方，二者同处于 0 轴以下。

2024 年 9 月 24 日，该股股价收出一根中阳线，DIFF 线同步向上穿越 DEA 线，此后 DIFF 线一直运行于 DEA 线上方，说明股价短期强度大于均值水平，属于典型的股价走强迹象，投资者可耐心持有该股。

此后，该股股价掀起了一波大幅上攻狂潮。

## 第二节　MACD 指标研判核心：交叉、拐点、位置与方向

MACD 指标反映了股票价格与时间、空间的相互变化关系。投资者要想利用 MACD 指标在股市中获利，必须先弄清楚研判 MACD 指标的四个维度，即交叉、拐点、位置与方向。

# MACD 指标：波段交易技术精解

## 一、交叉：股价强度的变化

交叉是 MACD 指标研判的核心内容之一。MACD 指标中的交叉包括 DIFF 快线与 DEA 慢线交叉、MACD 指标线与 0 轴交叉等，是 MACD 指标研判股价运行趋势变化的主要依据。

通常情况下，DIFF 快线自下而上与 DEA 慢线交叉，意味着股价开始由弱转强；反之，则由强转弱。MACD 指标的 DIFF 快线和 DEA 慢线自下而上穿越 0 轴，说明股价由空方主导变为由多方主导；反之，则由多转空。

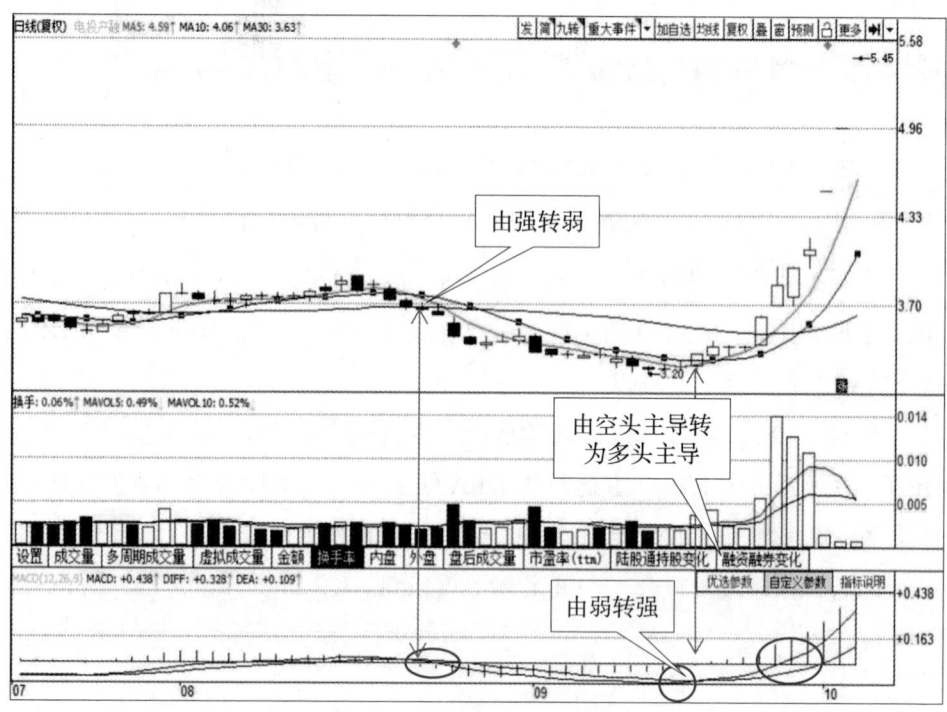

图 1-5　电投产融（000958）MACD 指标走势图

如图 1-5 所示，电投产融的股价在 2024 年 8 月中旬经历了一段振荡调整走势。股价下跌时，MACD 指标的 DIFF 快线自上而下穿越 DEA 线，说明市场由强转弱。此时快线和慢线又跌破了 0 轴，更说明市场开始由空头主导。其后，该股股价触底反转，MACD 指标也出现上升走势，DIFF 快线自下而上穿越 DEA 慢线，说明市场开始由弱转强。接着 MACD 指标的快线和慢线先后上穿 0 轴，说明市场由空方主导变为由多方主导，未来上涨可期。

交叉点的距离越大，交叉的含金量也就越高；反之，则越小。如果 MACD 指标的 DIFF 快线和 DEA 慢线出现频繁交叉，则说明股价处于横向盘整走势或某一固有运行趋势，如下跌趋势或上升趋势。

## 二、拐点：提示趋势的变化

出现拐点，反映了股价运行趋势的某种变化，要么属于原有趋势加速，要么属于多空趋势反转。总之，拐点就是股价运行趋势发生改变的一个直观的、直接的信号。

实战中，DIFF 线的敏感度较高，因而研判拐点时首先会从该线入手。当 DIFF 线出现突然拐头向上或向下时，说明股价运行趋势开始提速。

比如，当 DIFF 快线向右上方倾斜时，说明股价一直呈上涨态势。当 DIFF 快线出现向下拐头时，说明当时买气有所不足，未来有下跌的可能。当然，也有可能此时的拐头只是短暂的调整，这也是很多投资者不愿意将拐点作为主要交易信号依据的原因。

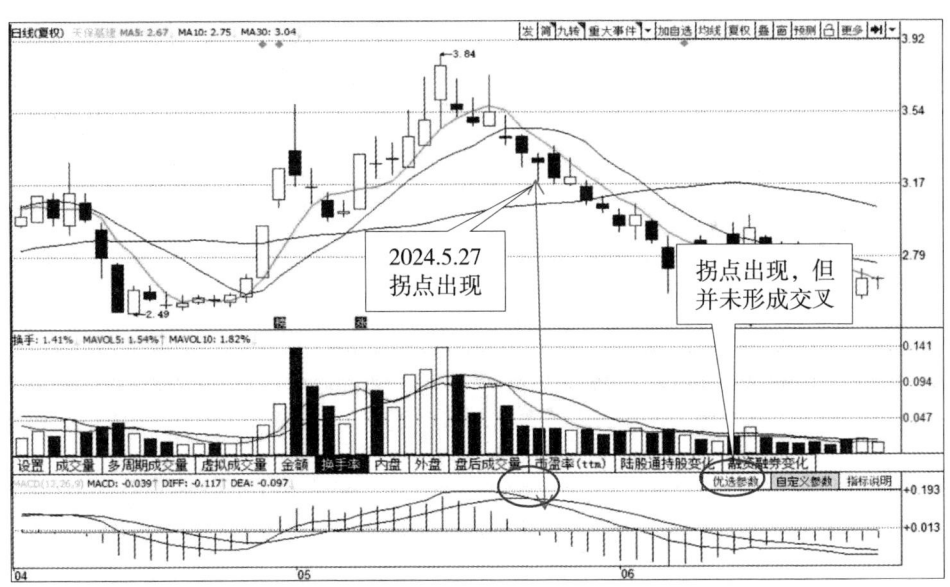

图 1-6　天保基建（000965）MACD 指标走势图

如图 1-6 所示，天保基建的股价在 2024 年 5 月期间出现了一波上涨行情，股价在上涨过程中，MACD 指标中的 DIFF 快线也随之向右上方倾斜。2024 年 5 月 27 日，天保基建的股价大幅下跌，此时 DIFF 快线同步拐头向下，形成了一个拐点。此时投资者应保持关注，一旦股价无法重新突破前期高点，就应该迅速卖出。其后，DIFF 快线继续下跌，与 DEA 慢线形成高位死叉，发出卖出信号，投资者可果断卖出该股。

有交叉就一定有拐点，但有拐点却不一定有交叉。不过，DIFF 快线出现拐点时，尤其是当股价达到高位时，投资者还是应该提高警惕。

### 三、位置：位置决定价值

位置决定价值。同样的交叉，同样的拐点，位置不同，其表达的交易含义完全不同。MACD 指标中 DIFF 快线自下而上穿越 DEA 慢线时，如果交叉点位于 0 轴上方，且与 0 轴距离较近，那么，这个交叉点将是一个成色极高的金叉，看涨的指示作用相当强；反之，如果 DIFF 快线与 DEA 慢线交叉点在 0 轴上方，且距离较远时，则交叉点的看涨意义不大，因为此时股价已经处于高位，即使后面有一波上涨，也可能走出顶背离形态，即股价创新高，而 MACD 指标的后一个高点要低于前一个高点。

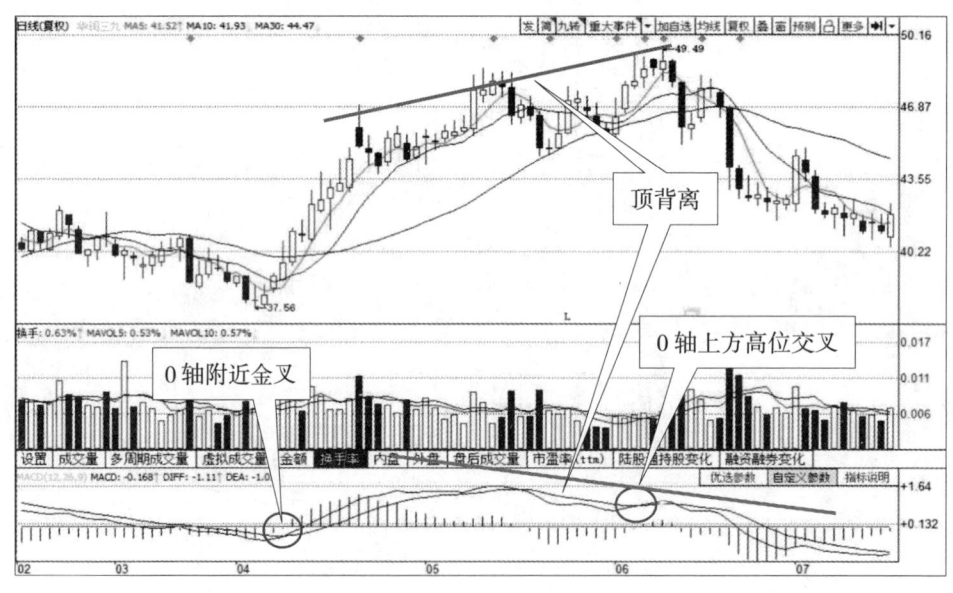

图 1-7　华润三九（000999）MACD 指标走势图

如图 1-7 所示，华润三九的股价在 2024 年 3 月到 4 月期间处于振荡筑底阶段，MACD 指标中的 DIFF 快线与 DEA 慢线连续两次自下而上交叉，交叉点位于 0 轴上方，且距离 0 轴较近，这就属于典型的黄金交叉，后市看涨。其后，该股发动了一波振荡上涨行情。2024 年 5 月，华润三九的股价出现筑顶迹象，此时 MACD 指标也同步出现拐头向下走势。其后，尽管 DIFF 快线又一次自下而上穿越 DEA 慢线，但由于该交叉点处于高位，投资者宜谨慎参与交易。随后，该股股价虽然出现一波小幅上涨，且创下阶段新高，但 MACD 指标却没有跟随再创高点，此时形成了股价与 MACD 指标的顶背离，预示后市下跌的概率极大。

在研判位置参照标的时，除了 0 轴，还有以下几类。

第一，MACD 指标线两个高点或低点之间的位置关系，也就是通常所说的高点与高点、低点与低点之间的位置对比。

第二，MACD 柱线位于 0 轴上方还是下方。

第三，两个同向交叉点之间的位置关系，即 DIFF 快线连续两次自下而上或自上而下穿越 DEA 慢线的交叉点之间的位置关系等。

### 四、方向：把握股价运行趋势

MACD 指标被称为最好用的趋势追随指标。与其他指标相比，MACD 指标判断股价运行趋势更为简单、直接。MACD 指标向右上方倾斜，说明股价呈上升状态；向右下方倾斜，说明股价呈下降状态；横向移动，说明股价处于振荡盘整走势。

MACD 指标不同的运行方向，提示了股价当前的运行趋势。当其向右上方或右下方倾斜时，表示当前股价的运行趋势是上涨或下跌的。不过，当 MACD 指标横向移动时，DIFF 快线和 DEA 慢线可能会出现多次频繁的交叉，此时的交叉没有任何交易指示含义。

图 1-8 为永达股份在 2024 年 4 月到 8 月初的日 K 线走势图。该股在 5 月中旬出现了一波下跌走势，此时 MACD 指标同步向右下方倾斜。随后，该股股价在底部振荡，MACD 指标也呈横向移动态势，DIFF 快线与 DEA 慢线多次交叉，此时该指标发出的交叉信号不具有参考价值。2024 年 7 月中旬，永达股份的股价再度启动上涨，MACD 指标同步出现向右上方倾斜的形态，说明股价已经进入上升趋势，投资者可追涨买入。

# MACD 指标：波段交易技术精解

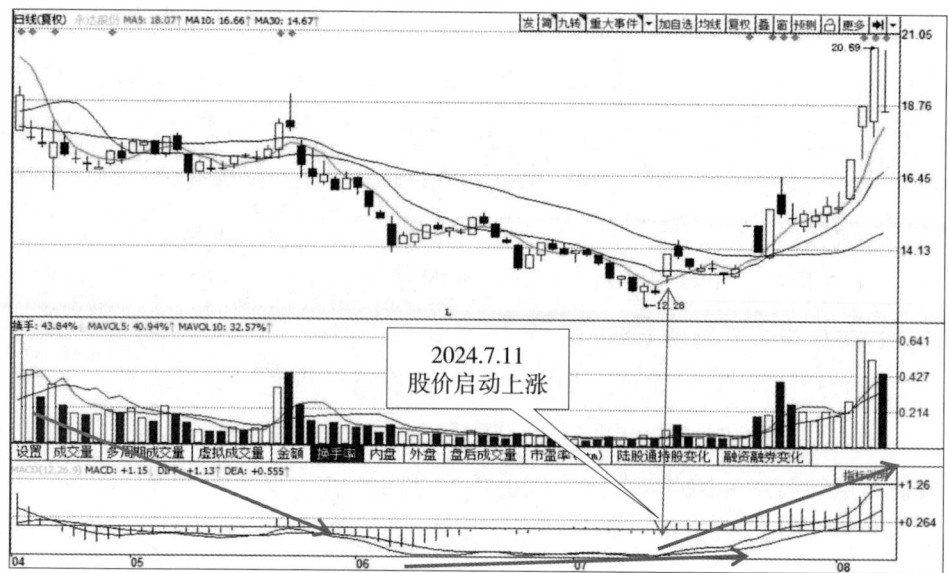

图 1-8　永达股份（001239）MACD 指标走势图

# 第二章

# MACD 指标波段交易四大经典形态

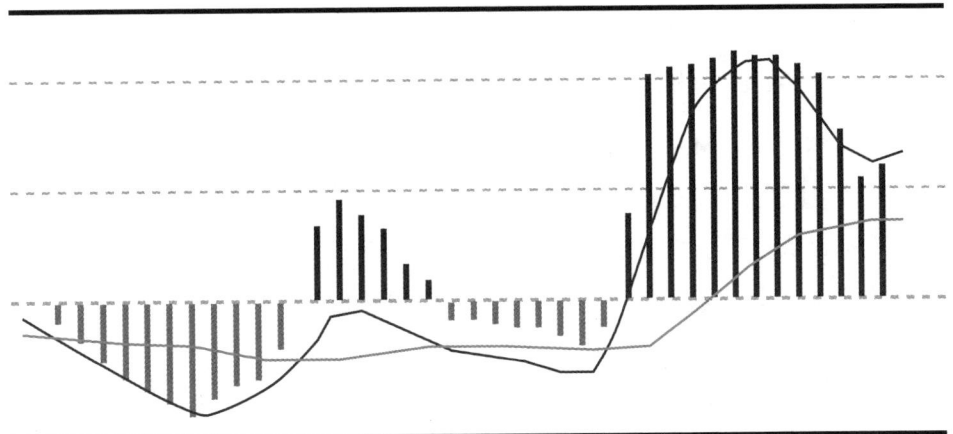

随着股价的波动，MACD指标的两条指标线也会随之波动，并呈现不同的形态。当这些形态与所处的位置和股价进行分析，就会发出一些对交易有重要指示意义的交易信号。其中，最为经典的四类形态是交叉、发散、突破、背离。

# 第一节　交叉：黄金交叉与死亡交叉

MACD指标的交叉分为自下而上的黄金交叉与自上而下的死亡交叉两种。交叉的发生，说明股价短期强度在与平均强度的对比中发生了变化，或者由短期强势转为弱势，或者由短期弱势转为强势。但这种力量的对比是否能够引发股价运行趋势的变化，或者说能够引发多大程度的变化，还需要结合交叉发生的位置、交叉发生时成交量的变化来综合研判。

## 一、MACD指标金叉及交易技法

通常情况下，MACD指标的DIFF快线自下而上穿越DEA慢线即为黄金交叉。也就是说，交叉之后，DIFF快线会逐渐走高，股价也会逐步走高。但是不可否认，其中有大量的交叉并没有带来股价的上涨，因此，只有质量较高的黄金交叉，才是投资者最需关注的一种形态。

下面来看一下中远海能的案例，如图2-1所示。

从图2-1中可以看出，自2023年9月到2024年4月期间，中远海能的股价出现了振荡上升态势。该股股价在振荡上升期间出现了多次回调，MACD指标也出现了多次黄金交叉形态。不过，这些黄金交叉后，股价的走势却不尽相同。从这些黄金交叉出现后股价的走势中，可以看出以下几点。

第一，通常来说，MACD指标出现金叉，股价在其后都可能出现上升走势。

第二章　MACD指标波段交易四大经典形态

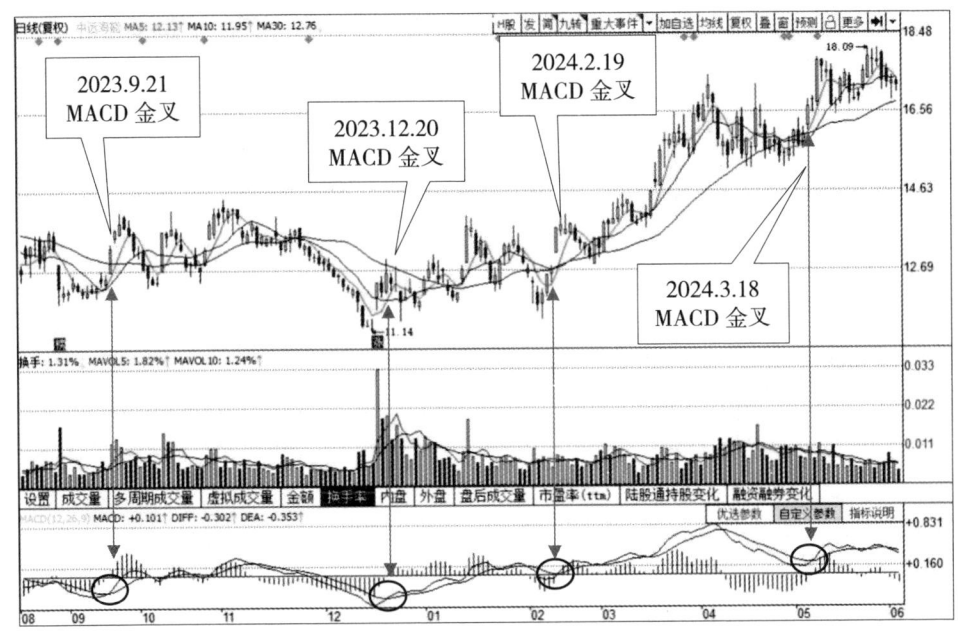

图 2-1　中远海能（600026）MACD 指标走势图

第二，MACD 指标金叉所引发的股价上升，持续的时间不尽相同。有些情况下，这种上升态势能够持续很长时间，有些情况下，这种上升势头只持续了一两个交易日就宣告终结。

第三，金叉出现的位置不同，对股价后期走势的影响也不尽相同。通常来说，在 0 轴附近形成的黄金交叉成色较足，股价未来走势更好。比如图 2-1 中 2024 年 2 月 19 日对应的金叉就属于这种类型。

1. 黄金交叉的条件

从图 2-1 中也可以看出，不同的金叉，其质量与成色是有所区别的。投资者在应用 MACD 指标选择买点时，需要尽可能寻找质量成色较佳的金叉。有质量的黄金交叉应该满足以下几项条件。

第一，DIFF 快线自下而上穿越 DEA 慢线时，交叉点应位于 0 轴上方，说明此时多头已经占据了主导地位。

第二，原则上，投资者交易时，应尽量选择 0 轴上方第一个金叉买入。交叉点距离 0 轴不能过远，过远则有超买迹象，股价存在回调风险。也就是说，黄金交叉距离 0 轴越近，成色越高。

第三，出现金叉时，如果股价 K 线呈现突破形态，且成交量同步放大，则可增强黄金交叉的可信度。

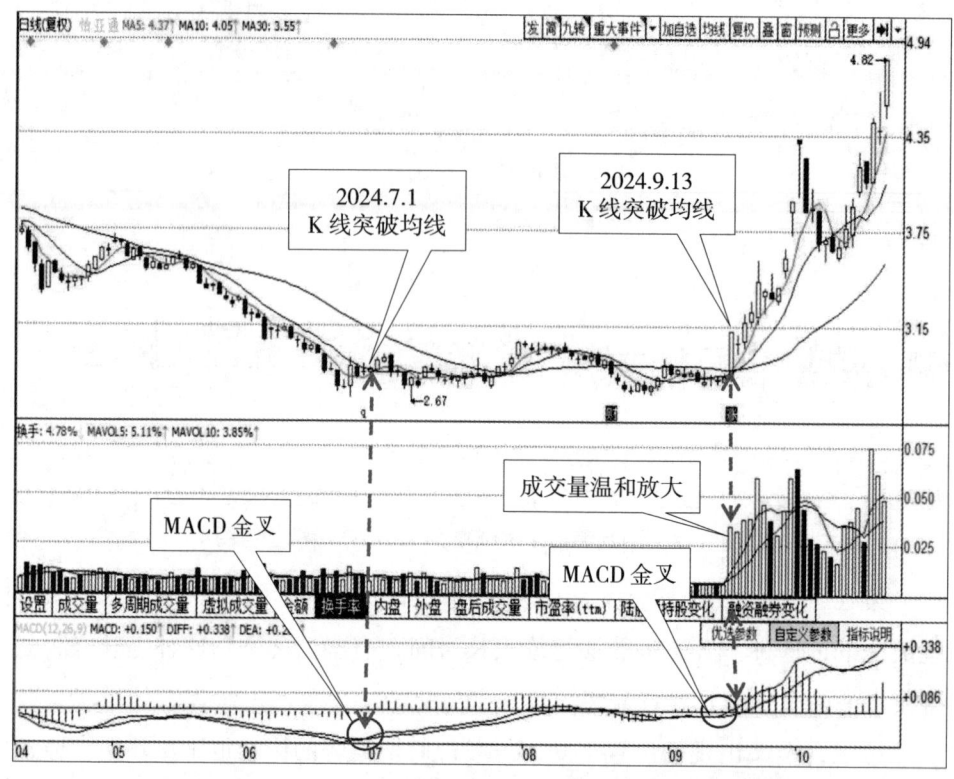

图 2-2  怡亚通（002183）MACD 指标黄金交叉示意图

如图 2-2 所示，2024 年 7 月，随着大盘企稳，怡亚通的股价止住了下跌态势，开始振荡反弹。MACD 指标自底部反弹向上，在 7 月到 9 月期间，DIFF 快线曾经两次向上穿越 DEA 慢线形成交叉，其中第一次交叉点位于 0 轴下方，第二次交叉点位于 0 轴上方。由于第一次交叉点位于 0 轴下方，不属于理想的位置，因而投资者可保持观望或少量买入该股。

2024 年 9 月 13 日，MACD 指标第二次出现交叉，此时该股股价刚刚完成对均线的突破，并位于均线上方，且成交量同步放大，这些信息都可以强化黄金交叉信号的准确性，说明股价有企稳走好的迹象，投资者此时可放心买入或加仓该股。

2. 黄金交叉的交易建议

DIFF 快线自下而上与 DEA 慢线形成交叉，按照其出现的位置，可以分为0轴下方的低位交叉、0轴附近的黄金交叉以及0轴上方的高位交叉等几种。每一种交叉，因其出现的位置不同，在操作上也有所差异。

（1）低位交叉。当股价下跌至低位或者正处于盘整阶段时，DIFF快线上穿DEA慢线的情况会时有发生，此时出现的交叉，往往对交易操作没有特别大的指导意义。不过，如果股价自高位长期振荡下跌，甚至出现了深度暴跌，此时在低位向上反弹时出现的第一个交叉，则是很多喜欢抢反弹的投资者的最爱。

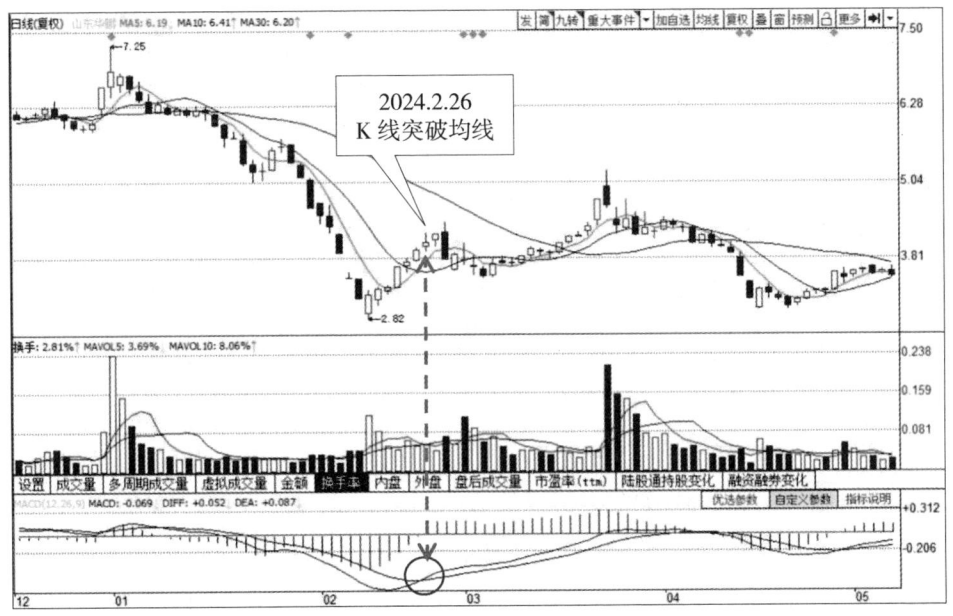

图2-3 山东华鹏（603021）MACD指标走势图

如图2-3所示，山东华鹏的股价在2023年底到2024年初期间，随着大盘的下跌而出现暴跌走势，MACD指标中的DIFF快线与DEA慢线同步向下倾斜。2024年2月，该股股价随着大盘企稳而出现反弹走势，DIFF快线也触底反弹。2月26日，DIFF快线自下而上穿越DEA慢线形成交叉。此交叉点位于0轴下方，说明空方仍占据绝对优势地位，股价随时有重归下降通道的可能。见到此交叉点，投资者最好能保持观望。若想参与抢反弹，只可动用少许资金，且需快进快出。

（2）0轴附近黄金交叉。当DIFF快线上穿DEA慢线形成的交叉点刚好位于0轴上方附近位置，说明多头刚刚取得主导权，且处于上升期，股价未来快速上涨的可能性较大,投资者可考虑追涨买入。

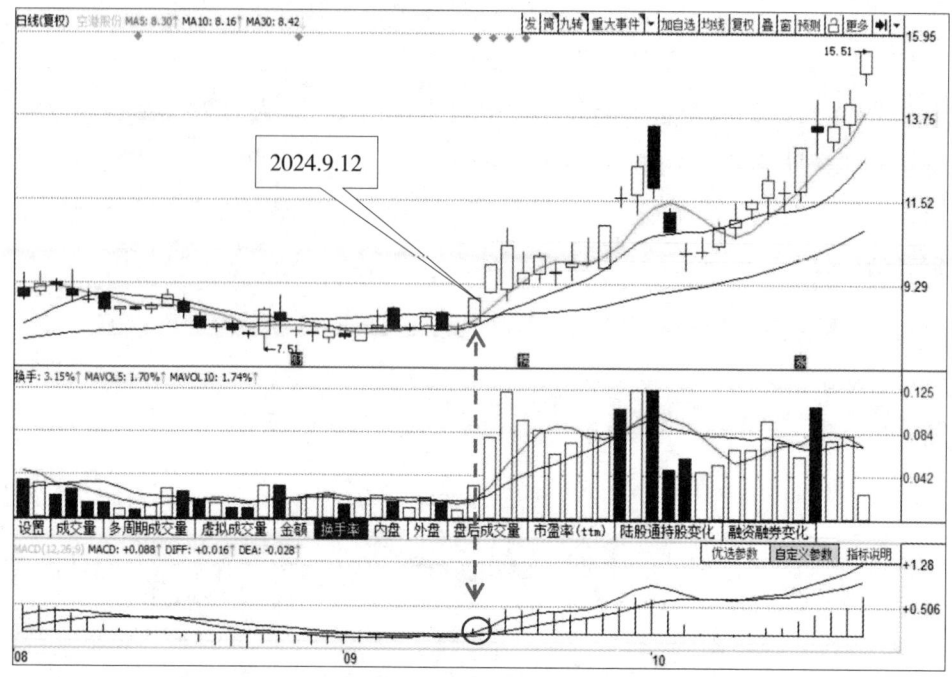

图 2-4　空港股份(600463)MACD 指标走势图

如图 2-4 所示,空港股份的股价在 2024 年上半年因大盘走弱而走出了一波横向振荡行情,MACD 指标中的 DIFF 快线与 DEA 慢线同步振荡下行。

到了 2024 年 9 月,随着大盘转暖,空港股份的股价也出现了振荡上升态势。2024 年 9 月 12 日,DIFF 快线自下而上穿越 DEA 慢线形成了交叉,此交叉点位于 0 轴上方不远处,属于典型的黄金交叉。与此同时,该股股价 K 线已经完成了对均线的放量穿越,并成功站在均线之上,投资者可于次日买入该股。

由于黄金交叉形成之前,DIFF 快线和 DEA 慢线一直位于 0 轴上方,说明多头实力较强,投资者可考虑加大仓位持股。

(3)高位交叉。当股价上涨至高位或者正处于顶部盘整阶段时,DIFF 快线上穿 DEA 慢线的情况会时有发生,此时出现的交叉,往往对交易操作没有特别大的指导意义。不过,如果 DIFF 快线自高位回调而下,在 0 轴上方止跌回升,并再度上穿 DEA 慢线形成交叉,此时也有可能预示股价将发动新一波上涨行情，但这种情况毕竟属于少数。

总之，高位交叉出现时，投资者必须合理控制仓位，不能盲目追高。

下面看一下世华科技的案例。

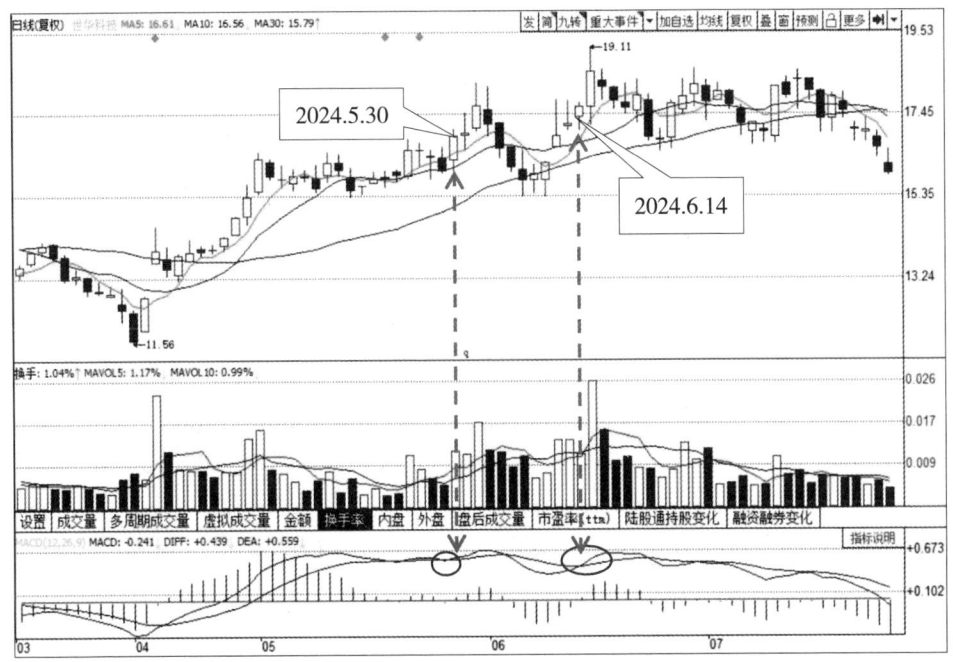

图 2-5　世华科技（688093）MACD 指标走势图

如图 2-5 所示，世华科技的股价在 2024 年 5 月上涨到高位后出现了振荡走势。在股价振荡过程中，DIFF 快线在 5 月 30 日和 6 月 14 日连续两次上穿 DEA 慢线形成交叉。由于这两次交叉全部位于 0 轴上方较远的位置，其发出的买入交易信号较弱，投资者为回避风险，最好持币观望，尽量不要介入该股。

## 二、MACD 指标死叉及交易技法

通常情况下，MACD 指标的 DIFF 快线自上而下穿越 DEA 慢线即为死亡交叉，也就是说，交叉之后，DIFF 快线会逐渐走低，股价也会逐步走低。但有时交叉形成后，DIFF 快线并没有迅速走低，而是转头向上与 DEA 慢线再度形成交叉，股价也随之再度上涨。因此，作为投资者，判断死亡交叉的质量，合理控制仓位，就是不可或缺的。

下面来看一下旗天科技的案例，如图 2-6 所示。

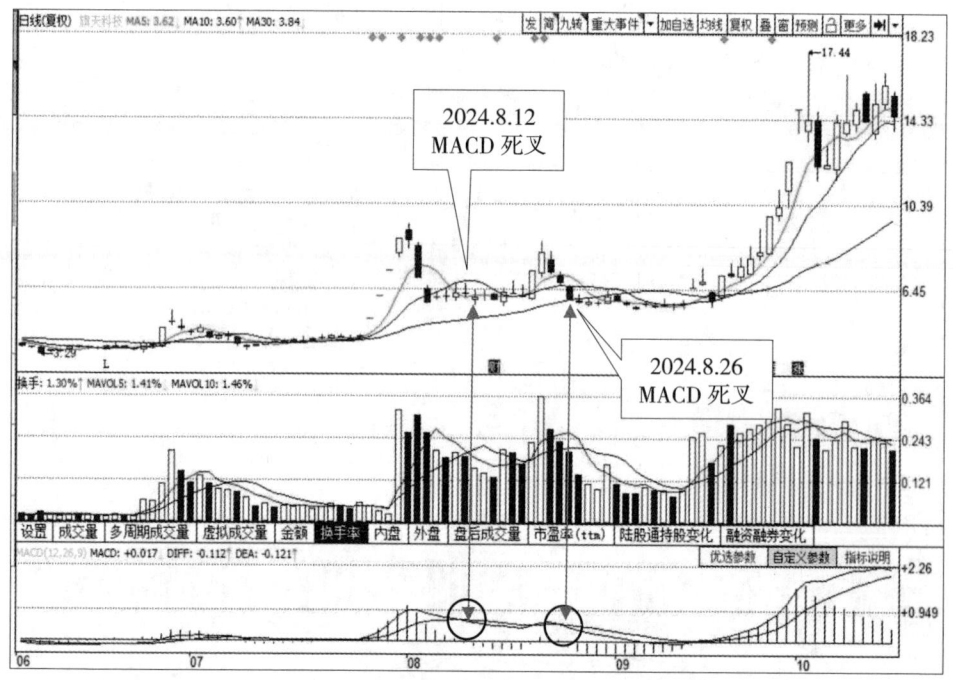

图 2-6 旗天科技（300061）MACD 指标走势图

从图 2-6 中可以看出，2024 年 7 月到 10 月期间，旗天科技的股价出现了振荡上升态势。该股股价在振荡上升期间出现了多次振荡，MACD 指标也出现了多次死亡交叉形态。不过，这些死亡交叉后，有时股价走势并没有出现大幅下跌，而是稍加调整后重新进入了上升通道。

因此，在研判 MACD 指标死叉时，需要注意这样几点。

第一，通常来说，MACD 指标出现死叉，股价在其后都可能出现下跌走势。

第二，MACD 指标死叉所引发的股价下跌，持续的时间不尽相同。有些情况下，这种下跌态势能够持续很长时间；有些情况下，下跌势头只持续了一两个交易日就宣告终结。

第三，死叉出现的位置与时机不同，对股价后期走势的影响也不尽相同。同样是高位死叉，有时可能仅仅属于股价上升途中的调整，如图 2-6 中的旗天科技就是如此；有些情况下，可能是上升趋势的终结。

比较有代表性的死亡交叉主要包括高位死亡交叉、0 轴附近死亡交叉和低位死亡交叉三种。

1. 高位死叉

当股价上涨至高位或者正处于高位盘整阶段时，DIFF 快线下穿 DEA 慢线，此时出现的死叉即高位死叉。该形态往往预示着股价将出现一波下跌走势，此时投资者最好能够清空股票。不过，若出现下列情形之一，投资者可考虑保留部分筹码。

第一，死叉出现时，30 日均线和 DEA 慢线仍旧呈上升态势，且没有跌破明显的支撑位，没有跌破 10 日均线更好。

第二，死叉出现前，股价上涨过程中，成交量持续放大；死叉出现时，股价回调，成交量呈萎缩态势。

第三，股价明显处于上涨趋势中，且市场做多气氛浓厚。也就是说，此时的高位死叉也可能属于股价上升途中的回调整理走势。

下面来看一下电子城的案例。

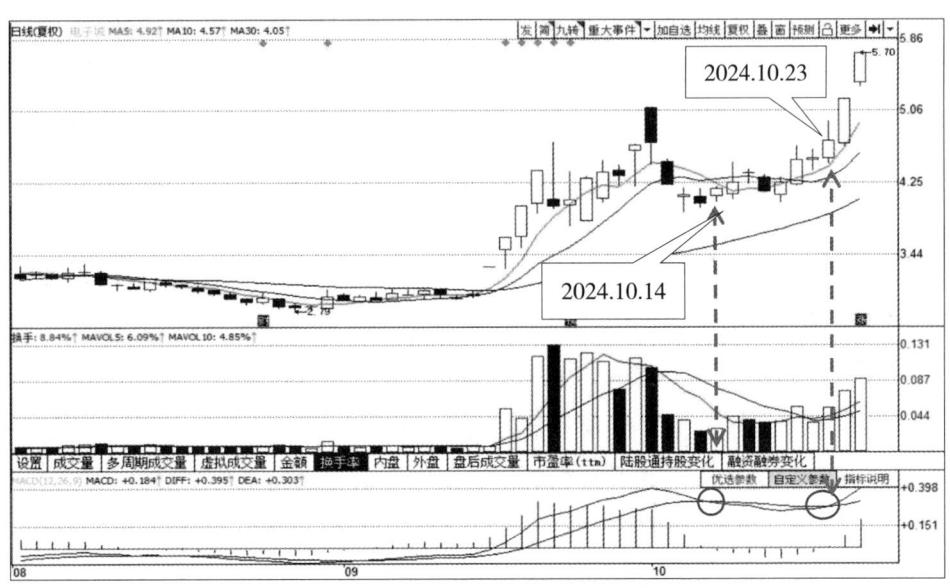

图 2-7　电子城（600685）MACD 指标走势图

如图 2-7 所示，电子城的股价自 2024 年 9 月经历了一波快速上涨行情，MACD 指标也同步出现了上升。2024 年 10 月 14 日，随着股价的回调，DIFF 快线向下穿越 DEA 慢线，形成了死亡交叉，预示该股股价短期可能走弱。此时投资者可观察股价与均线的关系，股价 K 线尽管已经跌破 10 日均线，但 30 日均线仍向右上方倾斜，DIFF 快线和 DEA 慢线仍位于 0 轴上方，这说明该股仍处于上升趋势当中，投资者可考虑卖出部分股票，手中留下一小部分筹码。

此后，该股经过一段时间的振荡调整后再度上涨，2024 年 10 月 23 日，股价重新展开攻势，MACD 指标走出了黄金交叉形态。此后，该股迎来了新一波上升浪潮。由此可见，先前 MACD 指标的死叉，仅仅是股价上升途中的一次回调整理。

通过分析上述走势的死亡交叉，可以看出这样几点：第一，死叉出现时，股价回调基本趋近于结束；第二，死叉出现时，成交量明显萎缩，属于上升途中的良性回调状况；第三，死叉出现时，DEA 慢线并没有回落，而仅仅呈现放平态势。

2. 0 轴附近死叉

股价经过一段时间的下跌后，反弹向上遇到某一阻力位时，DIFF 快线若向下穿越 DEA 慢线形成死亡交叉，说明反弹终止，未来将出现一波杀跌行情，投资者宜清空手中的股票。当然，若股价处于横向振荡盘整期间，MACD 指标在 0 轴附近形成死叉，则不属于此种情况。

下面来看一下 TCL 中环的案例。

如图 2-8 所示，TCL 中环的股价从 2023 年开始了一波振荡下跌行情，此波下跌直至 2024 年 9 月底才出现止跌迹象。在股价大幅下跌过程中，DIFF 快线和 DEA 慢线也同步暴跌。

股价在下跌过程中曾出现了几次反弹行情，MACD 指标也随着股价的反弹而出现反攻走势，但其后又因股价重新归于跌势而出现死亡交叉。从整体上来看，该股股价即使出现反弹，也并未改变整体的运行趋势。股价反弹终结，重新转入下跌时，MACD 指标的死叉多在 0 轴附近出现。比如在 2024 年 1 月 29 日、3 月 22 日和 6 月 5 日，该股的 MACD 指标曾三度在 0 轴附近形成死叉。每次出现死叉后，股价都出现了较大幅度的下跌。

3. 低位死叉

低位死叉即交叉点位于 0 轴以下较远的位置。对于很多股票来说，此时

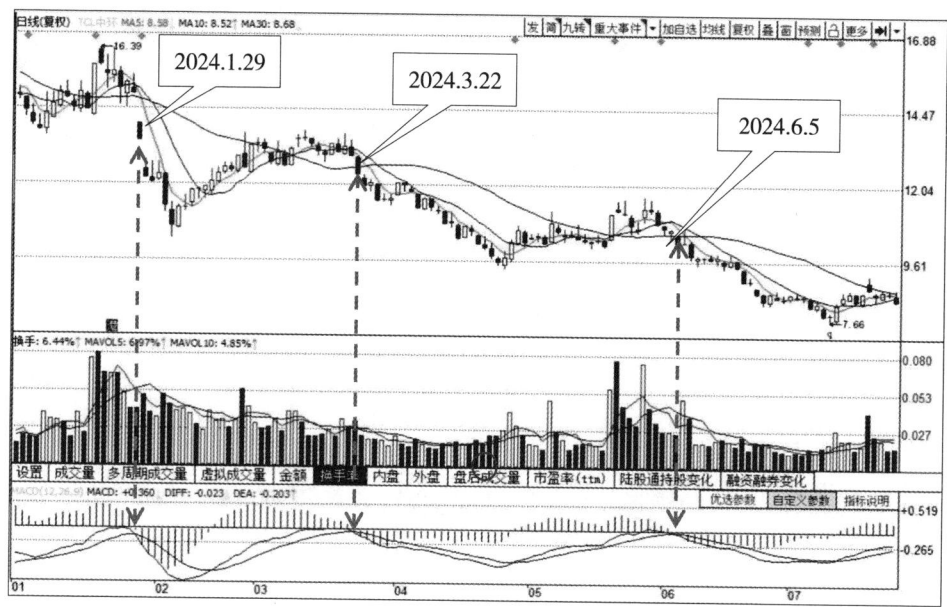

图 2-8 TCL 中环（002129）MACD 指标走势图

的下跌往往属于股价上涨启动前的最后一跌。投资者见到死叉形态后，需要密切保持观望，一旦 DIFF 快线出现拐头向上穿越 DEA 慢线，可进行第一次建仓操作，但必须注意控制仓位。

如图 2-9 所示，黑猫股份的股价自 2024 年 5 月初启动了一波大幅下跌走势，股价在 8 月下旬出现了止跌迹象。MACD 指标同步企稳，并收出了低位黄金交叉形态。不过此后该股股价经过一波横向整理后，再度出现下跌走势。9 月 13 日，该股股价延续之前的下跌态势，再度大幅下挫，MACD 指标在 0 轴下方较远的位置形成了死叉，说明此时的下跌很可能是股价的最后一跌，投资者需要密切跟踪股价和 MACD 指标的运行态势。

2024 年 9 月 24 日，该股股价放量大涨，并完成了对均线的突破。与此同时，MACD 指标的 DIFF 快线向上穿越 DEA 慢线，形成低位黄金交叉，意味着股价很可能会迎来一波上升行情。当然，投资者还需观察 MACD 指标最终能否完成对 0 轴的穿越，MACD 指标只有越过了 0 轴，才能说明市场上多空力量对比发生了逆转。

# MACD 指标：波段交易技术精解

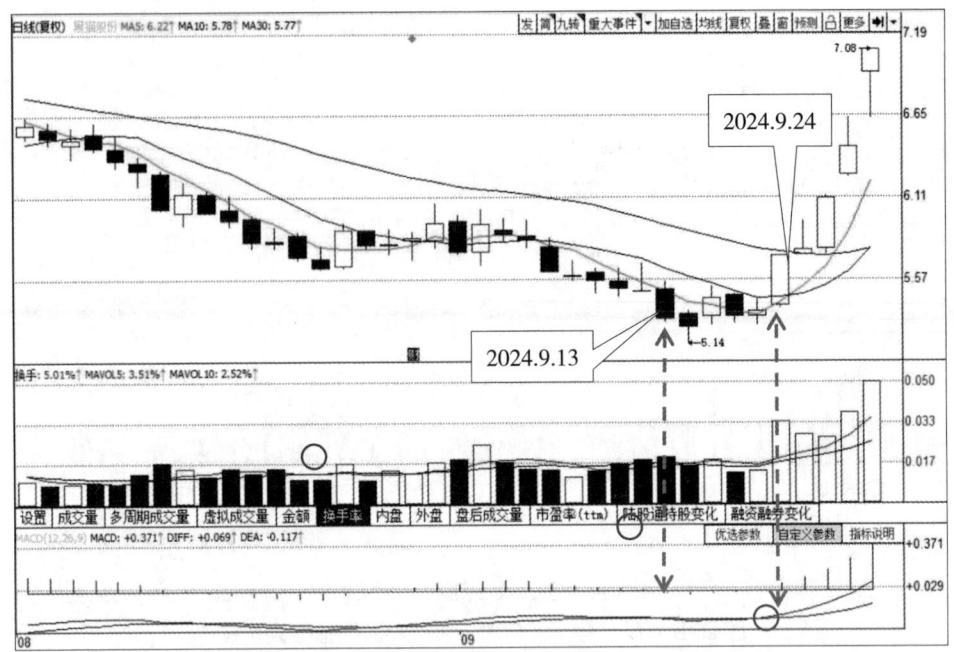

图 2-9　黑猫股份（002068）MACD 指标走势图

# 第二节　发散：多头发散与空头发散

发散，从本质上来说，就是股价短期强度高于或低于平均水平，且这种差距持续拉大。从技术指标上来看，是指 DIFF 快线与 DEA 慢线之间的距离逐渐拉开的过程。从某种意义上来说，发散意味着某一方的力量不断得以增强，以维持当前的运动态势，未来股价延续当前运行态势的概率很大。MACD 指标的发散主要包括多头发散和空头发散两种。

## 一、MACD 指标多头发散

多头发散，是指 DIFF 快线位于 DEA 慢线上方，且二者之间的距离逐渐变大的过程。多头发散反映了短期内股价的强度开始大于平均水平，且差距逐渐拉大。多头发散意味着多头实力逐渐增强，股价也会逐步向上攀升。

通常来说，股价处于大幅上攻期，MACD指标多会呈现多头发散排列。

1. 多头发散的条件

MACD指标多头发散，往往能够引领股价发动一波上涨行情。通常情况下，高质量的多头发散应满足以下几个条件。

第一，DIFF线自下而上穿越DEA慢线或DIFF快线自高位下跌至DEA慢线处，因DEA慢线支撑而再度上升，二者之间的交汇点位于0轴上方，且距离0轴不远。

第二，DIFF快线与DEA慢线之间的距离，呈现出逐步温和放大的态势，即MACD柱线位于0轴上方，且逐步缓慢拉升。

第三，DIFF快线与DEA慢线若能沿着MACD柱线上升，则意味着股价上涨趋势能够保持的时间更为长久。

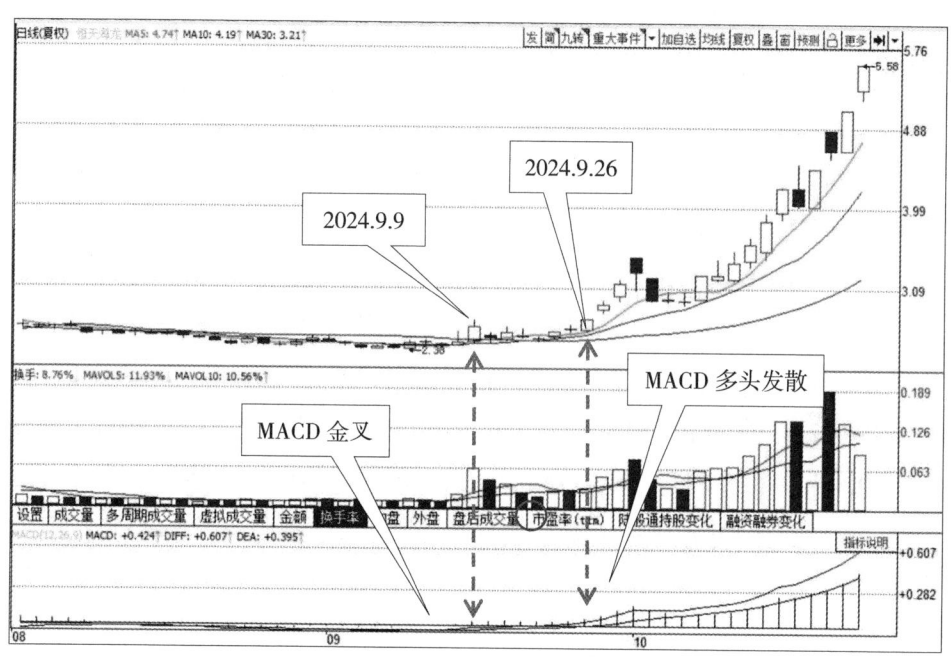

图2-10 恒天海龙（000677）MACD指标走势图

如图2-10所示，恒天海龙的股价在2024年年中出现了一波横向调整走势，DIFF快线和DEA慢线同步下降至0轴下方。

此后，该股股价出现振荡反弹走势。9月9日，股价大幅上攻，DIFF快线上穿DEA慢线，在0轴附近形成黄金交叉，预示该股其后将发动一波上涨行情。不过，鉴于此时 MACD 指标仍位于 0 轴下方，投资者仍需保持谨慎。

其后，随着股价的上涨，DIFF 快线与 DEA 慢线同步向右上方运行。9 月 26 日，该股股价再度大幅上攻，MACD 指标完成对 0 轴的穿越后，呈现出多头发散排列态势，MACD 柱线位于 0 轴上方，且呈温和拉升态势。DIFF 快线和 DEA 慢线紧贴 MACD 柱线温和上扬，预示该股走势较稳，后期涨幅可能较大，投资者可加大仓位。

2. 多头发散的交易技法

DIFF 快线与 DEA 慢线形成多头发散形态时，投资者在具体操作方面需要注意以下几点。

第一，发散的起始点。DIFF 快线与 DEA 慢线必然从某一点开始逐步走向发散，而这个起点的位置至关重要。若起点位于 0 轴下方，说明此时空方仍占主导地位，投资者买入股票的仓位不宜过大；若起点位于 0 轴上方附近位置，则可加大仓位；若起点位于 0 轴上方高位，则宜慎重持仓。

第二，MACD 指标呈多头发散时，若 DIFF 快线上升速度非常快，投资者只需持股待涨，发现股价有回调迹象可先出货；若 DIFF 快线上升速度比较温和，则可耐心持股。

第三，MACD 指标呈多头发散时，若 DIFF 快线与 DEA 慢线之间的距离先前保持温和放大态势，在某一点位突然剧烈放大，说明股价有加速上涨的态势，投资者可加仓跟进，并随时做好获利了结的准备。

如图 2-11 所示，中化岩土的股价自 2024 年 9 月启动了一波振荡上涨行情。2024 年 9 月 24 日，DIFF 快线与 DEA 慢线同步向上穿越 0 轴后，DIFF 快线一直运行于 DEA 慢线上方，且距离越来越大，形成了 MACD 指标的多头发散形态，说明该股股价将持续上涨。由于此时 DIFF 快线和 DEA 慢线仍位于 0 轴下方，空方仍占据主导优势，投资者可先部分持仓。

10 月 9 日，该股股价出现了大幅回调，DIFF 快线向 DEA 慢线靠拢，此时投资者可考虑先减仓或清仓操作。此后，DIFF 快线回调至 DEA 慢线附近时，因受 DEA 慢线的支撑作用而再度发散，该发散启动点位于 0 轴上方，投资者可于此时加仓买入该股。

随后，该股又发动了一波快速上涨行情。

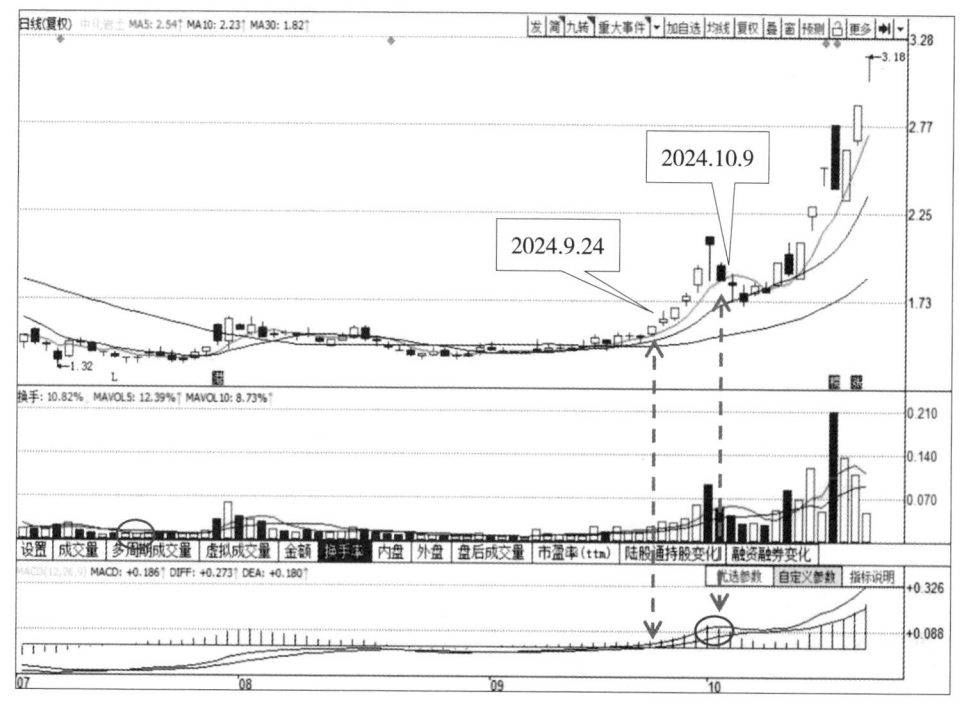

图 2-11　中化岩土（002542）MACD 指标走势图

## 二、MACD 指标空头发散

空头发散，是指 DIFF 快线位于 DEA 慢线下方，且二者之间的距离逐渐变大的过程。空头发散意味着空头实力逐渐增强，股价也会逐步下跌。

1. 空头发散的特征

空头发散往往能够引领股价发动一波下跌行情。通常情况下，空头发散具有以下几个特征。

第一，DIFF 线自上而下穿越 DEA 慢线或 DIFF 快线自低位上涨至 DEA 慢线处，因 DEA 慢线阻力而再度下跌。

第二，DIFF 快线与 DEA 慢线之间的距离越是呈现逐步温和放大的态势，其下跌的时间可能持续得越久；反之，若 DIFF 快线与 DEA 慢线之间的距离呈现剧烈放大态势，则持续时间不会太久。

如图 2-12 所示，吉大正元的股价在 2024 年 5 月中旬随着大盘走弱而出现了一波快速下跌行情，MACD 指标也同步快速下跌。5 月 15 日，DIFF 快线自高位向下跌穿 DEA 慢线，形成了死亡交叉。随后，DIFF 快线一直在

DEA 慢线下方运行，且二者之间的距离越来越大，形成空头发散形态，说明股价下跌行情还会持续。由于 DIFF 快线向下的速度和幅度都比较快，因此，这种下跌态势一般不会持续太久。

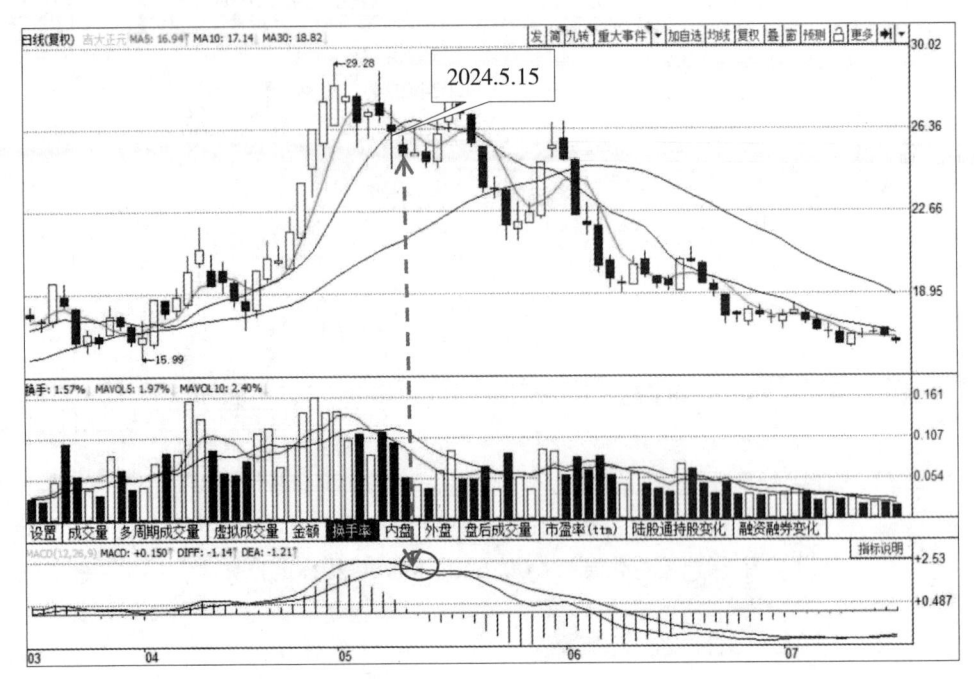

图 2-12 吉大正元（003029）MACD 指标走势图

## 2. 空头发散的交易技法

DIFF 快线与 DEA 慢线形成空头发散形态时，投资者在具体操作方面需要注意以下几点。

第一，发散的起始点。DIFF 快线与 DEA 慢线必然从某一点开始逐步走向发散，而这个起点的位置至关重要。若起点位于 0 轴下方较远处，说明此时空方虽然仍占主导地位，但下跌空间有限，跌势难以持久，投资者需要保持关注，DIFF 快线重新上穿 DEA 慢线时即可入场；若起点位于 0 轴上方较远处，则说明下跌刚刚开始，未来走势难以判断。

第二，MACD 指标呈空头发散时，无论 DIFF 快线下跌速度是快还是慢，投资者都不宜入场，只需持币观望。

如图 2-13 所示，华西股份的股价自 2024 年 3 月启动了一波暴跌走势。3 月 22 日，DIFF 快线自高位向下跌穿了 DEA 慢线，此后 DIFF 快线一直位于 DEA 慢线下方，且距离越拉越大，说明空头排列形态已经形成，投资者宜出清该股。此后，DIFF 快线下跌的速度越来越快。这种下跌态势虽然很猛烈，但不会持续太长时间。半个月后，股价开始企稳，DIFF 快线也同步反弹向上。

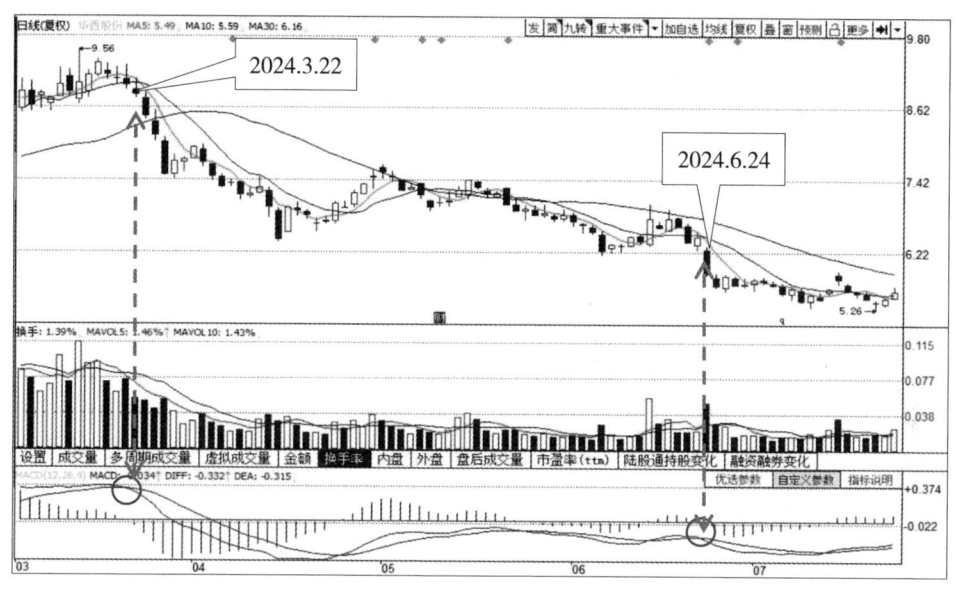

图 2-13 华西股份（000936）MACD 指标走势图

2024 年 6 月 24 日，处于反弹走势中的华西股份遇到均线的强大阻力而再度下跌，与此同时，DIFF 快线再度下穿 DEA 慢线，并形成了空头排列。发散的起始点位于 0 轴下方较远处，说明此时的下跌可能是该股最后一次下跌，未来很可能出现筑底行情，投资者宜保持对该股的关注。

# 第三节　突破：MACD 指标对 0 轴的突破

在 MACD 指标系统中，0 轴是一条非常特殊的线。其本质上属于多空力量强弱的分界线，即 MACD 指标运行于 0 轴上方，意味着多方占据主导优势；反之，当 MACD 指标运行于 0 轴下方，则意味着空方占据主导优势。

# MACD 指标：波段交易技术精解

从某种意义上来说，当 MACD 指标运行在 0 轴上方时，才属于理想的操作环境，也是投资者可以入场交易股票的环境；反之，当 MACD 指标运行在 0 轴下方时，则不宜入场交易。因此，MACD 指标对 0 轴的突破，就意味着投资者交易策略的调整和改变。

MACD 指标对 0 轴的突破包括自下而上突破和自上而下突破两类。

## 一、向上突破 0 轴

MACD 指标自 0 轴下方来到 0 轴上方，意味着市场从不可操作环境转为可操作环境，若其他条件允许，可考虑入场交易。

MACD 指标自下而上穿越 0 轴，说明多空力量发生了逆转，市场由空头主导变成了多头主导。如果 MACD 指标长期在 0 轴下方运行，一旦在某一时刻向上突破 0 轴，则看涨的交易指示作用更强。

下面来看一下神工股份的案例。

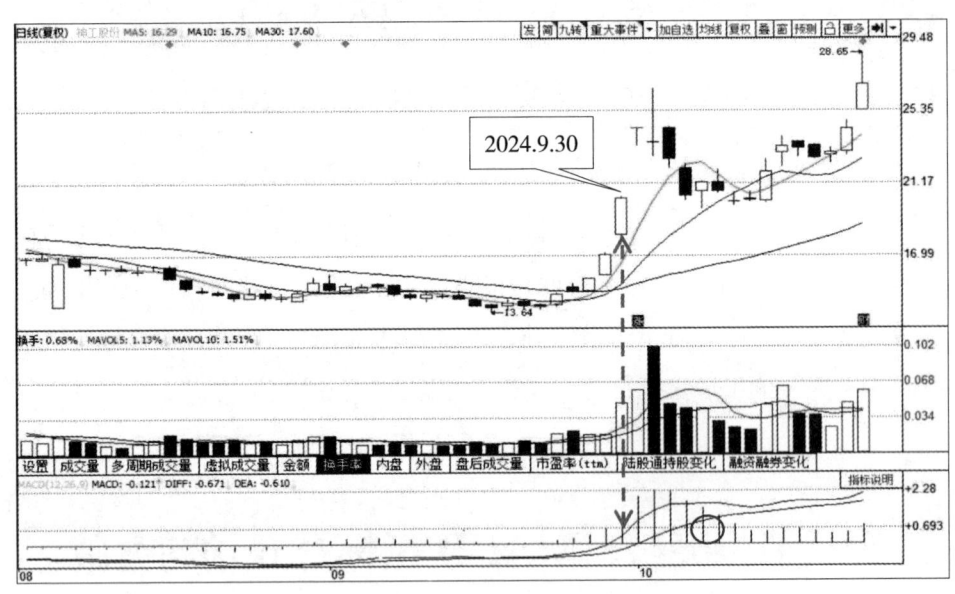

图 2-14 神工股份（688233）MACD 指标走势图

如图 2-14 所示，神工股份的股价自 2024 年 6 月开始出现振荡下跌走势，股价一直处于振荡下行状态，MACD 指标线也同样在 0 轴下方运行。

2024 年 9 月 30 日，受大盘暴涨的刺激，神工股份的股价大幅上攻。MACD 指标线随之向上突破 0 轴，说明多空力量发生了逆转，多头开始占据优势地位,投资者可考虑加仓买入该股。其后,该股股价出现了快速上涨行情。

由于MACD指标是在股价短线暴涨的带动下向上突破0轴的,因此,这种走势中,股价往往存在一定的回调需求,投资者可在股价回调遇支撑时进场买入股票。

## 二、向下跌破0轴

MACD指标自0轴上方来到0轴下方,意味着市场从可操作环境转为不可操作环境,一般应该离场,避免交易。

MACD指标自上而下穿越0轴,说明多空力量发生了逆转,市场由多头主导变成了空头主导。如果MACD指标线长期在0轴上方运行,一旦在某一时刻跌破0轴,则看跌的交易指示作用更强,投资者可考虑清空仓位。

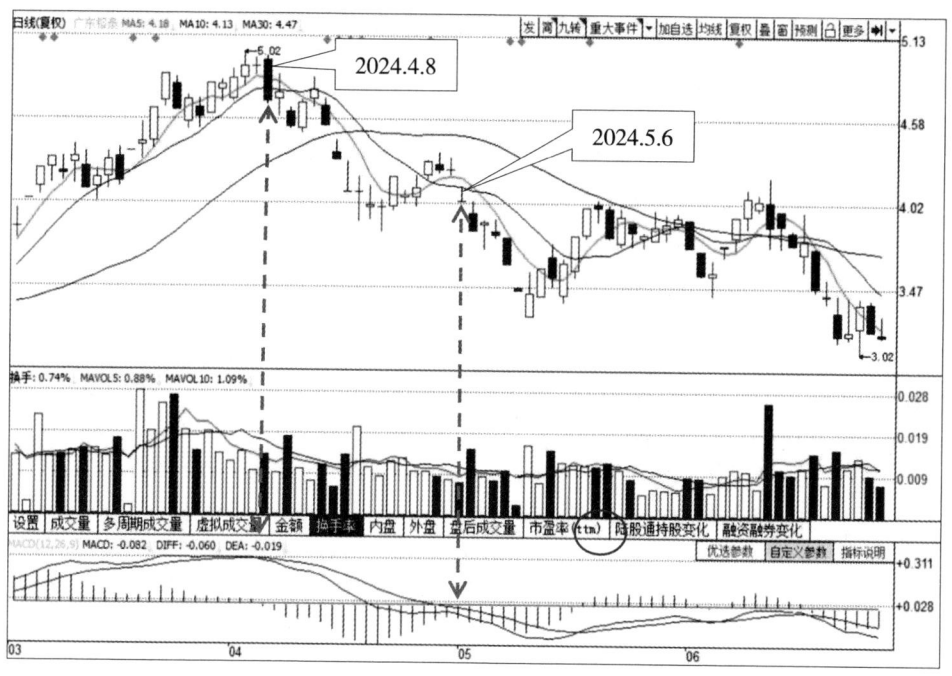

图2-15　广东榕泰(600589)MACD指标走势图

如图2-15所示,经过一段时间的振荡上升后,广东榕泰的股价在2024年4月初进入做顶状态。4月8日,该股股价放量大跌,MACD指标形成死亡交叉形态,说明股价存在一定的下跌风险,只是MACD指标线仍位于0轴上方,投资者可选择部分出货。

2024年5月6日，广东榕泰的股价大幅下跌，此时MACD指标线自上而下穿越0轴，说明整个市场已经由多头主导转为空头主导，投资者宜清空股票。

从图2-15的案例可以看出，MACD指标线自上而下穿越0轴时，股价已经下跌了一定空间。该点位相对于高点来说，已经有了一定的下跌幅度，不过相对于该波段启动上涨时的价格，还有很大的获利空间。利用这种方法选择卖点，比较适合中线波段操作，而不适合短线操作。

## 第四节　背离：顶背离与底背离

MACD指标背离是MACD指标分析的重点与核心内容之一。背离，从本质上来说，是一种不协调的状态。也就是说，无论股价上涨还是下跌，股价K线通常都会与MACD指标或其他技术指标同步发出看跌形态，这就是协调的状态。但若股价K线与其他技术指标不再同步，就意味着可能出现背离了，但这种状态肯定不会持续太长时间。

所谓背离，是指股价在上涨（下跌）过程中，不断创出新高（低），但MACD指标中的DIFF快线却没有创出新高（低）的一种现象。MACD指标背离主要包括顶背离和底背离两种。

### 一、MACD指标与股价顶背离

MACD指标与股价顶背离，是指股价在上涨过程中创下的高点一个比一个高，但MACD指标中的DIFF快线却没有创出新高的现象。出现顶背离，意味着股价的上涨行情有终结的可能，投资者需要预先做好准备。

1. 顶背离的基本研判

顶背离形态作为一种行情触顶的预警信号，通常具有如下几个特征。

第一，股价经过一段时间的上涨后，出现了调整走势，随后再度启动并创下新高，与此同时，DIFF快线也随着股价的再度上涨而上扬，却没有突破前期的高点。

第二，从K线图上来看，股价再度走高时，常常出现带长上影线的K线，说明股价继续上攻带有很大的阻力。

第三，若DIFF快线形成的两个高点对应的MACD柱线也出现了后一个高点比前一个高点低的状态，将增强MACD指标背离的可靠性。

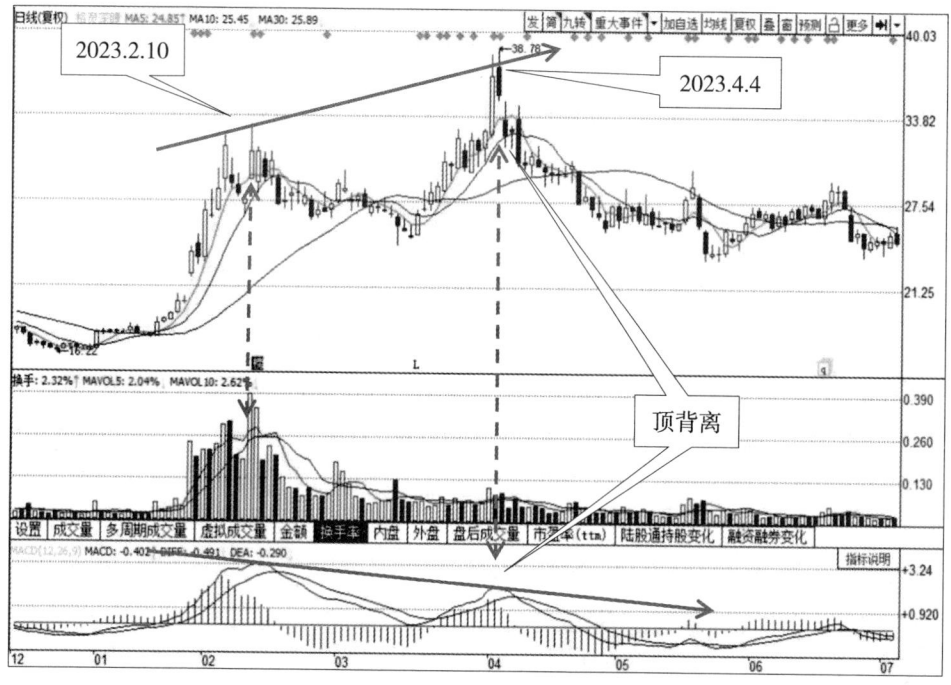

图2-16　格灵深瞳（688207）MACD指标顶背离示意图

如图2-16所示，格灵深瞳的股价在2023年上半年走出了一波振荡上涨行情。该股股价在2月10日和4月4日分别创下了两个短期高点，且后一个高点远远高于前一个，与此同时，DIFF快线创下的两个高点却没有形成一个比一个高的走势，说明股价与MACD指标出现了顶背离，未来股价下跌的概率很高。

2. 顶背离的交易技法

在实战交易过程中，股价与MACD指标出现顶背离时，投资者在具体操作方面需要注意以下几点。

第一，成交量的变化是重要的参照指标。若股价与MACD指标出现顶背离时，又同步与成交量指标出现顶背离，则意味着股价与成交量、MACD指标形成了双重顶背离，是背离形态加强的一种表现，可增强股价下跌的概率。

第二，有些情况下，MACD指标与股价出现一次顶背离后，股价就会转入下行趋势，但有时也会出现三次甚至四次顶背离后，股价才开始下跌。因此，股价与MACD指标出现顶背离的次数越多，股价下跌的可能性越大。

第三，形成顶背离后，DIFF快线自上而下穿越DEA慢线形成交叉时，投资者可卖出部分股票，若DIFF快线跌破0轴，则可清空仓位。

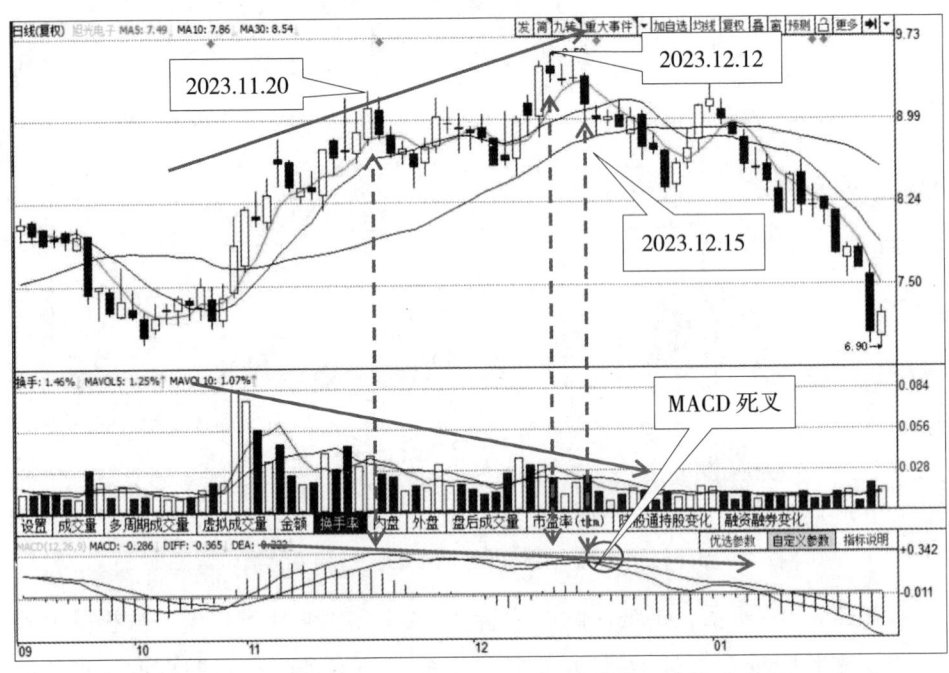

图2-17　旭光电子（600353）MACD指标顶背离示意图

如图2-17所示，旭光电子的股价在2023年下半年走出了一波振荡上涨行情。该股股价在11月20日和12月12日分别创下了两个短期高点，且后一个高点远远高于前一个，与此同时，DIFF快线创下的两个高点却没有形成一个比一个高的走势，说明股价与MACD指标形成了顶背离，股价未来下跌的概率很高。观察股价与成交量的关系也可以看出，MACD指标形成顶背离的同时，股价与成交量也形成了顶背离。这属于强烈的看跌信号，投资者应随时做好卖出准备。

2023年12月15日，旭光电子的股价大幅下跌。与此同时，DIFF快线自上而下穿越DEA慢线，形成了高位死叉，说明股价上涨趋势很有可能会结束，投资者可在当日卖出部分股票或清仓。

其后，DIFF快线与DEA慢线形成了空头发散形态，预示股价将出现较长时间的下跌。

## 二、MACD指标与股价底背离

MACD指标与股价底背离，是指股价在下跌过程中创下的低点一个比一个低，但MACD指标中的DIFF快线却没有创出新低的现象。出现底背离，意味着股价下跌行情有终结的可能，投资者需要预先做好准备。

1. 底背离的基本研判

出现底背离，说明下跌行情很难持续，股价未来存在筑底反弹的可能。通常情况下，底背离具有如下几个特征。

第一，股价经过一段时间的下跌后，出现了反弹走势，随后再度启动下跌并创下新低。与此同时，DIFF快线也随着股价的再度下跌而下降，却没有突破前期的低点。

第二，很多时候，股价在下跌接近尾声时，会出现突然的大幅下跌，但此时包括MACD指标在内的很多技术指标早已出现了行情转暖迹象。

第三，若DIFF快线形成的两个低点对应的MACD柱线也出现了后一个低点比前一个低点高的情况，将增强MACD指标底背离的可靠性。

如图2-18所示，麦克奥迪的股价在2024年7月到8月期间走出了一波振荡下跌行情。该股股价在7月25日和8月23日分别创下了两个短期低点，且后一个低点远远低于前一个，与此同时，DIFF快线创下的两个低点却没有形成一个比一个低的态势，说明股价与MACD指标出现了底背离，未来股价反弹的概率很高。

2. 顶背离的交易技法

股价与MACD指标出现底背离时，往往是股价即将终结下跌行情的时刻，投资者既要把握可能的机会，也要做好风险防控的准备。具体操作方面，需要注意以下几点。

# MACD 指标：波段交易技术精解

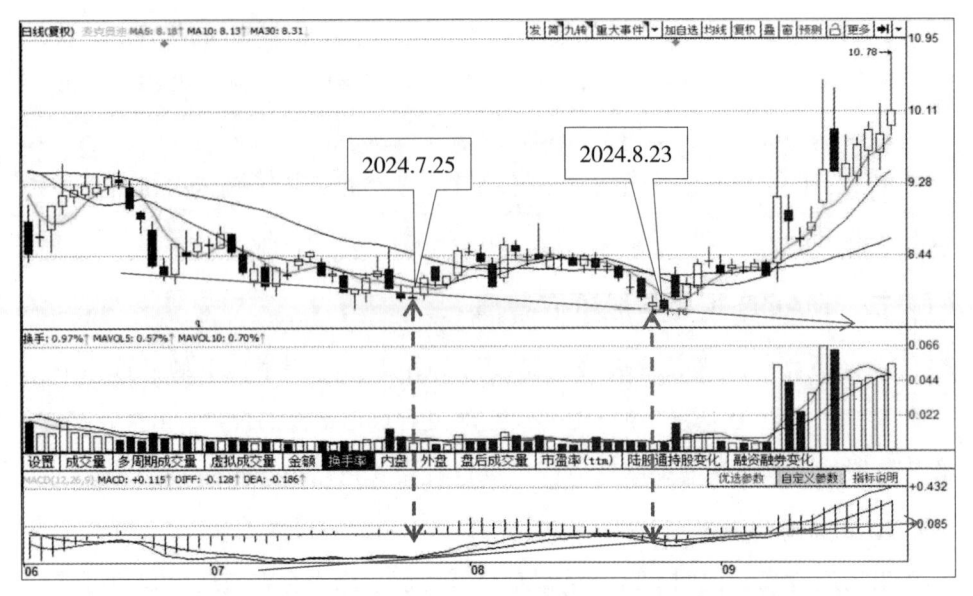

图 2-18　麦克奥迪（300341）MACD 指标底背离示意图

第一，成交量的变化。若股价与 MACD 指标出现底背离时，又与成交量指标同步出现底背离，则意味着股价反弹的可能性非常大。

第二，股价与 MACD 指标出现底背离的次数越多，股价反弹的可能性越大。

第三，形成底背离后，DIFF 快线自下而上穿越 DEA 慢线形成交叉时，投资者可买入部分股票，若 DIFF 快线向上突破 0 轴，则可加仓买入。

如图 2-19 所示，顾地科技的股价从 2023 年下半年开始走出了一波振荡下跌行情。到 2024 年 8 月前后，该股股价的下跌势能有所减弱。

顾地科技的股价在 7 月 25 日、8 月 23 日和 9 月 18 日分别创下了三个短期低点，且后一个低点远远低于前一个。与此同时，DIFF 快线创下的两个低点却没有形成一个比一个低的态势，说明股价与 MACD 指标形成了底背离，股价未来反弹的概率很高。

2024 年 9 月 24 日，顾地科技的股价发动了大幅反攻，一举突破了多条均线的压制。与此同时，DIFF 快线自下而上穿越 DEA 慢线形成了交叉，说明股价下跌趋势很有可能结束，投资者可在当日买入部分股票。其后，该股股价出现反弹，DIFF 快线和 DEA 慢线同步上穿 0 轴时，投资者可加仓买入。

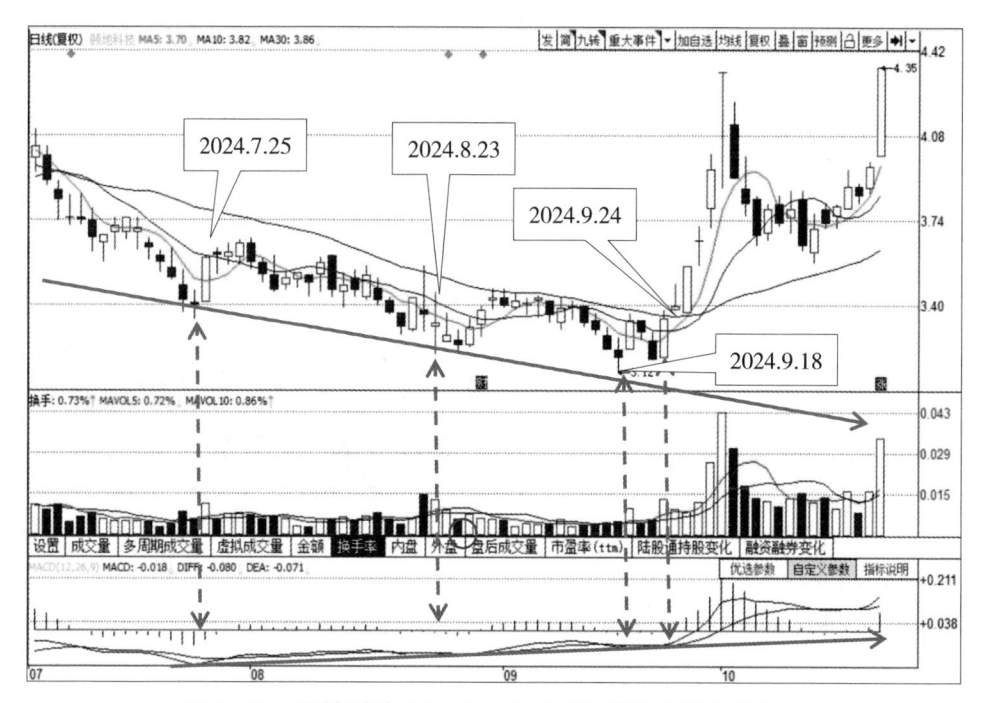

图 2-19  顾地科技（002694）MACD 指标底背离示意图

# 第三章

# MACD 指标线经典形态解读

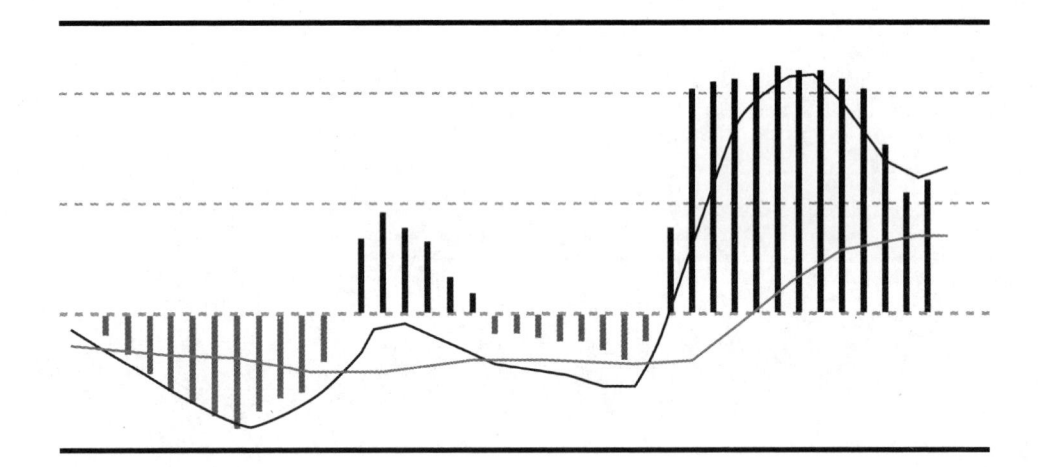

实战过程中，MACD 指标中的柱线与两条曲线的形态变化，也能够直观地反映股价的变化，进而对股价未来走势起到一定的指示效果。

# 第一节 MACD 柱线的伸缩

MACD 柱线，从本质上来说，就是反映 DIFF 线和 DEA 线之间差值变化的线，是对市场多空力量对比变化的直观反映。

尽管阿佩尔在发明 MACD 指标时并没有设计 MACD 柱线，但这并不妨碍 MACD 柱线在实战中的应用。本书总结了一些比较经典的 MACD 柱线变化形态，以期对投资者判断股价走势有所帮助。

## 一、MACD 柱线"缩头"与"抽脚"

MACD 柱线"缩头"与"抽脚"是最常见的两种形态。

### 1. MACD 柱线"缩头"

MACD 柱线"缩头"，是指 MACD 柱线位于 0 轴上方，经过一段时间的连续变长（柱线发散）后，开始出现变短（柱线收缩）的情况。如图 3-1 所示。

MACD 柱线"缩头"，说明多方力量有所不足，涨势有可能终止。当然，投资者还要结合具体情况进行分析。

第一，MACD 指标均位于 0 轴上方，说明多方占据主导地位。MACD 柱线先出现"缩头"，说明上涨动能不足，未来有回落的可能。此时股价多处于筑顶或上涨中途的调整阶段，为安全起见，MACD 柱线"缩头"时，可卖出部分股票。

第二，MACD 指标均位于 0 轴下方，说明空方占据主导地位。MACD 柱线"缩头"，说明反弹动能不足，未来有重回跌势的可能。此时股价多处

# MACD 指标：波段交易技术精解

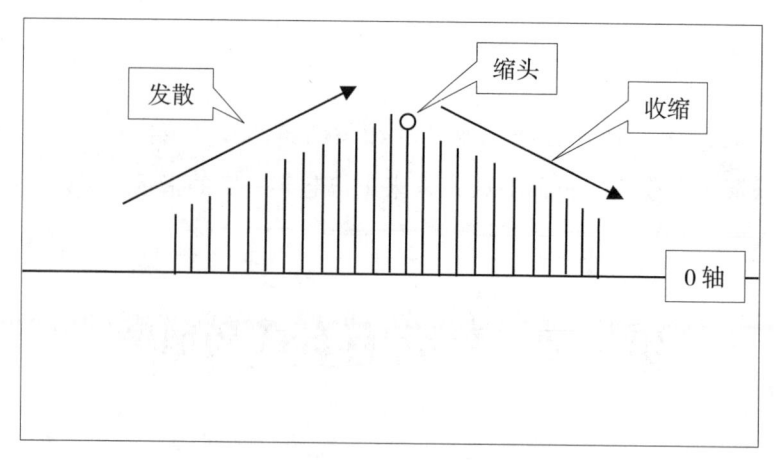

图 3-1  MACD 柱线"缩头"形态

于反弹顶部位置，投资者若参与了抢反弹，此时应全部清仓。

下面来看一下有友食品的案例。

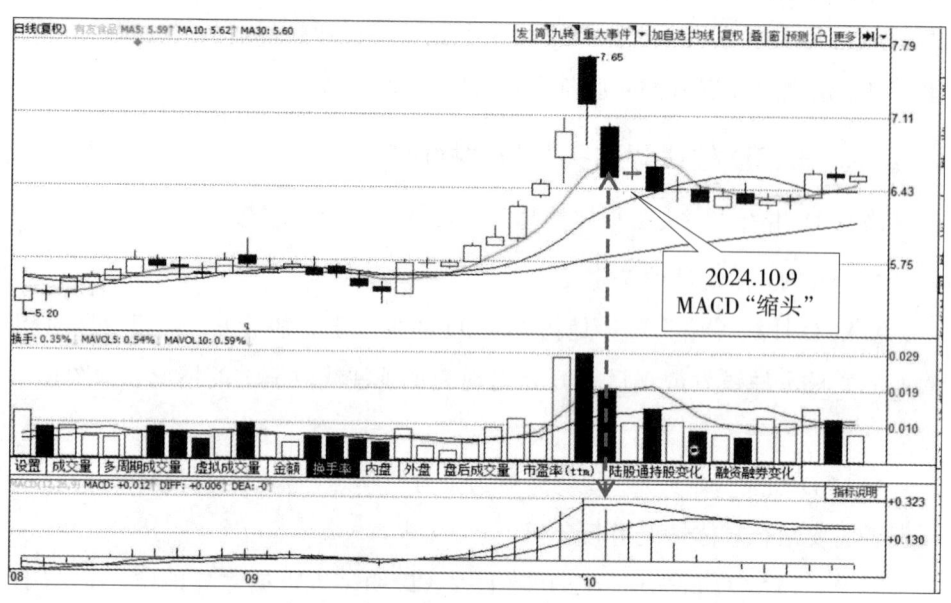

图 3-2  有友食品（603696）MACD 指标走势图

如图 3-2 所示，有友食品的股价在 2024 年 9 月初随着大盘的上涨而出现了一波暴涨走势，MACD 柱线也随之不断拉升。2024 年 10 月 8 日，有友食品在创出近期新高后回落，但最终仍以上涨报收，因而 MACD 柱线仍旧呈现拉升态势。10 月 9 日，该股股价低开低走，与此同时，MACD 柱线没有继续拉升，而是出现了"缩头"形态，说明股价上涨遇到了巨大的阻力，多头力量有所不济。不过，此时 DIFF 快线和 DEA 慢线仍处于 0 轴上方，说明多头仍占据主导地位，投资者可选择部分卖出，待 DIFF 快线与 DEA 慢线形成交叉时，再卖出部分股票即可。

位于 0 轴上方的 MACD 柱线出现连续"缩头"，即连续缩短，最后就会越过 0 轴（即 DIFF 线跌破 DEA 线）。如图 3-3 所示。

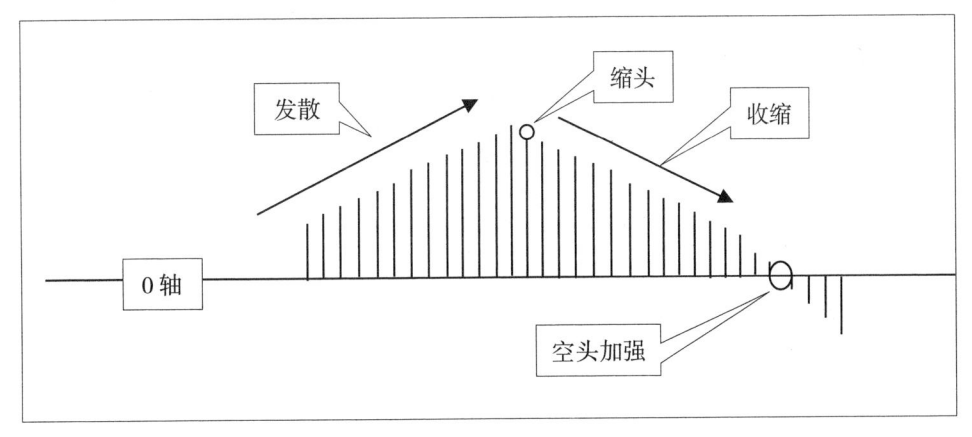

图 3-3　MACD 柱线"空头加强"形态

MACD 柱线向下越过 0 轴，属于典型的空方实力加强的信号，说明空方实力不断扩张，投资者宜远离这类股票。

下面来看一下华东重机的案例。如图 3-4 所示，华东重机的股价在 2024 年 7 月初随着大盘的上涨而出现了一波暴涨走势，MACD 柱线也随之不断伸长。2024 年 8 月 2 日，该股股价在创出近期新高后大幅走低，并以跌停报收，与此同时，MACD 柱线没有继续伸长，而是出现了"缩头"形态，说明股价上涨遇到了巨大的阻力，多头力量有所不济，投资者可考虑减仓。

8 月 9 日，华东重机的股价低开低走，MACD 指标出现死叉，MACD 柱线也越过了 0 轴。此后，MACD 柱线在 0 轴下方不断伸长，说明空方实力不断增强，投资者宜继续卖空手中的股票。

2. MACD 柱线"抽脚"

MACD 柱线"抽脚"，是指 MACD 柱线位于 0 轴下方，经过一段时间的连续变长后，开始出现变短的情况。如图 3-5 所示。

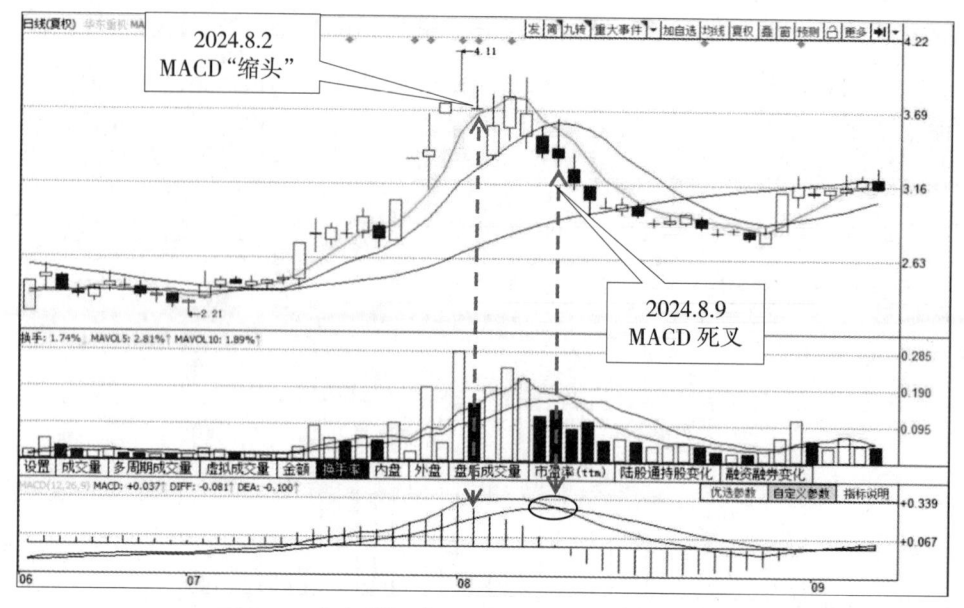

图 3-4　华东重机（002685）MACD 指标走势图

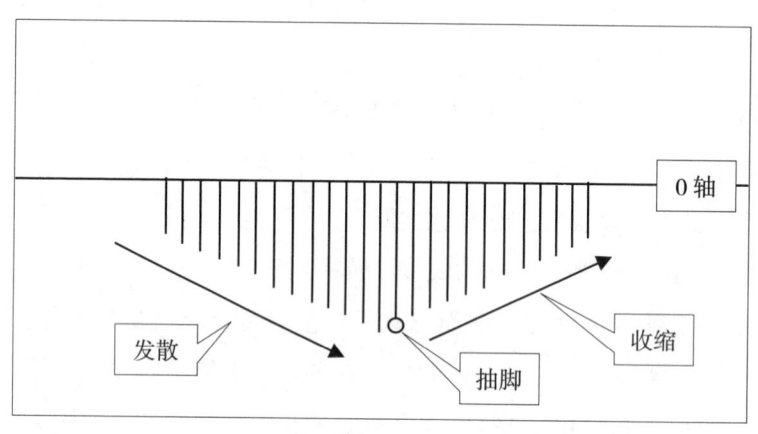

图 3-5　MACD 柱线"抽脚"形态

MACD 柱线"抽脚"，说明空方力量有所不足，跌势有可能终止。当然，投资者还要结合具体情况进行分析。

第一，MACD 指标线位于 0 轴下方，说明空方占据主导地位。MACD 柱线"抽脚"，说明下跌动能不足，未来有上涨的可能。此时股价多处于筑底或下跌中途的反弹阶段，为安全起见，MACD 柱线"抽脚"时，只能少量参与或不参与交易。

第二，MACD 指标线位于 0 轴上方，说明多方仍占据主导地位。MACD 柱线"抽脚"，说明下跌动能不足，未来有重回涨势的可能。此时股价多处于回调底部位置，投资者若回调时卖出了部分股票，此时可适当补仓。

下面来看一下杰美特的案例。

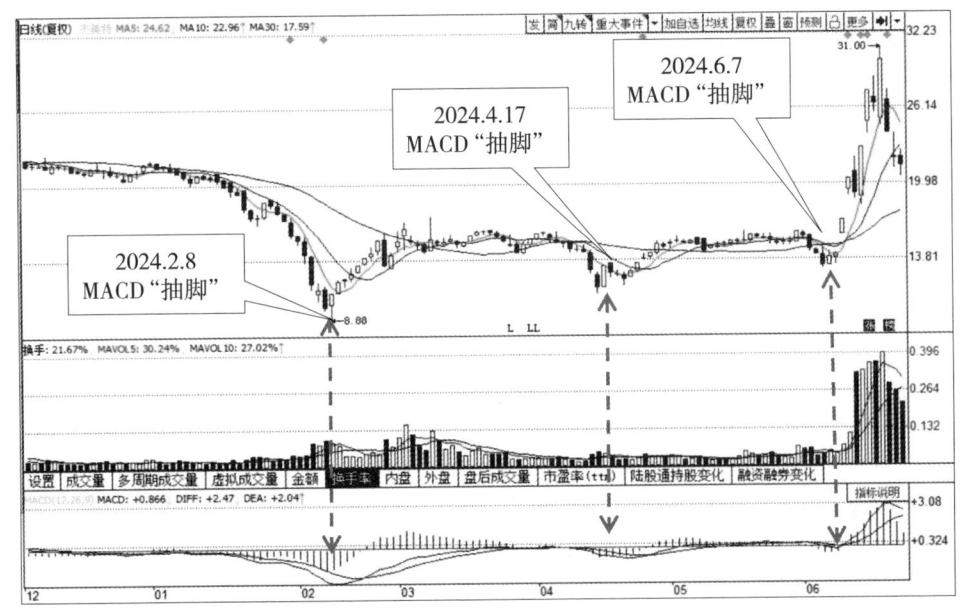

图 3-6　杰美特（300868）MACD 指标走势图

如图 3-6 所示，杰美特的股价在 2024 年上半年出现了一波振荡下跌行情，其间该股下跌途中出现了两波反弹走势，在反弹过程中，MACD 柱线出现了"抽脚"走势。

该股股价分别在 2 月 8 日、4 月 17 日出现了反弹走势，MACD 柱线同步出现"抽脚"形态。不过，MACD 指标位于 0 轴下方，说明空方占据绝对优势地位，投资者可暂不入场或少量入场。

此后，该股股价反弹一段时间后，重新进入下跌通道。

6 月 7 日，该股股价再度反弹，MACD 柱线再度同步出现"抽脚"形态，不过此时 MACD 指标线位于 0 轴上方附近位置，且很快在 0 轴附近形成了黄金交叉形态，说明该股股价很快就会进入大幅上升区间，投资者可积极入场买入股票。

其后，该股股价进入了大幅上升通道。

位于 0 轴下方的 MACD 柱线出现连续"抽脚"，即连续缩短，最后就会越过 0 轴（即 DIFF 线向上突破 DEA 线），如图 3-7 所示。

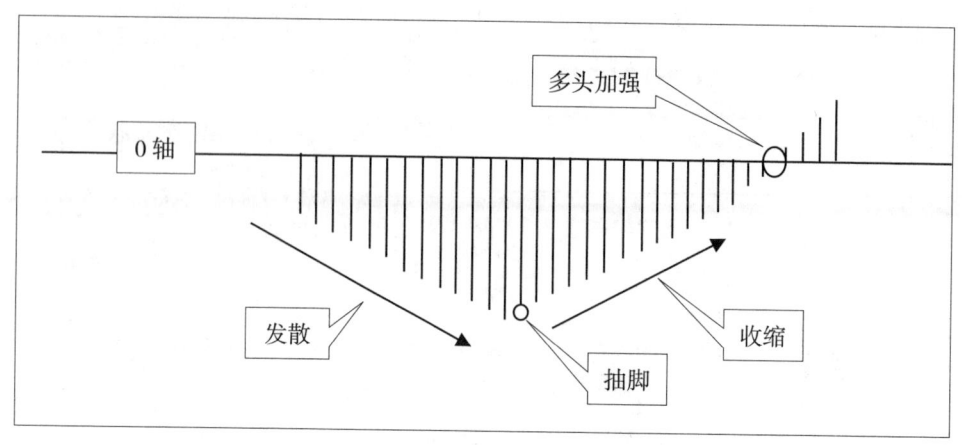

图 3-7　MACD 柱线"多头加强"形态

MACD 柱线越过 0 轴，属于典型的多方实力加强的信号，投资者宜择机买入。

下面来看一下鲍斯股份的案例。

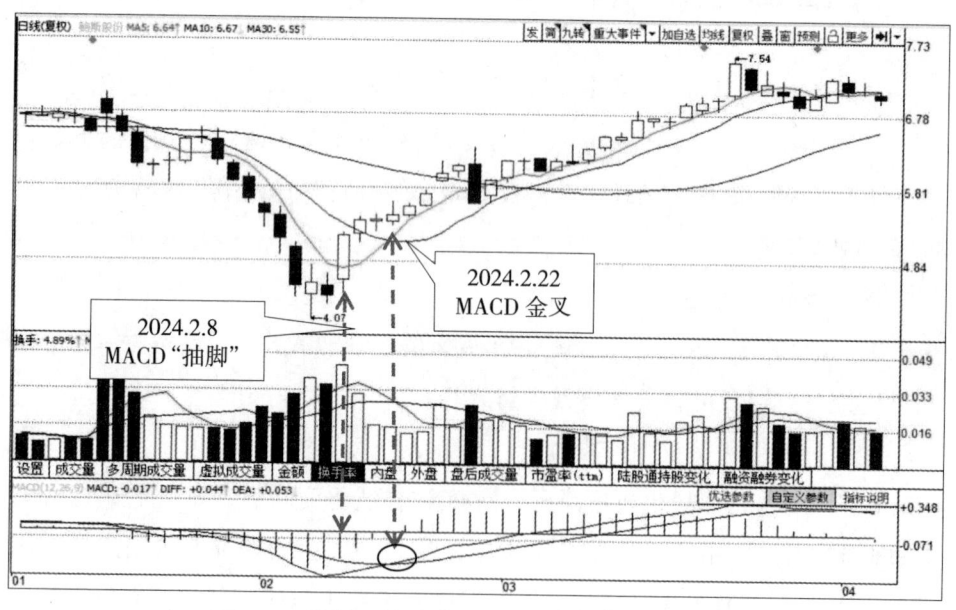

图 3-8　鲍斯股份（300441）MACD 指标走势图

如图 3-8 所示，鲍斯股份的股价在 2024 年年初出现了一波大幅下跌走势，MACD柱线也随之不断伸长。2024年2月8日，该股股价在创出近期新低后出现反弹，与此同时，MACD柱线没有继续伸长，而是出现了"抽脚"形态，说明股价下跌遇到了巨大的支撑力，空头力量有所不济。投资者可考虑建仓或继续保持对该股走势的关注。

2月22日，该股股价在前日上涨的基础上收出带长上影线的小阳线，MACD指标出现低位金叉，MACD柱线也越过了0轴。此后，MACD柱线在0轴上方不断伸长，说明多方实力不断增强，投资者可考虑建仓或加仓。

## 二、MACD柱线"杀多棒"与"逼空棒"

MACD柱线收缩在一定程度上预示着股价将会朝着与原来运动方向相反的方向运行，而"杀多棒"和"逼空棒"的出现，则是给这种趋势画上了"休止符"。

### 1. MACD柱线"杀多棒"

MACD柱线出现"抽脚"形态后，股价可能会出现一波反弹向上的走势，给投资者带来希望。然而，此时的MACD柱线仍位于0轴下方，因此，投资者必须时刻提高警惕。有时候，当MACD柱线连续收缩至0轴附近时，可能会因为股价受到阻力而重新下跌，MACD柱线重新开始向下伸长，说明新的一波下跌行情又开启了，先前入场的投资者宜立即离场。如图3-9所示。

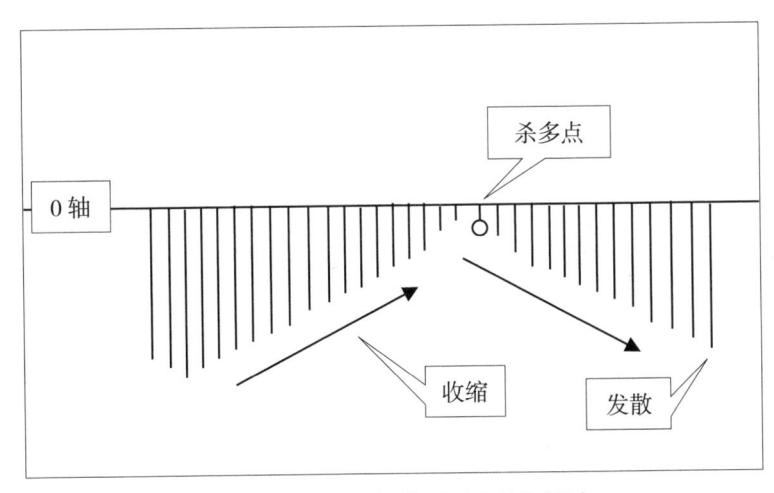

图3-9 MACD柱线"杀多棒"形态

# MACD 指标：波段交易技术精解

MACD 柱线"杀多棒"形态，说明多方在连续发力后力量有所不足，无法推动 MACD 柱线回归 0 轴上方，属于典型的看空信号。其具体分析要点如下。

第一，MACD 指标线位于 0 轴下方，说明空方占据主导地位。MACD 柱线出现"抽脚"，说明下跌动能不足，未来有上涨的可能，有些博反弹的投资者可能会考虑入场。不过，当 MACD 柱线萎缩至 0 轴附近时，空方重新发力，MACD 柱线重新向下伸长，说明空方重新夺取了主动权。此时先前博反弹进场的投资者应立即离场。

第二，MACD 指标线位于 0 轴上方，说明多方占据主导地位。MACD 柱线"抽脚"，说明下跌动能不足，未来有重回涨势的可能。此后，当 MACD 柱线萎缩至 0 轴附近时，空方重新发力，股价可能会重新开启调整走势。持股的投资者务必保持警惕，最好能够先抛出部分股票，MACD 指标跌破 0 轴后，再清空仓位。

下面来看一下柘中股份的案例。

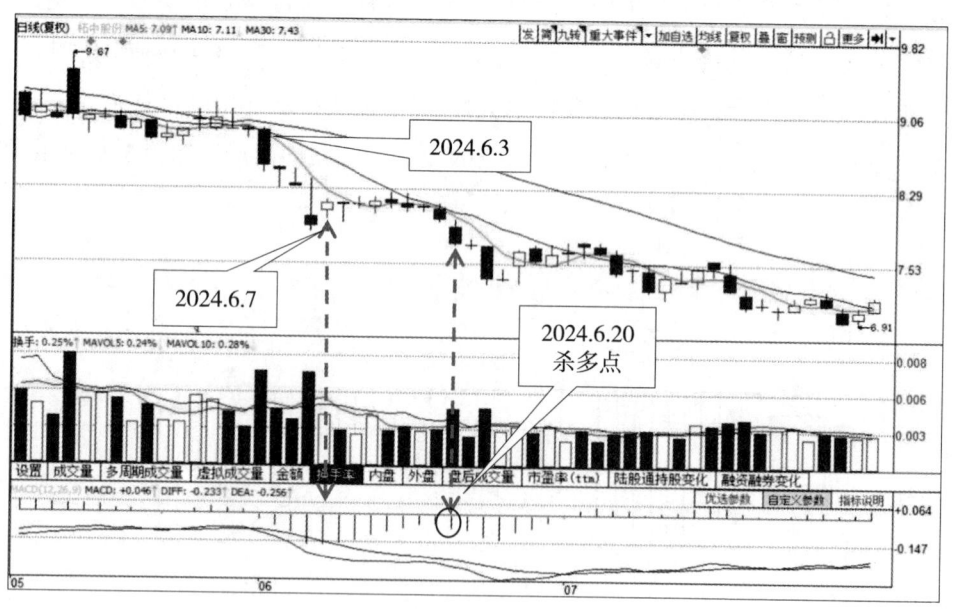

图 3-10　柘中股份（002346）MACD 指标走势图

如图 3-10 所示，柘中股份的股价在 2024 年年中时段先是出现了一波横向振荡行情。6 月 3 日，该股股价突然大幅下跌，此后，股价正式进入下跌通道。MACD指标随着股价的回落而振荡下行，MACD柱线也同步下跌至0轴下方并不断伸长。6月7日，该股股价在下跌一段时间后出现反弹走势，与此同时，MACD柱线开始"抽脚"，并不断萎缩，说明股价短线存在反弹的可能。由于MACD指标线仍运行于0轴下方，投资者可保持对该股的观察，一旦MACD柱线重新回到0轴上方，就意味着股价高位调整结束，未来还有上行的可能。

不过，该股股价经历了一波小幅反弹后，6月20日，股价延续了之前的下跌态势，MACD柱线并没回归0轴上方，而是重新向下伸长，形成了一个"杀多点"，这意味着MACD柱线走出了"杀多棒"形态。MACD指标线同步向下跌破了0轴，这都属于典型的看空形态，投资者可考虑卖出手中的股票。

2. MACD柱线"逼空棒"

MACD柱线出现"缩头"形态后，股价可能会出现一波下跌走势，给投资者一种股价将要回落的感觉。然而，此时MACD柱线仍位于0轴上方，因此，投资者需要保留一些希望。有时候，当MACD柱线连续收缩至0轴附近时，可能会因为股价受到支撑而重新上涨，MACD柱线重新开始向上拉升，说明新的一波上涨行情又开启了，先前离场的投资者可考虑追涨入场。如图3-11所示。

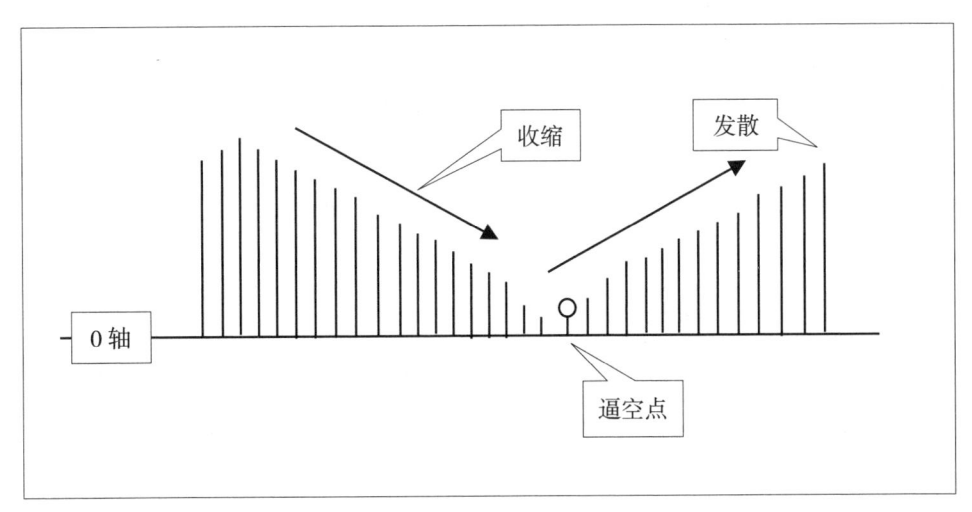

图3-11　MACD柱线"逼空棒"形态

MACD 柱线"逼空棒"形态，说明空方在连续发力后，力量有所不足，无法推动 MACD 柱线退至 0 轴下方，属于典型的看涨信号。其具体分析要点如下。

第一，MACD 指标线位于 0 轴上方，说明多方占据主导地位。MACD 柱线先出现"缩头"，说明上涨动能不足，未来有下跌的可能，保守型投资者可考虑离场。不过，当 MACD 柱线萎缩至 0 轴附近时，多方重新发力，MACD 柱线重新拉升，说明多方重新夺取了主动权。此时，先前离场的投资者可考虑重新入场。

第二，MACD 指标线位于 0 轴下方，说明空方仍占据主导地位。MACD 柱线"萎缩"，说明反弹动能不足，未来有重回跌势的可能。此后，当 MACD 柱线萎缩至 0 轴附近时，多方重新发力，股价可能会重新开启反弹甚至反转走势。

下面来看一下欧菲光的案例。

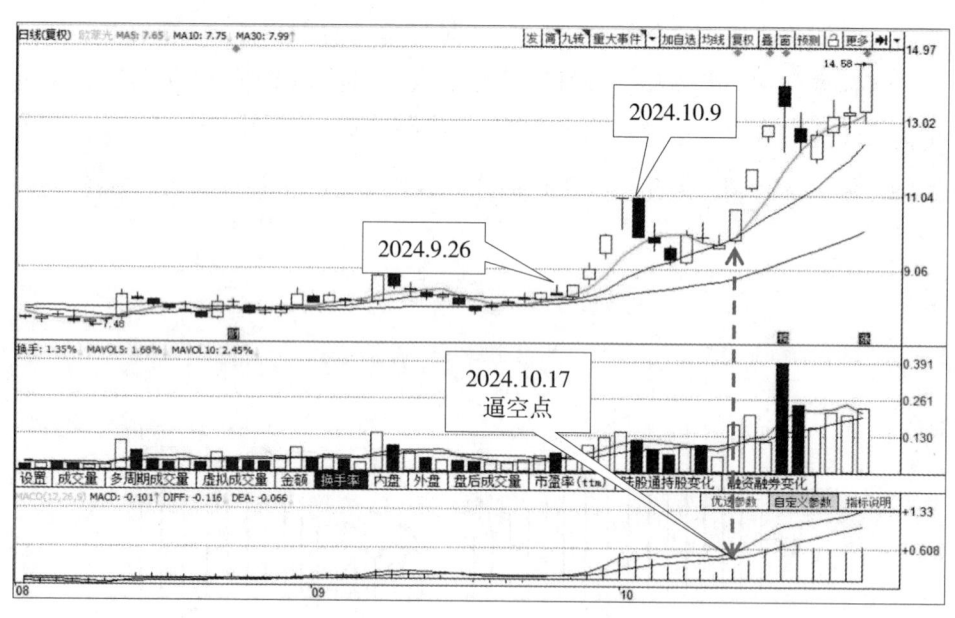

图 3-12 欧菲光（002456）MACD 指标走势图

如图 3-12 所示，欧菲光的股价在 2024 年 9 月下旬随着大盘的暴涨而出现了一波振荡上涨行情。10 月 9 日，该股股价触及阶段高点后，开始振荡回落。

此后，MACD 指标随着股价的回落而振荡下行，MACD 柱线同步出现萎缩状态。不过，由于之前股价一直处于上升趋势，这就使得MACD指标和MACD柱线全部位于0轴上方，也就意味着此时的下跌可能仅为股价上涨途中的一次"休息"。

随着股价的回调，MACD柱线同步萎缩，当其萎缩至0轴附近时，该股股价重新启动上攻。MACD柱线在10月17日形成了经典的"逼空点"。至此，MACD柱线的"逼空棒"形态正式形成，投资者可考虑加仓入场。

## 三、MACD柱线"尖峰"与"尖谷"

MACD柱线的"尖峰"与"尖谷"，对应了股价阶段性的高点与低点，二者的出现意味着股价一波行情的反转。

### 1. MACD柱线"尖峰"

随着股价的急速上行，MACD柱线有时会出现连续大幅拉升的形态，这是由于股价短线走势较强，DIFF线快速上扬，与DEA线之间的落差过大造成的。这种拉升一旦停止，往往意味着股价短线可能会快速回落。如图3-13所示。

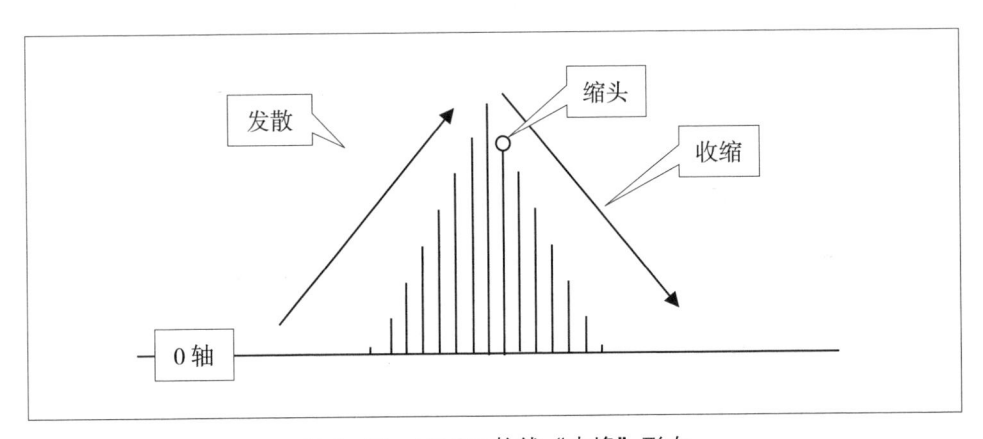

图3-13 MACD柱线"尖峰"形态

MACD柱线"尖峰"形态，必然伴随着股价的暴涨暴跌，身处其中的投资者必须采取正确的交易策略。该形态的分析要点如下。

第一，该形态的出现往往是主力突然启动大幅拉升造成的，因而具有很强的突然性。一般情况下，如果先前没有入场，投资者最好不要贸然参与，否则很容易被套于高位。

第二，持股投资者一般会在 MACD 柱线放大至顶峰时卖出手中的股票。当然，投资者若无法在当日识别顶峰，也可以在次日即 MACD 缩头日卖出手中的股票。

第三，由于"尖峰"形态出现时，MACD 柱线位于 0 轴上方，未来股价也可能在回调一段时间后重新上涨，这就需要投资者密切关注了。

下面来看一下杰夫特的案例。

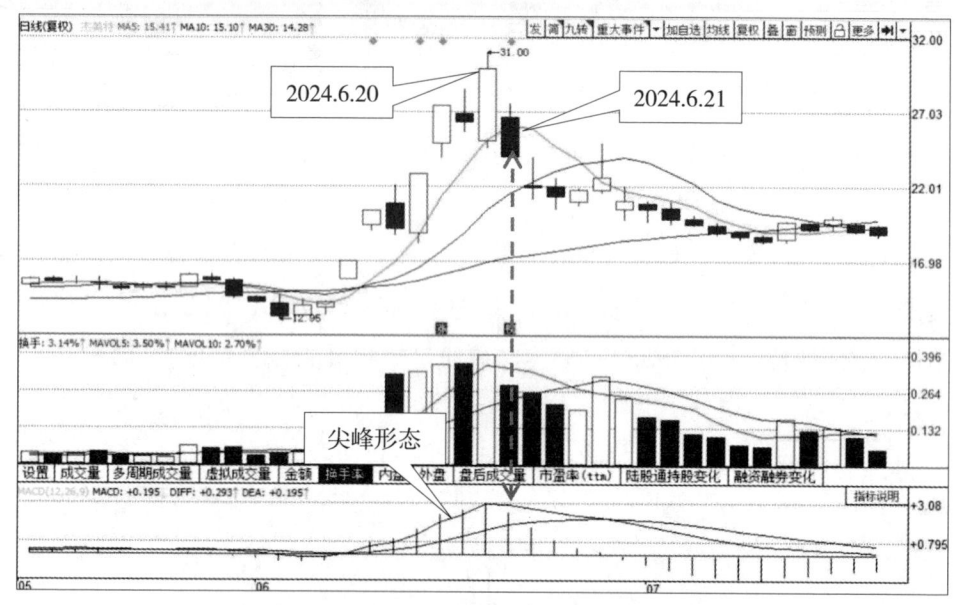

图 3-14 杰夫特（300868）MACD 指标走势图

如图 3-14 所示，杰夫特的股价在 2024 年 6 月初突然启动了一波快速上涨行情，MACD 柱线急速拉升，并形成了典型的"尖峰"形态。

2024 年 6 月 20 日，该股股价低开高走，并在 K 线图上留下了一根带上影线的大阳线，这属于典型的看多形态。与此同时，MACD 柱线在这一天达到了顶峰。次日，即 6 月 21 日，该股股价直接低开低走，并以跌停报收，MACD 柱线出现缩头形态，这是投资者最后的出逃机会。

2. MACD 柱线"尖谷"

与 MACD 柱线"尖峰"形态相反，随着股价的急速下行，MACD 柱线有时会出现连续大幅下挫的形态，这是由于股价短线走势较弱，DIFF 线快速下行，从而与 DEA 线之间的落差过大造成的。这种下跌一旦停止，往往意味着股价短线可能会快速反弹。如图 3-15 所示。

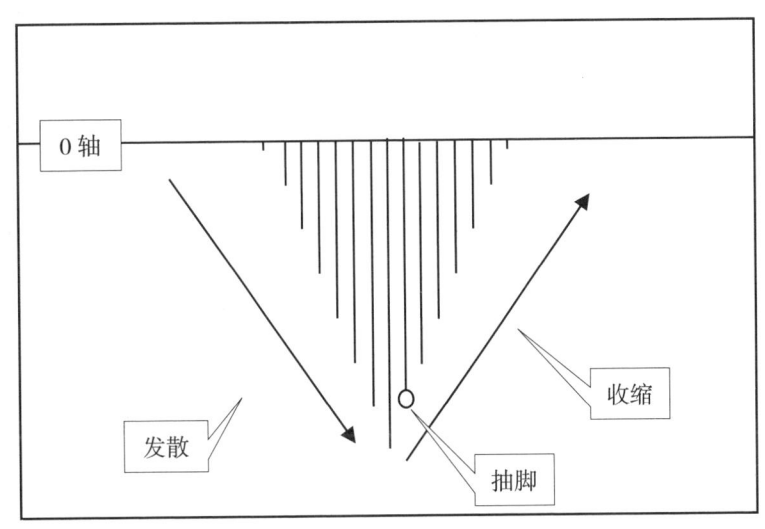

图 3-15　MACD 柱线"尖谷"形态

MACD 柱线"尖谷"形态，必然伴随着股价的暴跌与反弹，喜欢抢反弹的投资者可以多关注这种形态。该形态的分析要点如下。

第一，该形态的出现往往是主力突然启动大幅打压造成的，因而具有很强的突然性。一般情况下，MACD 柱线"抽脚"形态不出现，投资者是不应该入场抢反弹的。

第二，理论上来说，在 MACD 柱线放大至顶峰时进场抢入股票，可以实现收益最大化，但这种做法风险极高。

第三，由于"尖谷"形态出现时，MACD 柱线仍位于 0 轴下方，未来即使股价出现反弹，也可能面对诸多阻力，投资者必须做好风险防控。

下面来看一下延华智能的案例。

如图 3-16 所示，2024 年年初，延华智能的股价出现了一波振荡上升行情。1 月底，处于上升趋势中的股价突然启动了一波快速下跌走势，MACD 柱线急速下挫，并形成了典型的"尖谷"形态。

2024 年 2 月 6 日，该股股价在前几个交易日大幅下跌的基础上低开高走，并在 K 线图上留下了一根假阳线。与此同时，MACD 柱线在这一天达到了顶峰，此时投资者需保持观望。

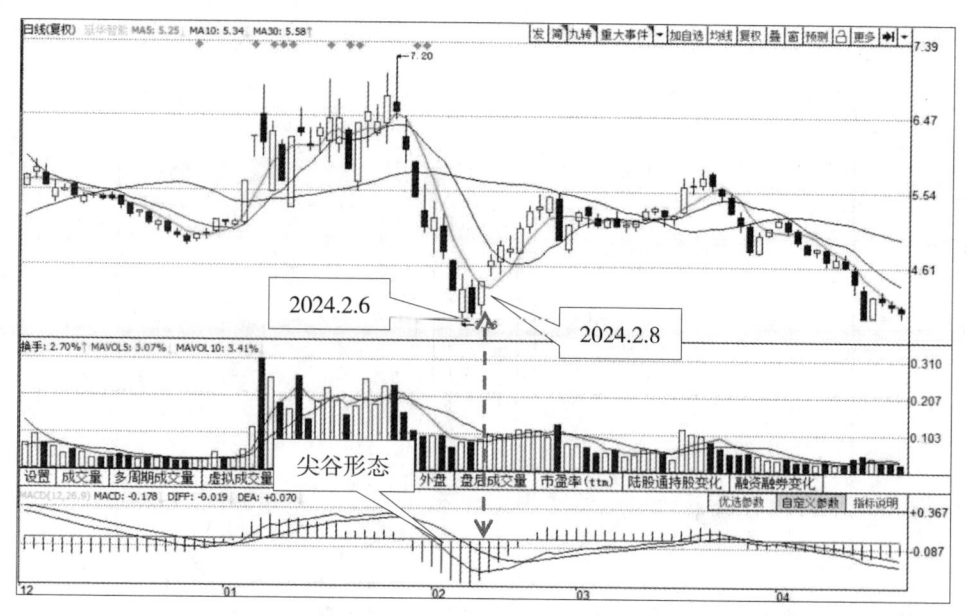

图 3-16　延华智能（002178）MACD 指标走势图

2月8日，该股再度低开高走，并大幅上涨，MACD 柱线出现抽脚形态，对于喜欢抢反弹的投资者来说，此时就是一个不错的入场机会。

投资者要清楚，低位抢反弹需要冒很大的风险，一旦失败，必须立即止损出局，以免被套于"半山腰"。

## 四、MACD 柱线"双峰"与"双谷"

股价从上涨转为下跌，或者从下跌转为上涨，往往都不是一蹴而就的，而是经历了一个振荡的过程。在股价振荡过程中，MACD 柱线很容易形成近似于"双峰"或"双谷"的形态。

### 1. MACD 柱线"双峰"

MACD 柱线"双峰"形态，是指位于 0 轴上方的 MACD 柱线形成波峰后出现萎缩，未触及 0 轴时再度拉长，形成第二个波峰后，又出现萎缩。如图 3-17 所示。

MACD 柱线出现的"双峰"形态中，第一个波峰的出现，说明多头力量由强转弱，但在空头还未取得绝对优势时（未越过 0 轴），多头再度卷土重来，重新占据了优势地位。

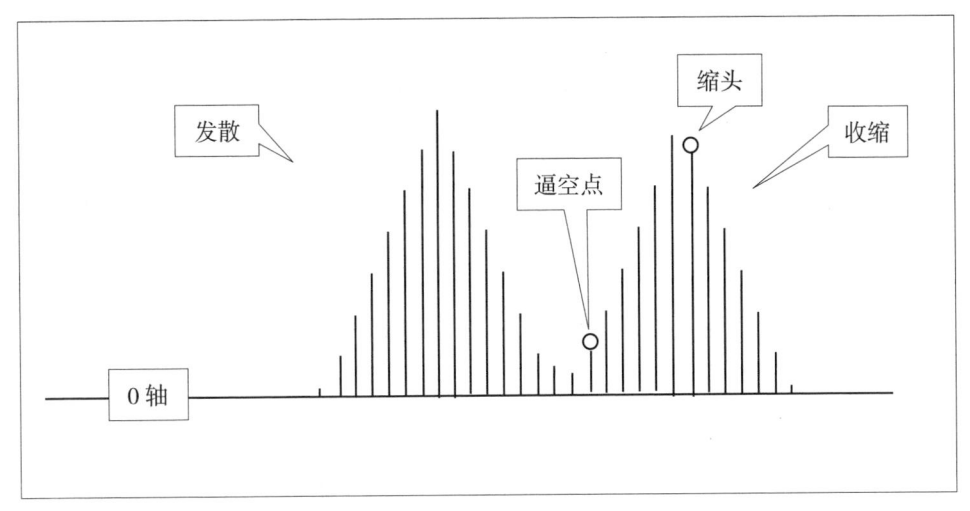

图 3-17 MACD 柱线"双峰"形态

MACD 柱线出现"双峰"形态的操作要点如下。

第一，通常情况下，两个波峰之间的逼空点属于经典的加仓点。即当 MACD 柱线形成第一个波峰后，没有跌至 0 轴下方，而是再度向上拉长时的点位（即逼空点），就是投资者的加仓买入点。第二个波峰形成后，MACD 柱线开始"缩头"，就是第一个短线卖出点。

第二，逼空点的有效性还与 DIFF 快线和 DEA 慢线所处的位置有关。DIFF 快线和 DEA 慢线位于 0 轴上方时，MACD 柱线出现"双峰"形态，此时出现的逼空点成色较低，也许只是股价在下跌途中的短暂反弹，投资者应尽量避免买入或少量买入。一旦 MACD 柱线出现"缩头"，即可清空股票。

下面来看一下华映科技的案例。

如图 3-18 所示，自 2023 年 8 月底开始，华映科技的股价进入了振荡上升通道。随着股价的振荡上扬，MACD 柱线形成了"双峰"形态。

9 月上旬，华映科技的股价经过一段时间的上涨后出现振荡回调走势，MACD 柱线随之出现萎缩。此时，谨慎的投资者可考虑适当减仓。9 月 26 日，该股股价在回调一段时间后突然发力上攻，MACD 柱线重新向上拉升，形成了"逼空点"。此时，投资者可考虑加仓入场。

此后，该股股价经过几个交易日的上攻后，又出现了上攻乏力迹象。

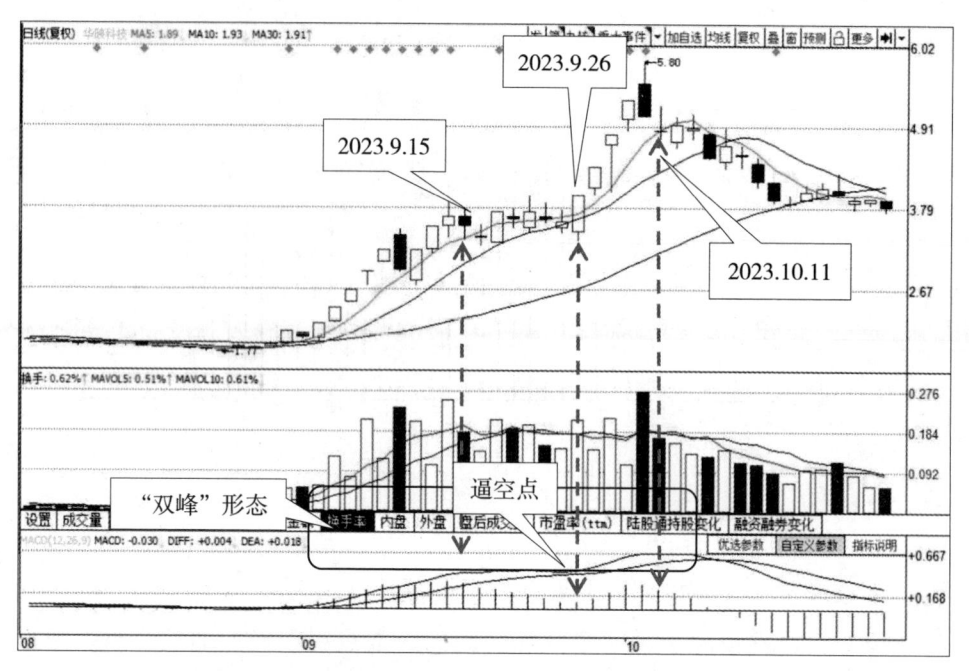

图 3-18 华映科技（000536）MACD 指标走势图

10 月 11 日，该股股价在前日大幅下跌的基础上，收出一根跳空小阴线，而 MACD 柱线此时出现了缩头迹象，这属于典型的卖出信号。鉴于此时 MACD 指标仍运行于 0 轴上方，投资者可先减仓，再观察股价的后续走势。

2. MACD 柱线"双谷"

"双谷"形态，是指位于 0 轴下方的 MACD 柱线形成波谷后出现萎缩，未触及 0 轴时，再度拉长，形成第二个波谷后又出现萎缩。如图 3-19 所示。

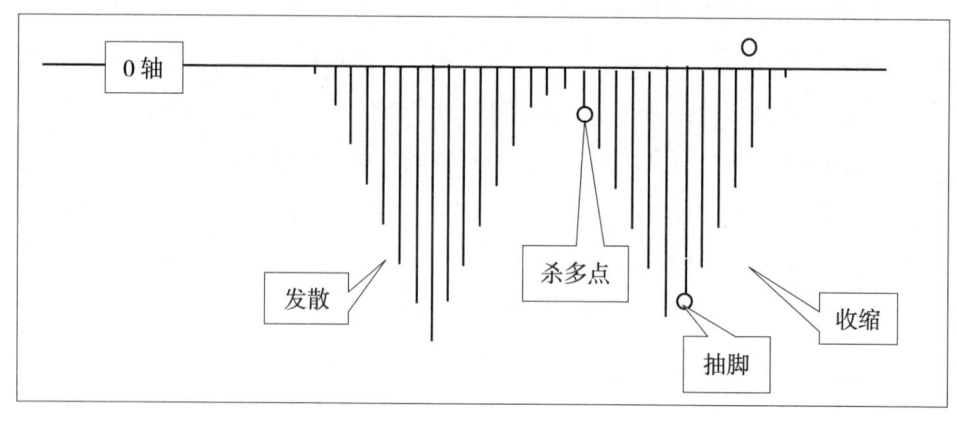

图 3-19 MACD 柱线"双谷"形态

MACD 柱线出现的"双谷"形态中，出现第一个波谷说明空头力量由强转弱，但在多头还未取得绝对优势时（未越过 0 轴），空头再度卷土重来，重新占据了优势地位。

MACD 柱线出现"双谷"形态的操作要点如下。

第一，通常情况下，两个波谷之间的杀多点属于经典的减仓点。即当 MACD 柱线形成第一波谷后，没有上涨至 0 轴上方，而是再度向下拉长时的点位（即杀多点），就是投资者的清仓点。第二个波谷形成后，MACD 柱线开始"抽脚"，就是第一个短线买入点。

第二，DIFF 快线和 DEA 慢线位于 0 轴上方，且并无明显向下运动的态势，MACD 柱线出现双谷形态，那么，此时出现的杀多点有可能只是主力的刻意打压行为，投资者需保持观望。

第三，第二个波谷之后，MACD 柱线出现"抽脚"形态时，激进型投资者可考虑少量入场。通常来说，出现"抽脚"形态，股价都可能有一波反弹态势。不过，反弹有多高，还要看股价所处的趋势和面对的阻力情况。

下面来看一下集友股份的案例。

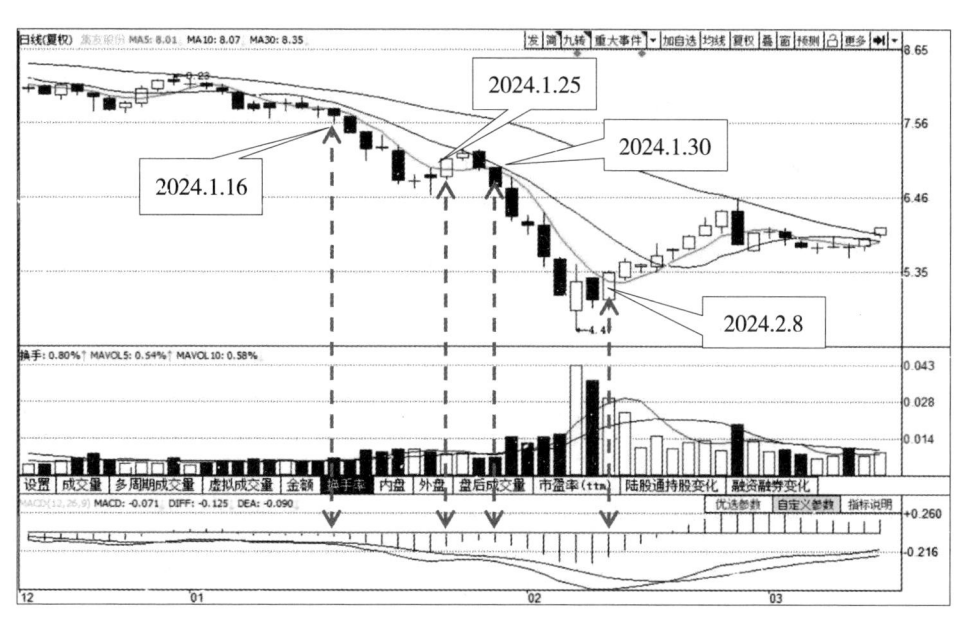

图 3-20　集友股份（603429）MACD 指标走势图

如图 3-20 所示，自 2024 年 1 月开始，集友股份的股价进入了振荡下跌通道。随着股价的振荡下跌，MACD柱线形成了"双谷"形态。

1月中旬，集友股份的股价经过一段时间的下跌后出现横向调整走势，MACD柱线随之出现萎缩。鉴于此时MACD指标开始跌破0轴，投资者可保持关注，暂不入场。

1月16日，该股股价在横向调整一段时间后突然下挫，MACD柱线重新向下伸长，形成了"杀多点"。此时，持仓投资者宜清仓，持币投资者可继续观望。

1月25日，该股股价经过一段时间的下跌后出现小幅反弹，MACD柱线形成了"抽脚"形态。鉴于此时MACD指标线仍处于0轴下方，投资者可保持观望。

1月30日，该股股价再度下跌，而MACD柱线出现"杀多棒"形态，这是典型的多转空形态。

此后，该股股价又经过了一波大幅杀跌后才企稳反弹。2月8日，股价出现超跌反弹，MACD柱线再度出现"抽脚"形态，激进型投资者可少量参与抢反弹行情。

## 五、MACD柱线三重顶与三重底

MACD柱线三重顶与三重底形态，与M顶、W底形态非常相似。MACD柱线M顶形成后，位于0轴上方的MACD柱线未触及0轴就再度拉长，形成第三个波峰后才出现萎缩，直至越过0轴后才拉长。此时，MACD柱线在0轴上方形成的形态就是三重顶，如图3-21所示。

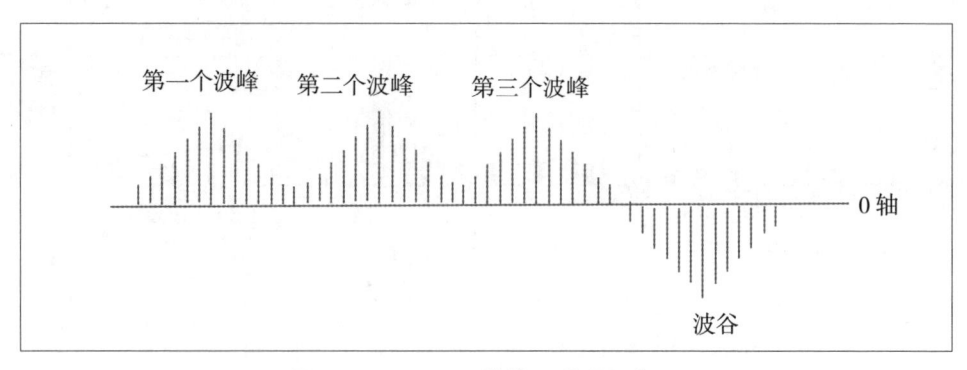

图3-21 MACD柱线三重顶示意图

MACD 柱线三重顶形态中，若第二个波峰的高度明显高于其他两个，那么这个形态也可以称为"头肩顶"形态。

与三重顶形态相对应的是三重底形态。位于 0 轴下方的 MACD 柱线形成 W 底形态后出现萎缩，未触及 0 轴时，再度拉长，形成第三个波谷后又出现萎缩，直至越过 0 轴后才拉长。此时，MACD 柱线在 0 轴下方形成的形态就是三重底，如图 3-22 所示。

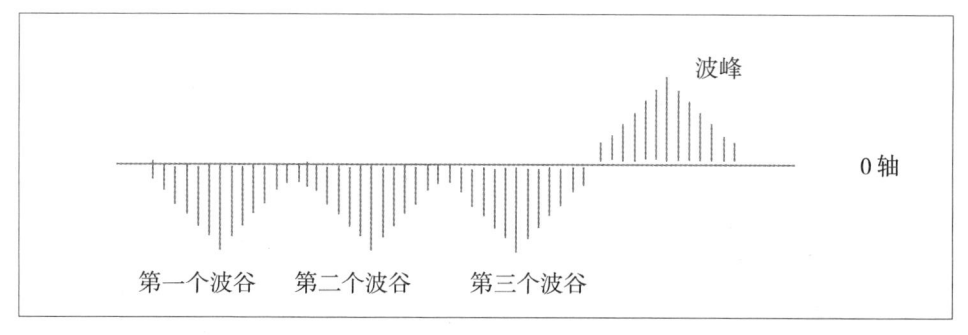

图 3-22　MACD 柱线三重底示意图

1. MACD 柱线三重顶

与 M 顶形态相似，MACD 柱线出现三重顶形态时，每一个波峰的出现，都说明多头力量由强转弱，但都在空头还未取得绝对优势时（未越过 0 轴），多头再度卷土重来，重新占据优势地位。如此往复两次。

MACD 柱线出现三重顶形态的操作要点如下。

第一，和 M 顶形态相同，三个波峰之间的低点，都属于经典的加仓点。即当 MACD 柱线形成一个波峰后，没有跌至 0 轴下方，而是再度向上拉长时的点位，就是投资者的加仓买入点。

第二，每个波峰形成后，MACD 柱线开始"缩头"时，都是短线卖出点，而重新开始拉长时就是短线买入点。

如图 3-23 所示，万润科技的股价自 2023 年 9 月初启动了一波上涨行情。该股股价在振荡上涨过程中，MACD 柱线同步形成了三重顶形态。2023 年 9 月 1 日，MACD 柱线自 0 轴下方返回 0 轴上方，说明多方开始占据优势地位。此时 DIFF 快线和 DEA 慢线全部位于 0 轴上方，投资者可于此时加仓买入该股。其后，该股经过几个交易日的上涨后出现回调，MACD 柱线出现"缩头"

形态，但 DIFF 快线仍无拐头向下迹象，投资者可继续持股。

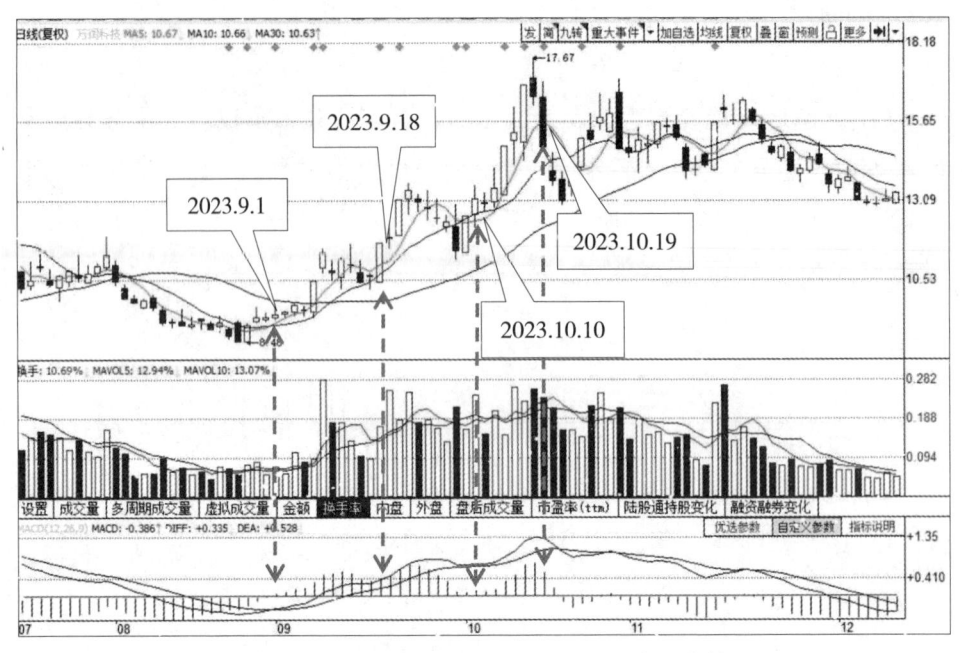

图 3-23 万润科技（002654）MACD 指标走势图

9月18日，该股的 MACD 柱线重新开始拉长，说明股价新一波上涨到来，想加仓的投资者可于此时第二次加仓买入该股。10月10日，该股 MACD 柱线经过几个交易日萎缩后，再度拉长，三重顶形态初步形成。10月19日，MACD 柱线又一次"缩头"，且此时 DIFF 快线出现拐头向下迹象，投资者可执行减仓操作。待 DIFF 快线与 DEA 慢线交叉时，再执行清仓操作。

2. MACD 柱线三重底

与 W 底形态相似，MACD 柱线走出三重底形态，每一个波谷的出现，都说明空头力量由强转弱。但在多头还未取得绝对优势时（未越过 0 轴），空头再度卷土重来，重新占据了优势地位。如此往复两次。

MACD 柱线出现三重底形态的操作要点如下。

第一，和 W 底形态相同，三个波谷之间的高点都属于经典的卖出点。即当 MACD 柱线形成一个波谷后，没有升至 0 轴上方，而是再度向下拉长时的点位，就是投资者的卖出点。

第二，每个波谷形成后，都有可能引发股价的一轮反弹或反转，不过投资者不应该轻易入场，待买入信号更加明确时（如 DIFF 快线向上穿越 DEA 慢线，并回归 0 轴以上等），才能入场操作。

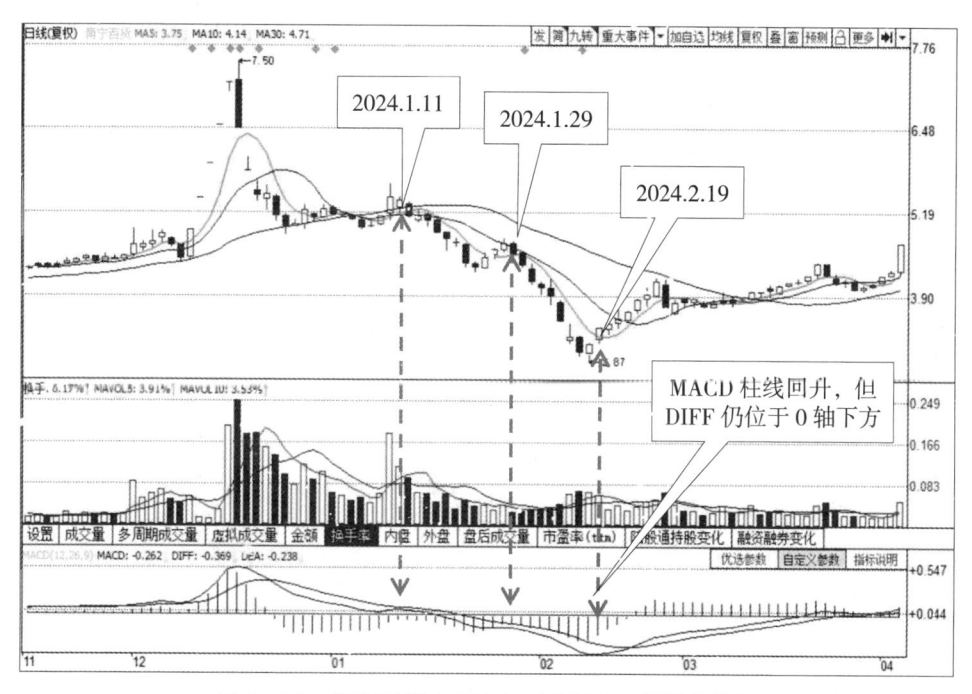

图 3-24　南宁百货（600712）MACD 指标走势图

如图 3-24 所示，南宁百货的股价在 2023 年 12 月中旬随着大盘的暴跌而振荡下跌。股价在下跌过程中，MACD 柱线跌至 0 轴下方后，随着股价的反弹形成了三重底形态。在三重底形态形成过程中，MACD 柱线曾在 2024 年 1 月 11 日和 1 月 29 日两次试图穿越 0 轴，但又重新回归 0 轴下方，这两个点位就是三重底的出货点，参与抢反弹的投资者可在这两个时间点卖出股票。对照股价走势可以看出，这两个出货点恰好是股价下跌途中反弹的高点。

2 月 19 日，第三个底形成后，尽管 MACD 柱线出现"抽脚"形态，且 DIFF 快线也同步拐头向上，但毕竟 MACD 柱线和 DIFF 快线仍位于 0 轴下方，保守型的投资者应避免买入股票，激进型投资者可少量买入股票。

## 六、MACD 柱线顶背离与底背离

MACD 柱线背离反映股价原来的运行趋势有终结的可能，主要包括顶背离和底背离两种。

- 59 -

## 1. MACD 柱线顶背离

MACD 柱线顶背离，是指股价在上涨过程中形成的高点一个比一个高，而 MACD 柱线形成的波峰高点一个比一个低的情况。MACD 柱线顶背离的形成，说明多方力量并不足以支持股价继续升高。此形态属于典型的顶部形态。

MACD 柱线顶背离，说明股价有反转下跌的可能，但具体下跌时间点，还需结合其他技术分析方法确认，如 DIFF 快线向下与 DEA 慢线交叉或 DIFF 快线向下穿越 0 轴等。当 MACD 柱线出现顶背离时，投资者应做好出货的准备，一旦有明确的卖出信号发出，应立即出货。

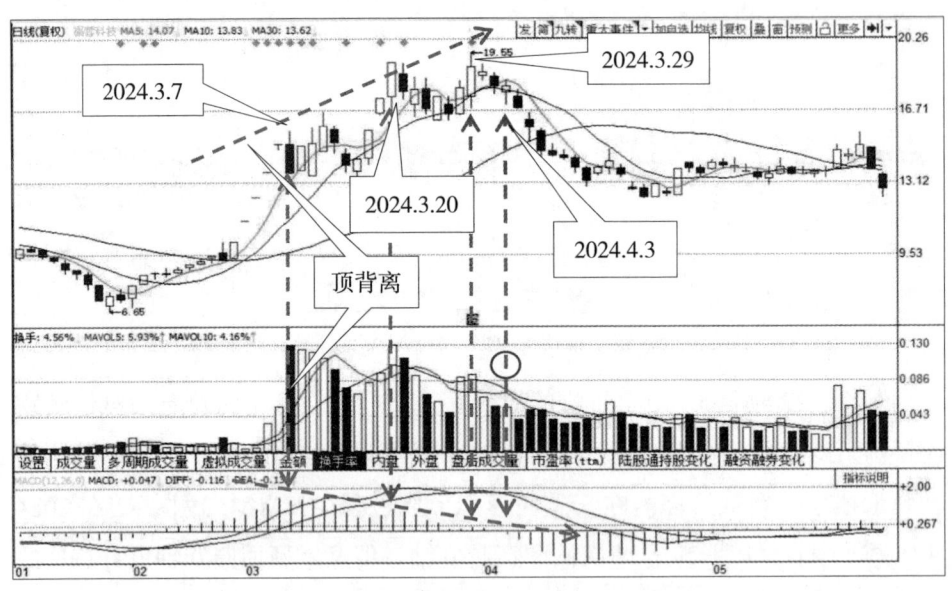

图 3-25　福蓉科技（603327）MACD 指标走势图

如图 3-25 所示，福蓉科技的股价在 2024 年上半年随着大盘的上涨而上涨，MACD 柱线也随之出现了一波又一波的拉升。

2024 年 3 月中旬后，福蓉科技的股价在 3 月 7 日、3 月 20 日、3 月 29 日连续创出三个高点，且一个比一个高。与此同时，MACD 柱线也形成了三个高点，且一个比一个低，说明股价与 MACD 柱线出现了明显的顶背离，预示股价将在短期内出现反转走势。投资者此时需密切关注股价及 MACD 指标的变化。

2024年4月3日，福蓉科技的股价低开低走，此时MACD柱线正好萎缩至0轴位置，且DIFF快线向下与DEA慢线形成了交叉，卖点出现，投资者可于当日卖出股票。

## 2. MACD柱线底背离

MACD柱线底背离，是指股价在下跌过程中形成的低点一个比一个低，而MACD柱线所形成的波谷低点一个比一个高的情况。MACD柱线形成底背离，说明空方力量并不足以支持股价继续走低。此形态属于典型的底部形态。

MACD柱线底背离，说明股价有反转上涨或反弹向上的可能，但具体上涨时间点，还需结合其他技术分析方法确认，如DIFF快线向上与DEA慢线交叉或DIFF快线向上穿越0轴等。当MACD柱线出现底背离时，投资者应做好买入的准备，一旦有明确的买入信号发出，可部分建仓。

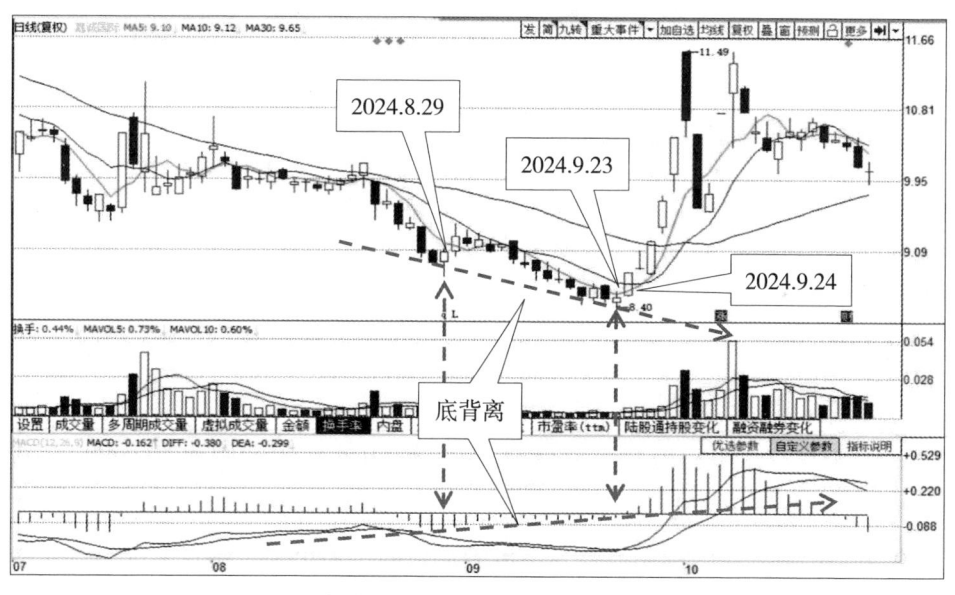

图3-26 嘉诚国际（603535）MACD指标走势图

如图3-26所示，嘉诚国际的股价在2024年9月前一直处于振荡下跌行情中，MACD柱线随着股价的波动在0轴附近波动。

进入8月后，该股股价出现筑底迹象。8月29日和9月23日，该股股价连续走出了两个阶段低点，且后一个低点要低于前一个。与此同时，

MACD 柱线也走出了两个尖谷形态，且后一个底要高于前一个底，说明股价与 MACD 柱线出现了明显的底背离，预示股价将在短期内出现反转走势。投资者此时需密切关注股价及 MACD 指标的变化。

2024 年 9 月 24 日，嘉诚国际的股价突然大幅上攻，并突破了多条均线，此时 MACD 柱线正好升至 0 轴以上位置，且 DIFF 快线向上与 DEA 慢线形成了交叉，买点出现，投资者可于当日部分建仓该股。

# 第二节　MACD 指标线经典形态分析

MACD 指标中的 DIFF 线和 DEA 线是最核心的两条曲线，二者之间因位置关系变化，与 MACD 柱线、0 轴一起构成各种形态，对股价未来走势具有一定的指示作用。

## 一、多头风洞与空头风洞

MACD 指标出现风洞，本身并不能改变股价的运行态势，但有时却可能成为对原有运行趋势的一种强化。MACD 指标风洞形态包括多头风洞和空头风洞两种。

### 1. 多头风洞

股价经过一段时间的上涨后出现调整走势，DIFF 线也会随之下行，而 DEA 线仍保持了上行态势，使得 DIFF 线与 DEA 线出现了死叉。很快，随着股价遇到支撑重新上升，DIFF 线重新向上与 DEA 线形成金叉。MACD 指标金叉与死叉之间的形态就是多头风洞。该形态的出现，预示股价很可能进入强势上行通道。如图 3-27 所示。

MACD 指标出现"多头风洞"形态，往往是主力高位洗盘行为导致的。MACD 指标高位金叉后，股价可能会迎来一波上涨行情。该形态的具体操作要点如下。

第一，股价经过一段时间的上涨后，很多获利盘需要清理，否则主力

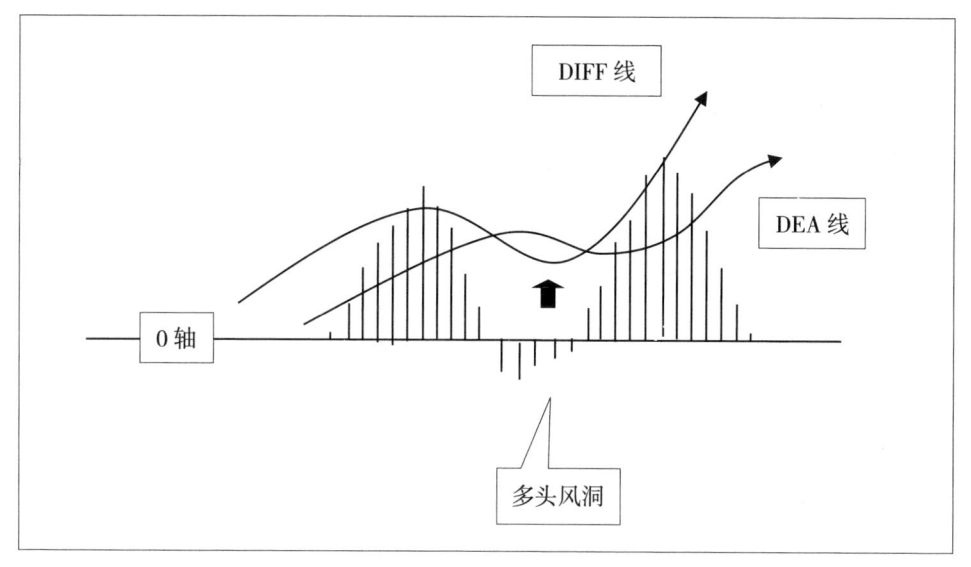

图 3-27  MACD 指标"多头风洞"形态

继续向上拉升股价就会存在困难。因此，上涨趋势中的股价往往会出现多次回调。

第二，股价回调时，由于 DIFF 线灵敏度高于 DEA 线，往往会率先有所反应，并随之下行。此时，由于 DEA 线还处于上升趋势，二者很快就会出现高位死叉。死叉出现时，MACD 指标的两条曲线全部位于 0 轴上方，说明多头仍占据绝对的优势地位，未来恢复上升的概率极大。

第三，股价恢复上攻时，MACD 柱线快速向上拉升，DIFF 线同步向上穿越 DEA 线，形成高位金叉，这是股价恢复上行的典型信号。从波浪理论来看，此时的上攻也可能属于第五浪上升，即上涨幅度会非常大，同时也存在上攻"夭折"的可能。

第四，股价回调时，若成交量同步萎缩，当 MACD 指标出现金叉时，成交量同步放大，更可印证股价即将进入上升趋势。

第五，MACD 指标出现高位金叉时，意味着多头风洞形态正式成立，投资者可积极入场。

下面来看一下三一重工的案例。如图 3-28 所示，自 2024 年 3 月初开始，三一重工的股价进入了加速上升通道。随着股价振荡上行，MACD 柱线也同步向上拉升。

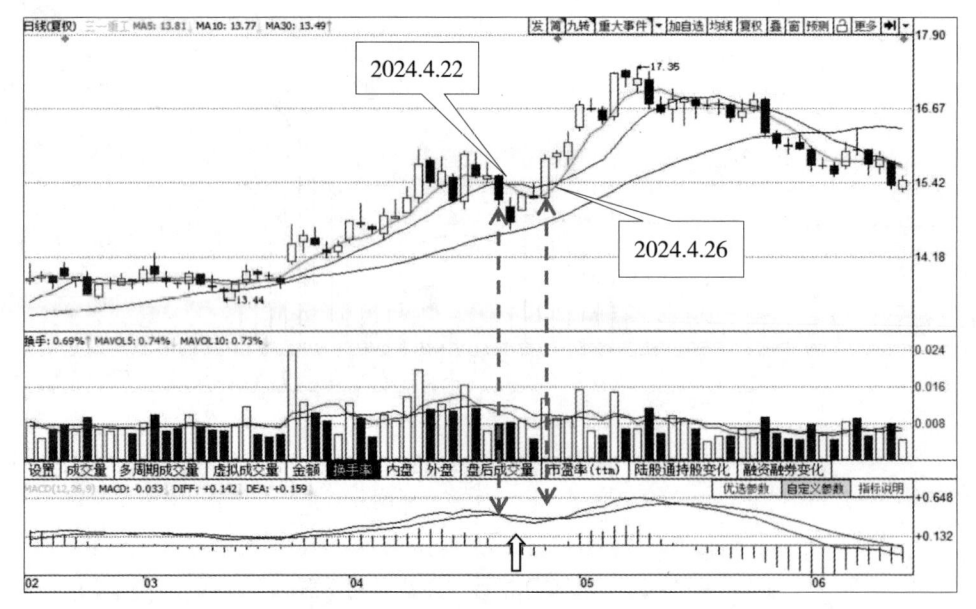

图 3-28　三一重工（600031）MACD 指标走势图

进入 4 月中旬后，三一重工的股价经过一段时间的上涨后出现振荡调整走势，DIFF 线开始逐渐走低。4 月 22 日，DIFF 线向下跌破了 DEA 线形成高位死叉，且成交量同步萎缩。不过，此时 MACD 指标仍位于 0 轴上方，保守型投资者可少量减仓，激进型投资者可继续持股。

4 月 26 日，该股股价再度放量上攻，DIFF 线重新向上突破 DEA 线形成高位金叉。至此，MACD 指标多头风洞形态正式成立，短线投资者可积极买入。

2. 空头风洞

股价经过一段时间的下跌后出现反弹走势，DIFF 线也随之上行，而 DEA 线仍保持了下行态势，使得 DIFF 线与 DEA 线出现了金叉。很快，随着股价遇到阻力重新下行，DIFF 线重新下行，与 DEA 线形成死叉。MACD 指标金叉与死叉之间的形态就是空头风洞，出现该形态，预示股价很可能进入加速下行通道。如图 3-29 所示。

MACD 指标出现"空头风洞"形态，往往是主力的诱多行为导致的。MACD 指标低位死叉后，股价可能会迎来一波下跌行情。该形态的具体操作要点如下。

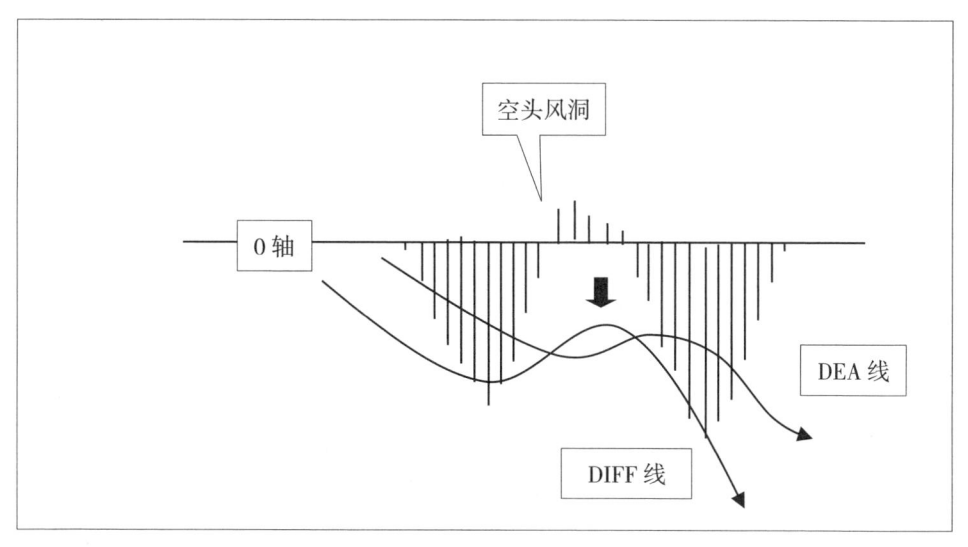

图 3-29 MACD 指标"空头风洞"形态

第一，股价经过一段时间的下跌后，很多场外资金蠢蠢欲动，想要入场抢反弹，主力则趁机将这部分资金套于"半山腰"。

第二，股价反弹时，由于 DIFF 线灵敏度高于 DEA 线，往往会率先有所反应，并随之上行。此时，由于 DEA 线还处于下降趋势，二者很快就会出现低位金叉。出现金叉时，MACD 指标的两条曲线全部位于 0 轴下方，说明空头仍占据绝对的优势地位，未来重归下跌趋势的概率很高。

第三，股价恢复下跌时，MACD 柱线快速向下拉升，DIFF 线同步向下穿越 DEA 线，形成低位死叉，这是股价恢复下行的典型信号。

第四，MACD 指标出现死叉时，意味着空头风洞形态正式成立，持股投资者宜清空仓位。

下面来看一下未名医药的案例。如图 3-30 所示，自 2023 年 5 月初开始，未名医药的股价进入了加速下跌通道。随着股价振荡下行，MACD 柱线也同步向下伸长。

12 月底，未名医药的股价经过一段时间的下跌后出现反弹走势，DIFF 线开始逐渐走高。12 月 29 日，该股股价出现反弹走势，DIFF 线向上突破了 DEA 线形成金叉，但该金叉位于 0 轴下方较远位置，因而做多成色不是很足。

# MACD 指标：波段交易技术精解

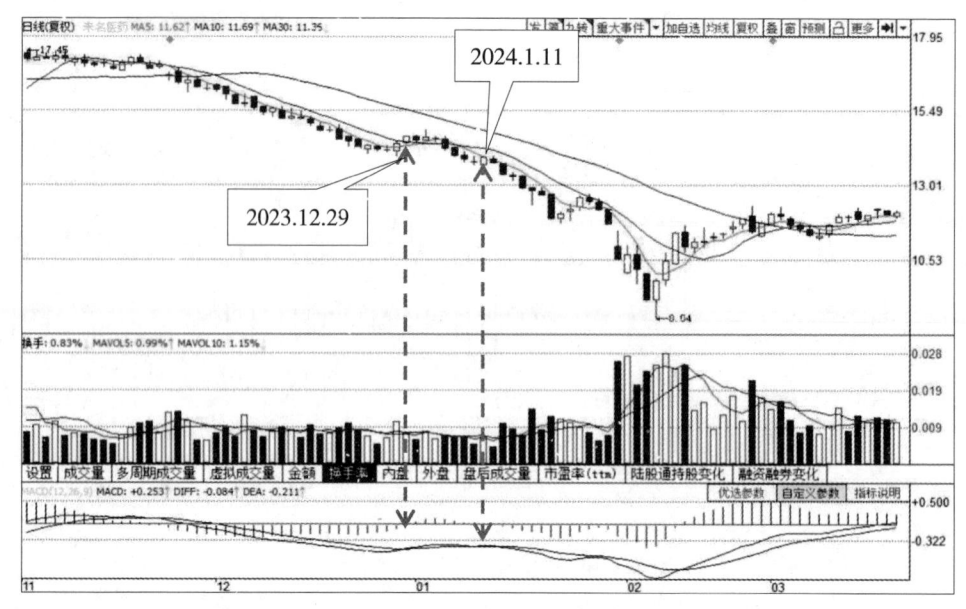

图 3-30　未名医药（002581）MACD 指标走势图

2024 年 1 月 11 日，该股股价延续了之前几个交易日的下跌态势，再度下行，DIFF 线重新向下跌破 DEA 线形成死叉。至此，MACD 指标空头风洞形态正式成立，投资者宜远离这类股票。

## 二、双头与双底

与股价 K 线波动相似，MACD 指标线在波动过程中，有时也会形成一些经典的顶部或底部形态，比如双头形态与双底形态。

### 1. 双头形态

股价经过一段时间的主升行情后，继续上攻遭遇了较大阻力，在顶部区域出现了明显的大规模振荡。与此同时，MACD 指标中的两条指标线在高位形成了两个明显的头部形态。该形态的出现，预示股价很可能转入下行通道。如图 3-31 所示。

MACD 指标出现"双头"形态，股价往往已经触及阶段顶部，即将出现回调或进入下行通道。该形态的具体操作要点如下。

第一，股价经过一段时间的上涨后，很多获利盘需要清理，否则主力继续向上拉升股价就会存在困难。上涨趋势中，股价往往会出现多次回调行动。股价在顶部区域呈现振荡走势，有时还会走出双顶形态。

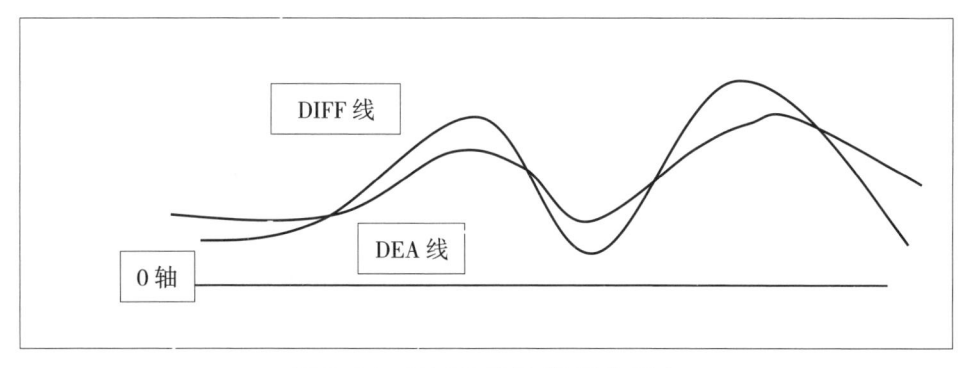

图 3-31 MACD 指标"双头"形态

第二，股价在顶部振荡时，MACD 指标的两条指标线也会随之波动，形成两个显著的高点，即"双头"形态。

第三，有些情况下，MACD 指标的"双头"形态与股价的"双顶"形态会同步出现，有时二者之间会形成"顶背离"形态，这属于加强版的"触顶"回落信号。

第四，MACD 指标的两条指标线形成第二个"头"后，若 DIFF 线与 DEA 线跌破 0 轴，应该第一时间清空仓位。

下面来看一下香江控股的案例。

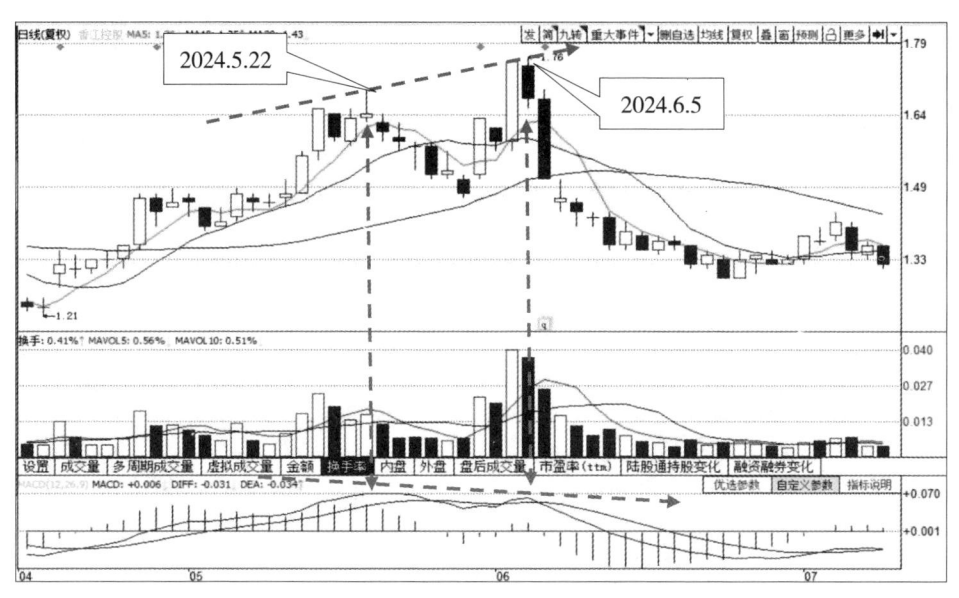

图 3-32 香江控股（600162）日 K 线走势图

## MACD 指标：波段交易技术精解

如图 3-32 所示，自 2024 年 4 月中旬开始，香江控股的股价进入了振荡上升通道。随着股价的振荡上扬，MACD 指标的两条指标线形成了"双头"形态。

5 月 22 日，香江控股的股价经过一段时间的上涨，创下一个阶段高点后，出现振荡回调走势，MACD 指标线随之出现回落。此时，谨慎的投资者可考虑适当减仓。5 月 31 日，该股股价在回调一段时间后突然发力上攻。

该股股价经过几个交易日的上攻后，又出现了上攻乏力迹象。6 月 5 日，该股股价在前日涨停的基础上，收出一根中阴线，MACD 指标线再度回落，且与之前高点附近的指标线共同构成"双头"形态，这属于典型的卖出信号。鉴于此时 MACD 指标仍运行于 0 轴上方，投资者可先减仓，再观察股价的后续走势。

其实，投资者观察股价两个高点与 MACD 指标线两个高点的关系可以发现：两个指标线的高点越来越低，而股价的高点却是一个比一个高，说明股价与 MACD 指标之间存在背离关系，这也是典型的卖出信号。

2. 双底形态

股价经过一段时间的振荡走低后，失去了大幅下跌的动力，股价进入底部区域，随后出现了明显的大规模振荡。与此同时，MACD 指标中的两条指标线在低位形成了两个明显的底部形态。该形态的出现，预示股价很可能转入上行通道。如图 3-33 所示。

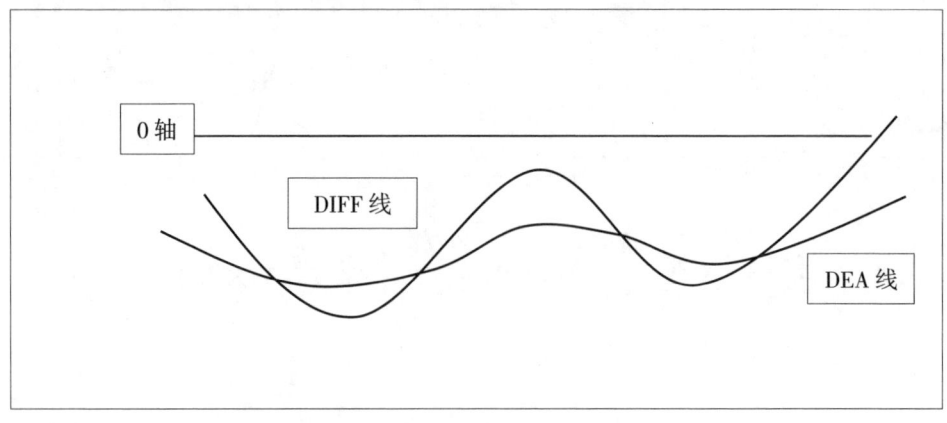

图 3-33　MACD 指标"双底"形态

MACD 指标出现"双底"形态，往往属于股价已经触及阶段底部，即将出现反弹或进入上行通道。该形态的具体操作要点如下。

第一，股价经过一段时间的下跌后，做空力量不足，无力继续打压股价。下跌趋势中的股价往往会出现多次反弹，因此，会在底部区域呈现振荡走势，有时还会走出双底形态。

第二，股价在底部振荡时，MACD 指标的两条指标线也会随之波动，形成两个显著的低点，即"双底"形态。

第三，有些情况下，MACD 指标的"双底"形态与股价的"双底"形态会同步出现，有时二者之间会形成"底背离"形态，这属于加强版的"触底"反弹信号。

第四，MACD 指标的两条指标线形成第二个"底"后，若 DIFF 线与 DEA 线向上突破 0 轴，应该第一时间入场建仓。

下面来看一下钱江水利的案例。

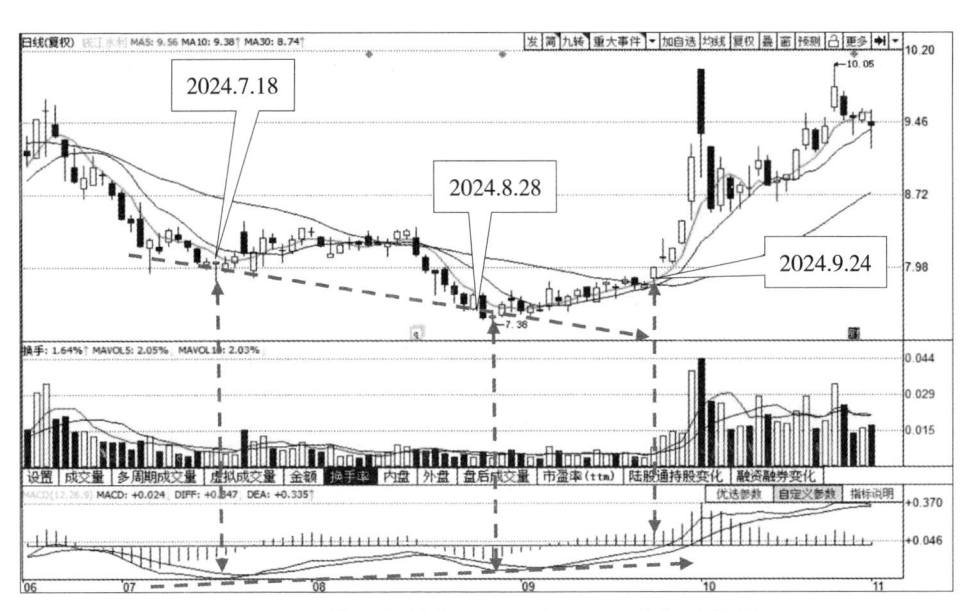

图 3-34　钱江水利（600283）MACD 指标走势图

如图 3-34 所示，自 2024 年 6 月开始，钱江水利的股价进入了振荡下跌通道。随着股价的振荡下跌，MACD 指标线走出了"双底"形态。

7 月 18 日，钱江水利的股价经过一段时间的下跌后，收出一根带长下影线的小 K 线。此后，该股股价出现反弹走势，MACD 指标线走出了第一个"底"。

该股股价经过一段时间的振荡反弹后，突然出现大幅下跌走势。8 月 28 日，股价触及阶段底部后重新开始振荡反弹，MACD 指标线走出了第二个"底"。

观察 MACD 指标线的两个底可以发现，后一个底要明显高于前一个。与此相对应，股价 K 线形成的两个底却是后一个要远远低于前一个，这就意味着股价与 MACD 指标存在底背离的情况。

9 月 24 日，该股股价大幅上攻，并突破了多条均线的压制。此后，MACD 指标线向上突破 0 轴，这是股价全面转暖的一个信号，投资者可考虑积极入场做多。

### 三、天鹅展翅

天鹅展翅是指随着股价触底反弹，DIFF 线与 DEA 线在 0 轴下方形成金叉后继续上扬，MACD 柱线同步拉长。其后，随着股价的调整，DIFF 线向 DEA 线靠拢，但未跌破 DEA 线，MACD 柱线同步萎缩至 0 轴。接着，股价因受支撑重新上攻，DIFF 线高高跃起，MACD 柱线同步快速拉升，犹如天鹅展翅飞翔。如图 3-35 所示。

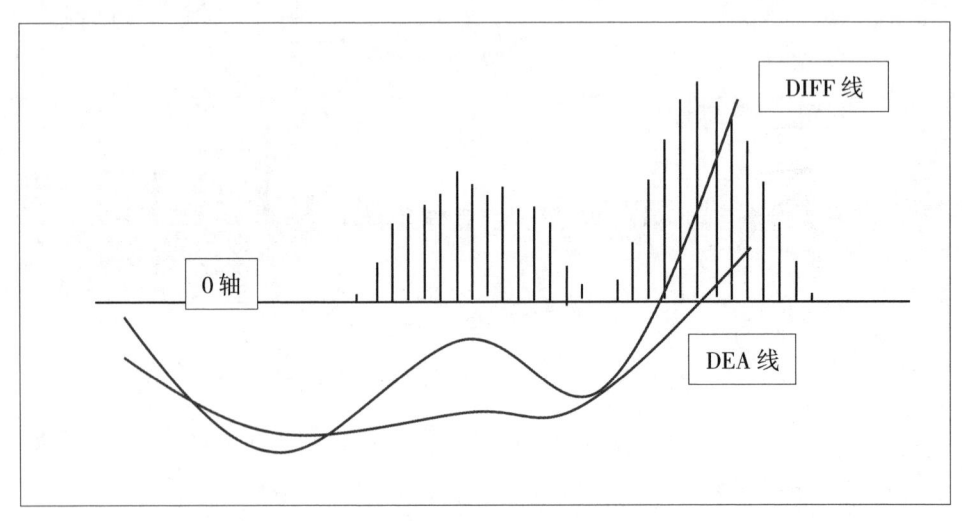

图 3-35 天鹅展翅形态

天鹅展翅形态属于典型的看涨信号。该形态出现后，股价一般都会迎来一波可观的上涨。其具体操作要点如下。

第一，股价经过一段时间的下跌后出现反弹走势，此时很多套牢盘以及底部入场抢反弹的获利盘，都存在兑现的需要。因而，股价在反弹一段时间后，就会重新进入调整行情。

第二，股价回调时，由于 DIFF 线灵敏度高于 DEA 线，往往会率先有所反应，并随之下行。此时，由于 DEA 线还处于上升趋势，二者相遇后，DIFF 线被 DEA 线高高托起，股价与 MACD 柱线同步向上。说明股价的回调已经结束，将会重新进入上升通道。

第三，随着股价的上行，若 MACD 指标快速向上突破 0 轴，则更可印证股价上升趋势确立，投资者可积极入场做多。

第四，股价回调时，若成交量同步萎缩，当 DIFF 线被 DEA 线托起后，成交量同步放大，则更可印证股价即将进入上升趋势。

下面来看一下协鑫集成的案例。如图 3-36 所示，自 2024 年年初开始，协鑫集成的股价进入了加速下行通道。随着股价振荡下行，MACD 指标也同步下行。

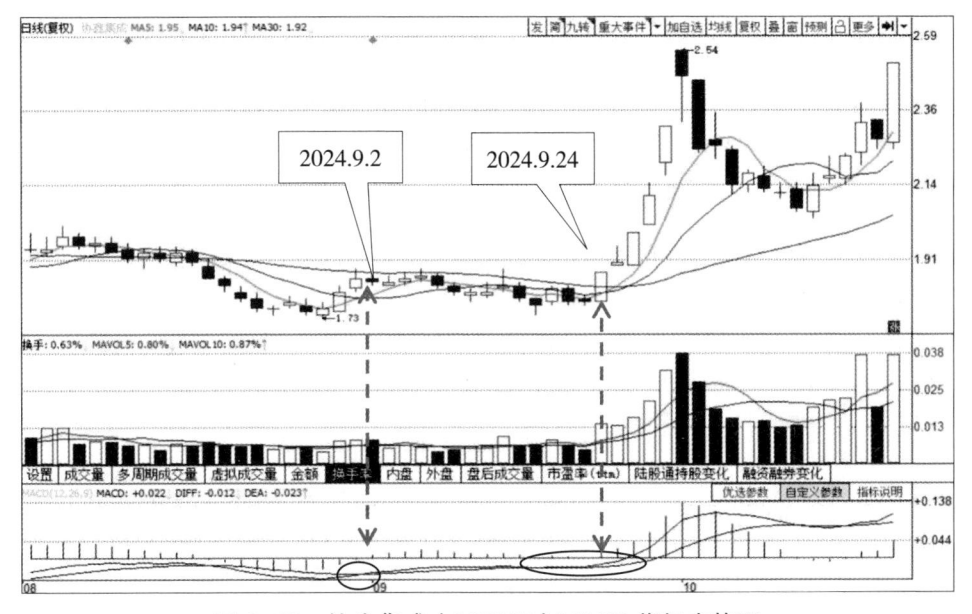

图 3-36　协鑫集成（002506）MACD 指标走势图

8月底，协鑫集成的股价出现触底反弹迹象。9月2日，该股股价经历了两个交易日的上涨后出现调整，此时股价K线站稳了10日均线，且MACD指标出现低位金叉。由于该金叉距离0轴较远，做多成色有些不足，投资者可继续保持观望或少量建仓。

此后，该股股价出现了一波振荡调整走势。股价又创出下行以来的新低，DIFF线开始向DEA线靠拢。9月24日，该股股价放量上攻，DIFF线受DEA线的支撑而大幅回升，MACD柱线同步拉长，说明该股即将结束回调走势，将迎来新一波的上攻。至此，天鹅展翅形态正式成立，投资者可积极进场买入股票。

## 四、佛手向上

佛手向上形态与天鹅展翅形态十分相似，只是MACD指标线的位置以及DIFF线与DEA靠拢的程度稍有不同。在佛手向上形态中，MACD指标的金叉距离0轴较近，且金叉之后DIFF线和DEA线双双突破0轴，此后DIFF线出现回调，在没有与DEA线完全靠拢时被DEA线托起。如图3-37所示。

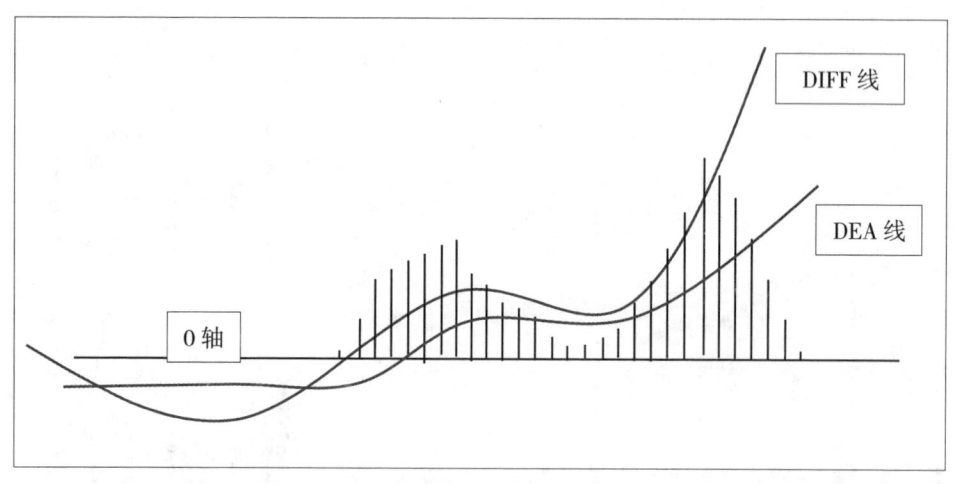

图3-37 佛手向上形态

佛手向上形态是一种看涨信号，信号强度强于天鹅展翅形态。该形态出现后，股价一般都会迎来一波可观的上涨。其具体操作要点如下。

第一，股价触底后出现反弹走势，MACD指标同步出现黄金交叉，且交叉点位于 0 轴下方不远处。该位置金叉的成色要比天鹅展翅形态中的金叉更高，未来股价上升的概率也更大。

第二，随着股价的上升，DIFF 线和 DEA 线双双突破 0 轴。此后，随着股价的调整，MACD 指标同步回调。在回调时，DIFF 线由于灵敏度高于 DEA 线，往往会率先有所反应，并随之下行。此时，由于 DEA 线还处于上升趋势，二者相遇后，DIFF 线被 DEA 线高高托起。此时股价与 MACD 柱线同步向上，说明股价的回调已经结束，将重新进入上升通道。至此，佛手向上形态正式成立。

第三，股价回调时，若成交量同步萎缩，当 DIFF 线被 DEA 线托起后，成交量同步放大，更可印证股价即将进入上升趋势。

下面来看一下风光股份的案例。如图 3-38 所示，2024 年上半年，风光股份的股价一直处于横向振荡区间。随着股价的振荡，MACD 指标也同步下行。

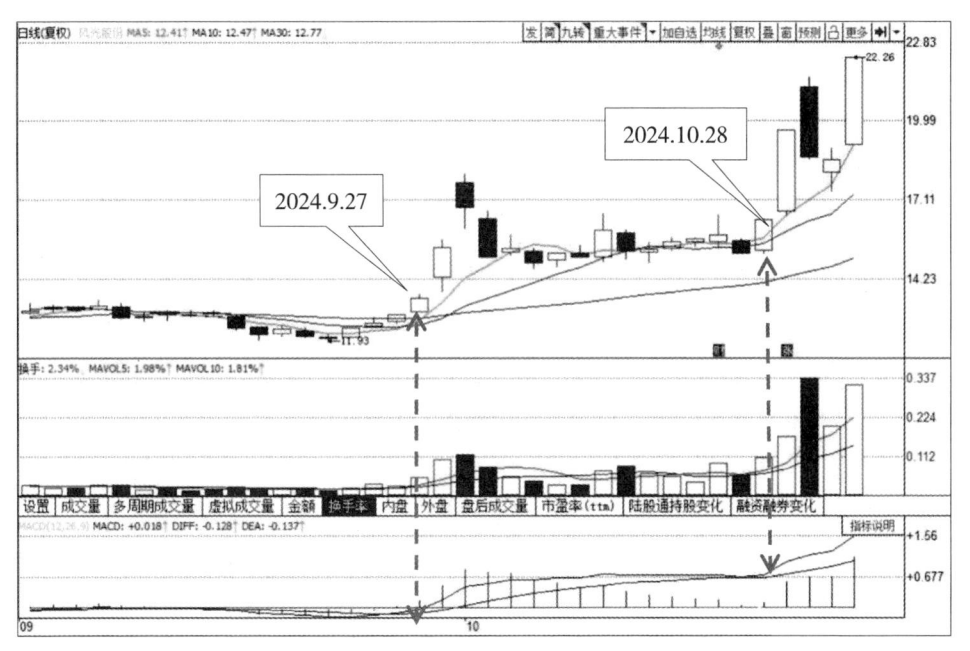

图 3-38　风光股份（301100）MACD 指标走势图

9 月下旬，风光股份的股价出现触底反弹迹象。9 月 27 日，该股股价向上突破了 30 日均线，且 MACD 指标出现了低位金叉。由于该金叉在 0 轴下方距离 0 轴较近，激进型投资者可少量入场。随后，随着股价振荡上扬，DIFF 线和 DEA 线先后向上突破 0 轴。

此后，该股股价出现了一波振荡调整走势，DIFF 线开始向 DEA 线靠拢。10 月 28 日，该股股价小幅上攻，DIFF 线受 DEA 线支撑而大幅回升，MACD 柱线同步拉长，说明该股即将结束回调走势，将迎来新一波的上攻。至此，佛手向上形态正式成立，投资者可积极入场买入股票。

实战中，佛手向上形态是一种比天鹅展翅形态更为可靠的买入信号。见到此信号后，投资者可积极入场做多。

### 五、小鸭出水

小鸭出水形态与天鹅展翅形态十分相似，先是股价自底部向上反攻，DIFF 线与 DEA 线同步上行，当 DIFF 线在 0 轴受阻后出现下行，与 DEA 线形成 0 轴附近的死叉。但股价的回调很快结束，DIFF 线重新上行与 DEA 线形成金叉，且两条曲线快速向上突破 0 轴，犹如小鸭出水一般。如图 3-39 所示。

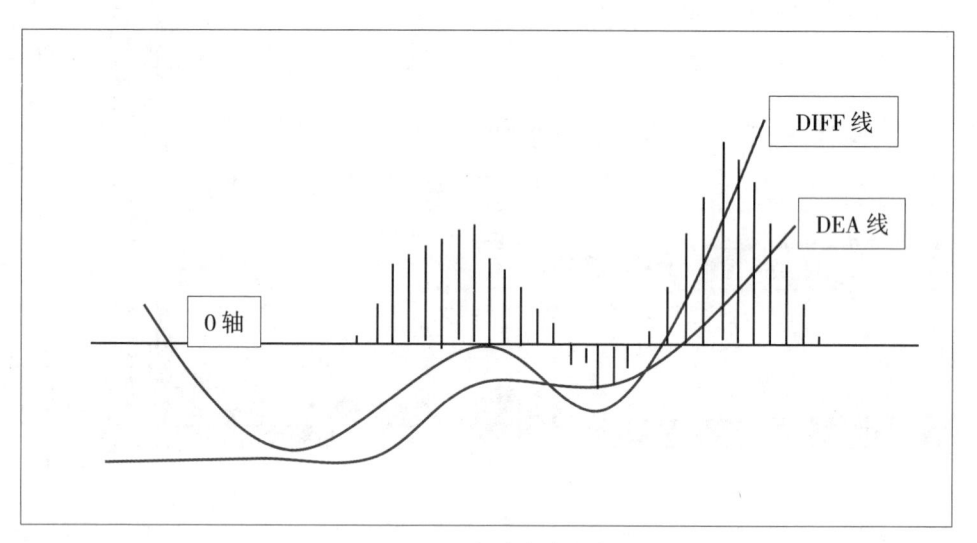

图 3-39 小鸭出水形态

小鸭出水形态是一种强势看涨信号。该形态出现后，股价一般都会迎来一波可观的上涨。其具体操作要点如下。

第一，股价触底后出现反弹走势，当反弹至 0 轴附近时，由于受到空方的强力阻击而出现调整走势。这种调整属于股价反弹或反转途中必然出现的一种整理走势。

第二，随着股价的回调，MACD 指标出现死叉形态，但股价回调受到支撑后很快重新进入上行通道，MACD 指标重新出现金叉。金叉出现后，DIFF 线和 DEA 线快速突破 0 轴，说明多空力量对比出现逆转，多方开始掌控市场的主导权。

第三，由于小鸭出水形态的金叉在 0 轴附近，因而该金叉的成色一般较高，投资者可在金叉出现时开始建仓，待 MACD 指标向上突破 0 轴时加仓。

第四，股价回调时，若成交量同步萎缩，当 MACD 指标出现金叉后，成交量同步放大，则更可印证股价即将进入上升趋势。

下面来看一下祥龙电业的案例。如图 3-40 所示，自 2024 年 5 月中旬开始，祥龙电业的股价进入了振荡下行通道。随着股价振荡下行，MACD 指标也同步下行。

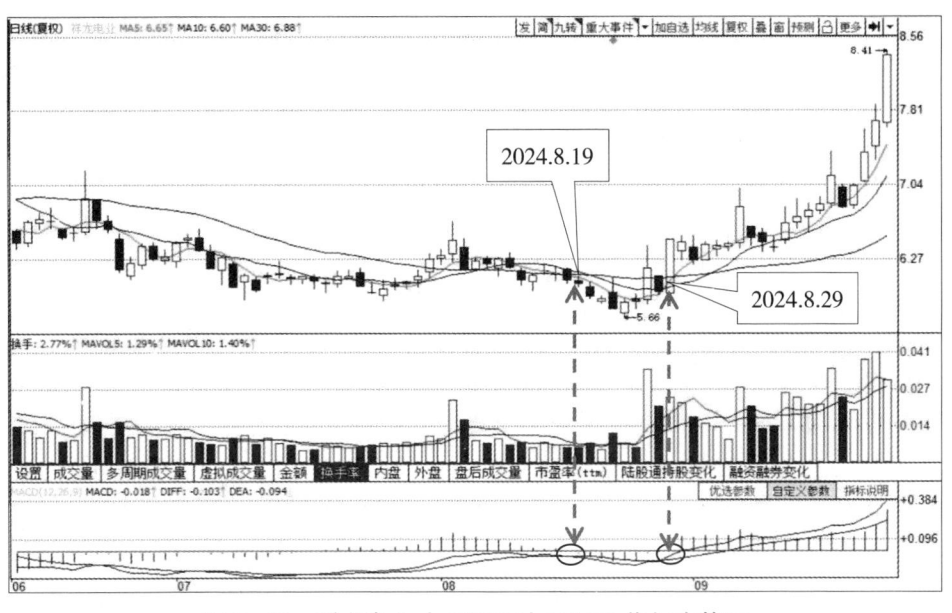

图 3-40　祥龙电业（600769）MACD 指标走势图

7 月底，祥龙电业的股价出现反弹迹象。8 月初，该股股价反转至高点位置后，MACD 指标同步到达 0 轴位置。此后，MACD 指标因受 0 轴的阻力而出现下行态势，并于 8 月 19 日出现死亡交叉形态。此后，该股股价继续下行，成交量同步出现了萎缩态势。

8月29日，该股股价放量向上突破了30日均线，MACD指标在0轴下方不远处出现了金叉。由于该金叉在0轴下方距离0轴较近，激进型投资者可少量入场。随后，随着股价的振荡上扬，DIFF线和DEA线先后向上突破0轴。至此，小鸭出水形态正式成立，投资者见到此形态可积极入场做多。

## 六、漫步青云

漫步青云形态是指随着股价自底部上扬，MACD指标运行于0轴上方，其后股价出现回调整理，MACD指标在0轴上方出现死叉。随后DIFF线跌破0轴后反向上攻，在0轴附近与DEA线形成黄金交叉。如图3-41所示。

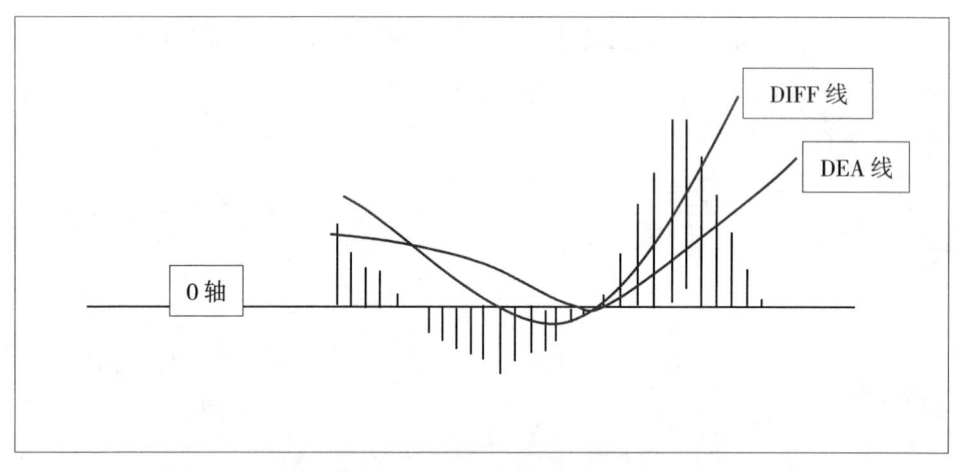

图 3-41 漫步青云形态

漫步青云形态是一种强势看涨信号。该形态出现后，股价一般都会迎来一波可观的上涨。其具体操作要点如下。

第一，股价触底后出现第一波上升走势，其后因股价调整，MACD指标出现高位死叉。此时MACD指标仍运行于0轴上方，说明多方仍占据主导地位。

第二，随着股价回调，DIFF线向下跌破了0轴，给人一种股价将要大幅调整的感觉。其后，DIFF线反向在0轴附近形成黄金交叉。该位置的黄金交叉往往成色很足，未来涨势也最好。

第三，股价回调时，若成交量同步萎缩，当MACD指标出现金叉后，成交量同步放大，则更可印证股价即将进入上升趋势。

下面来看一下东晶电子的案例。如图 3-42 所示，自 2024 年 8 月中旬开始，东晶电子的股价自底部启动振荡上升走势。随着股价振荡上行，MACD 指标也同步进入 0 轴上方区域。

9 月初，东晶电子的股价出现调整迹象。9 月 9 日，该股股价延续下跌态势，MACD 指标出现高位死叉。鉴于 MACD 指标仍位于 0 轴上方，保守型投资者可考虑适当减仓，激进型投资者可继续持仓。

其后，DIFF 线曾一度跌破 0 轴，但很快又反向向上。9 月 30 日，该股股价在前一交易日大涨的基础上再度上升，MACD 指标在 0 轴附近形成了黄金交叉形态。至此，漫步青云形态正式成立，投资者可积极入场买入该股。

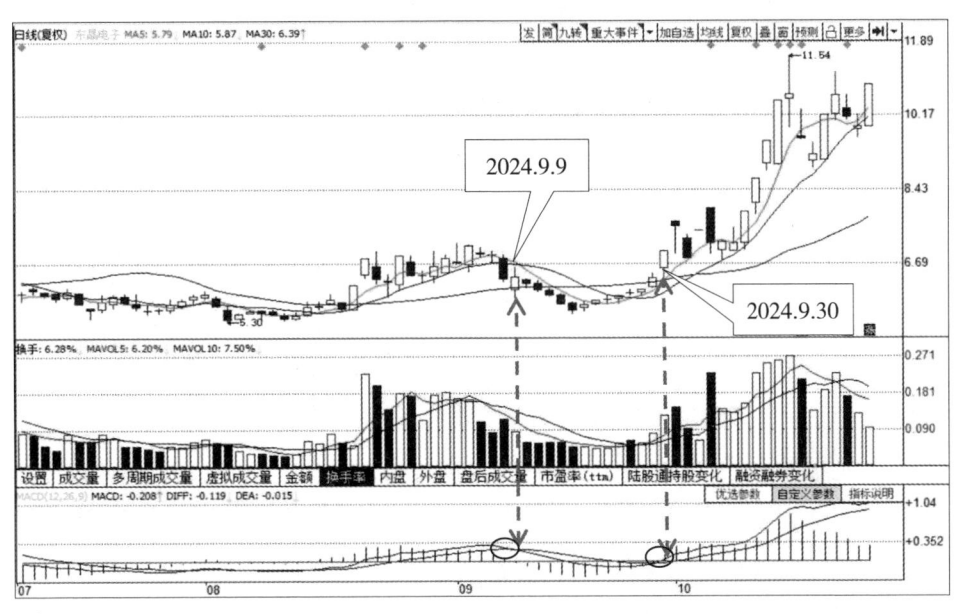

图 3-42　东晶电子（002199）MACD 指标走势图

## 七、空中缆绳

空中缆绳形态是指 MACD 指标在金叉之后运行于 0 轴上方，其后因股价回调，DIFF 线开始回落，遇到 DEA 线时受到支撑，二者呈直线形态。其后股价上扬，DIFF 线重新拐头向上。如图 3-43 所示。

空中缆绳形态是一种典型的看涨信号。该形态出现后，股价一般都会迎来一波可观的上涨。其具体操作要点如下。

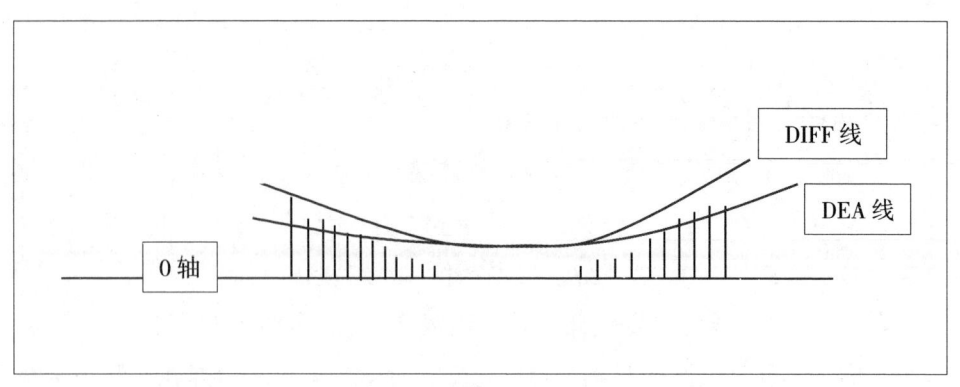

图 3-43 空中缆绳形态

第一，股价经过一段时间的上涨后出现了回调走势，而 MACD 指标仍运行于 0 轴上方，说明多方仍占据主导地位。

第二，当 DIFF 线回调至 DEA 线附近时，因受 DEA 线支撑而与其黏合一处，说明股价下行受到强力支撑，下行空间有限，投资者需密切关注股价其后的走势，随时准备入场。

第三，DIFF 线拐头向上，意味着股价上升趋势重新启动，投资者可积极入场。

第四，DIFF 线与 DEA 线黏合一处时，若成交量同步萎缩，当 DIFF 线拐头向上时，成交量同步放大，更可增加股价上升的概率。

下面来看一下百大集团的案例。如图 3-44 所示，自 2024 年 9 月下旬开始，百大集团的股价自底部启动振荡上升走势。随着股价振荡上行，MACD 指标也同步进入 0 轴上方区域。

10 月初，百大集团的股价出现调整迹象，DIFF 线随之出现回落，很快 DIFF 线与 DEA 线黏合在一起，呈直线形态。观察此时的成交量可知，成交量极度萎缩，说明此时的回调很可能属于主力的洗盘行为，投资者可保持对股价走势的关注。

10 月 25 日，该股股价放量向上，DIFF 线也同步拐头向上。至此，MACD 指标中的空中缆绳形态正式成立，投资者可积极入场做多。

随后，该股股价出现了一波快速上升行情。

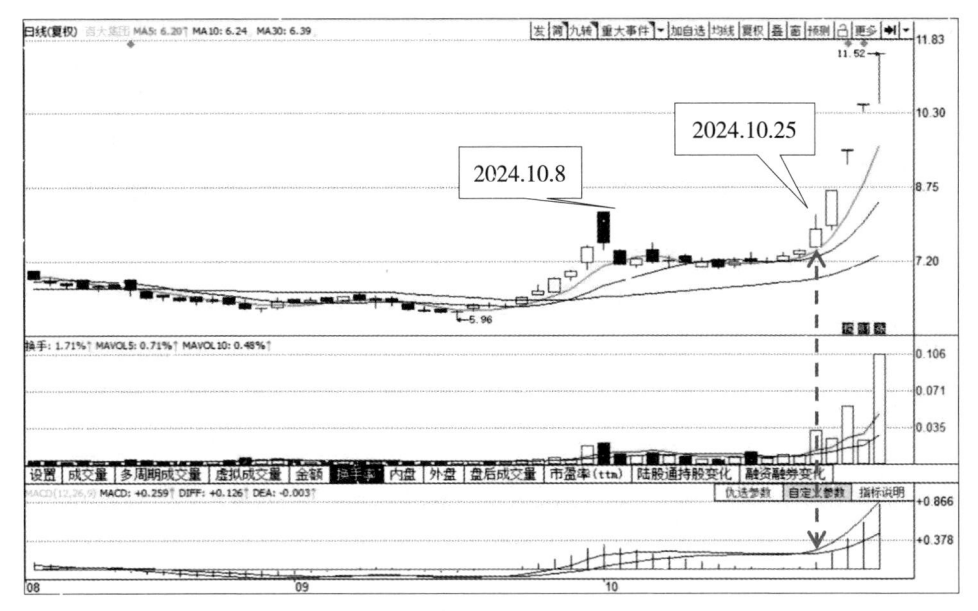

图 3-44　百大集团（600865）MACD 指标走势图

## 八、空中缆车

空中缆车形态与空中缆绳形态比较相似，只是 DIFF 线在回落时跌破了 DEA 线，并很快又重新向上突破了 DEA 线，比较类似 MACD 指标的高位金叉。若股价回调前刚刚出现黄金交叉，此时的金叉也可以看成 MACD 指标的二度金叉。如图 3-45 所示。

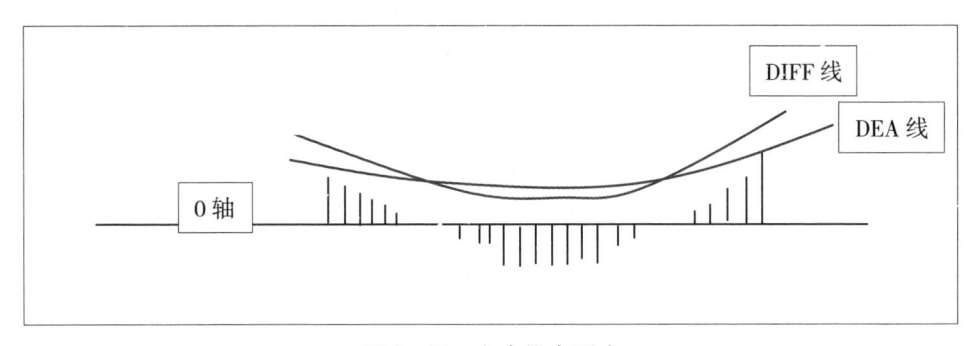

图 3-45　空中缆车形态

空中缆车形态也是一种典型的看涨信号。该形态出现后，股价一般都会迎来一波可观的上涨。其具体操作要点如下。

第一，股价经过一段时间的上涨后出现回调走势，而 MACD 指标仍运行于 0 轴上方，说明多方仍占据主导地位。

第二，DIFF 线随着股价的回调而跌破 DEA 线，形成高位死叉。由于 MACD 指标仍位于 0 轴上方，投资者可将其看成减仓信号，无须清仓。随后，随着股价反弹，DIFF 线重新向上突破 DEA 线，形成黄金交叉，此时投资者可重新加仓。

第三，空中缆车形态有时与 MACD 指标二度金叉形态重合，属于强烈的看涨信号。

第四，MACD 指标高位死叉出现时，若成交量出现萎缩，当 MACD 指标重新形成金叉时，成交量同步放大，则可增强股价上升的概率。

下面来看一下华建集团的案例。如图 3-46 所示，自 2024 年 9 月初开始，华建集团的股价自底部启动振荡上升走势。随着股价振荡上行，MACD 指标也同步进入 0 轴上方区域。

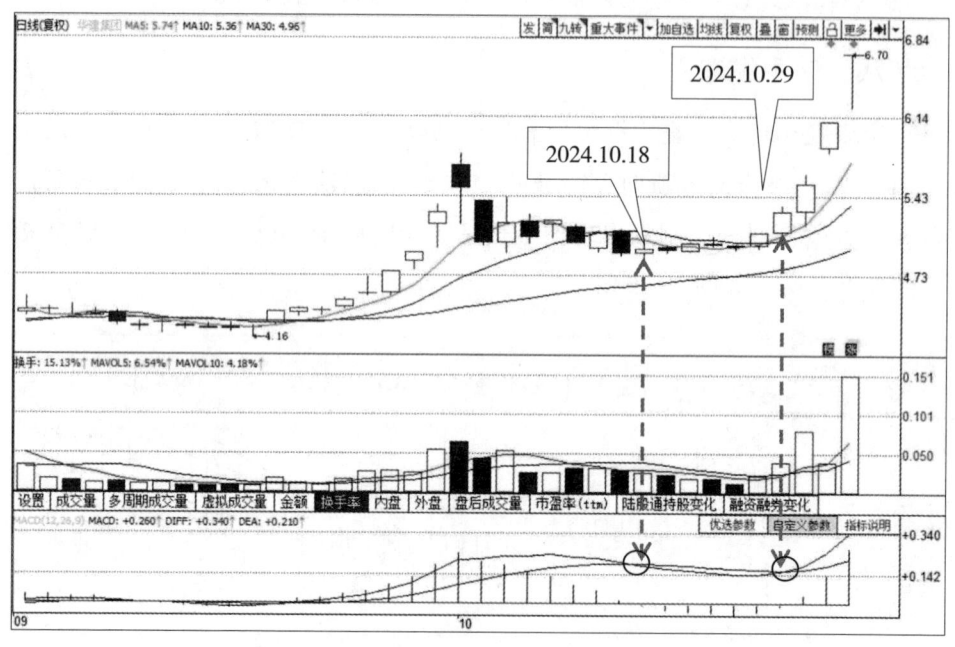

图 3-46　华建集团（600629）MACD 指标走势图

10 月初，华建集团的股价出现调整迹象，DIFF 线随之出现回落。

10 月 18 日，该股股价再度下行，DIFF 线向下跌破 DEA 线形成高位死叉。鉴于此时 MACD 指标仍位于 0 轴上方，投资者可适当减仓。

此后，该股股价经过几个交易日的盘整后重新上行。10月29日，股价大幅放量上攻，DIFF线向上穿越DEA线形成黄金交叉。至此，空中缆车形态正式成立。

由于黄金交叉点在0轴上方附近，该位置的交叉含金量较高，是典型的看涨信号。

综合以上分析，投资者可在此时积极入场买入股票。

### 九、海底电缆

海底电缆形态与空中缆绳形态非常相似，区别在于空中缆绳形态中，MACD指标线在0轴上方，而海底电缆形态中，MACD指标线在0轴下方。不过，海底电缆形态仍属于典型的看涨形态，如图3-47所示。

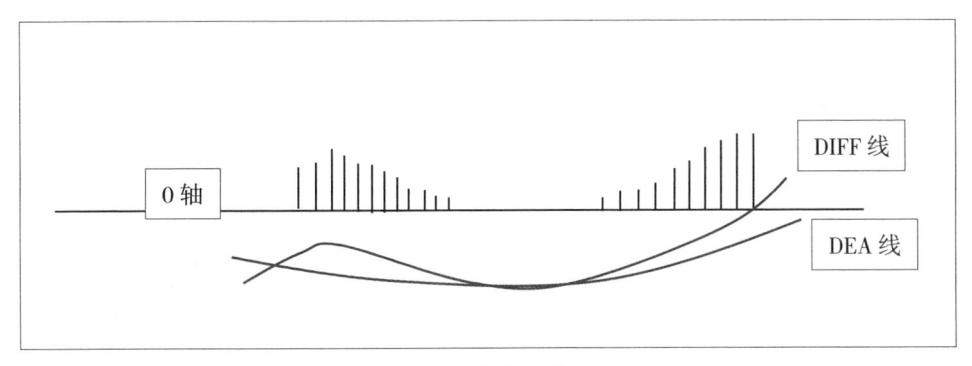

图3-47 海底电缆形态

海底电缆形态是一种典型的看涨信号，不过，相对空中缆绳形态来说，其看涨意义稍弱。该形态出现后，股价一般也会迎来一波上涨。其具体操作要点如下。

第一，股价自底部反弹后出现了回调走势，DIFF线随之回调。鉴于此时MACD指标位于0轴下方，投资者宜清仓。

第二，当DIFF线回调至DEA线附近时，因受DEA线支撑而与其黏合一处，说明股价下行受到强力支撑，下行空间有限。投资者需密切关注其后的股价走势，随时准备入场。

第三，DIFF线拐头向上，意味着股价上升趋势重新启动，不过，鉴于此时MACD指标仍位于0轴下方，投资者不可全仓参与。

第四，DIFF 线与 DEA 线黏合一处时，若成交量同步萎缩，当 DIFF 线拐头向上时，成交量同步放大，更可增强股价上升的概率。

第五，DIFF 线拐头向上后，MACD 指标的两条指标线快速向上突破 0 轴，可考虑加仓买入。

下面来看一下正帆科技的案例。如图 3-48 所示，自 2024 年 8 月下旬开始，正帆科技的股价自底部启动振荡上升走势。随着股价振荡上行，MACD 指标也同步上行。

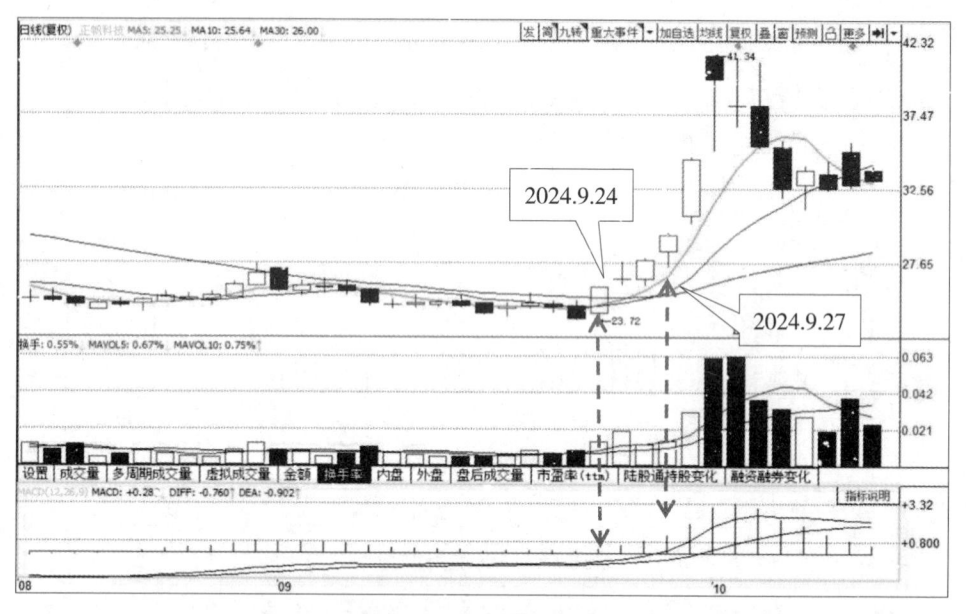

图 3-48 正帆科技（688596）MACD 指标走势图

9 月初，正帆科技的股价出现调整迹象，DIFF 线随之出现回落，很快 DIFF 线与 DEA 线黏合在一起，呈直线形态。观察此时的成交量可知，此时成交量极度萎缩。不过，由于此时 MACD 指标仍位于 0 轴下方，投资者最好离场观望，激进型投资者可留少量筹码。

9 月 24 日，该股股价放量向上，DIFF 线同步拐头向上。至此，MACD 指标中的海底电缆形态正式成立。鉴于此时 MACD 指标仍位于 0 轴下方，投资者可少量入场建仓。

9 月 27 日，该股股价继续上行，DIFF 线向上突破 0 轴，投资者可考虑加仓买入。

随后，该股股价出现了一波快速振荡上升行情。

## 十、海底捞月

海底捞月形态与空中缆车形态非常相似，区别在于空中缆车形态中，MACD指标线在0轴上方，而海底捞月形态中MACD指标线在0轴下方。不过，海底捞月形态仍属于典型的看涨形态，如图3-49所示。

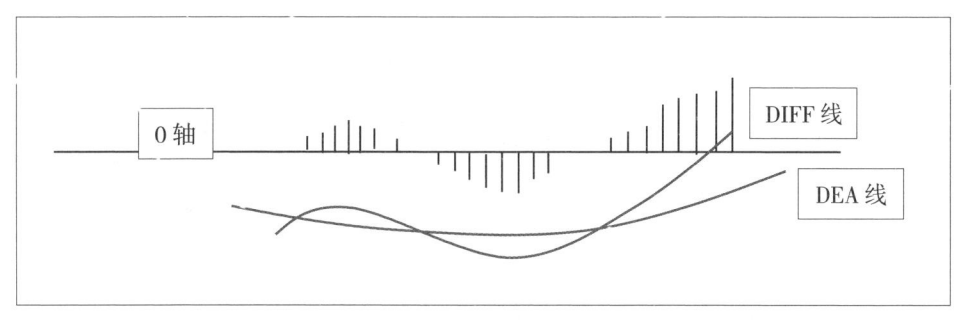

图3-49 海底捞月形态

海底捞月形态也是一种典型的看涨信号。其具体分析要点如下。

第一，股价自底部反弹后出现了回调走势，而MACD指标运行于0轴下方，说明空方占据主导地位，投资者可先行离场观望。

第二，随着股价的回调，DIFF线跌破DEA线，形成低位死叉。随后，随着股价反弹，DIFF线重新向上突破DEA线形成黄金交叉，至此海底捞月形态正式成立，投资者可重新加仓。

第三，海底捞月形态有时与MACD指标底部二度金叉形态重合，属于强烈的看涨信号。

第四，MACD指标出现死叉时，若成交量出现萎缩，当MACD指标重新形成金叉时，成交量同步放大，则可增强股价上升的概率。

第五，海底捞月形态成立后，若DIFF线快速向上突破0轴，可考虑加仓买入。

下面来看一下艾迪药业的案例。如图3-50所示，自2024年5月中旬开始，艾迪药业的股价出现了振荡下行走势，MACD指标一直运行于0轴下方，说明空方实力较强，投资者尽量不要入场。

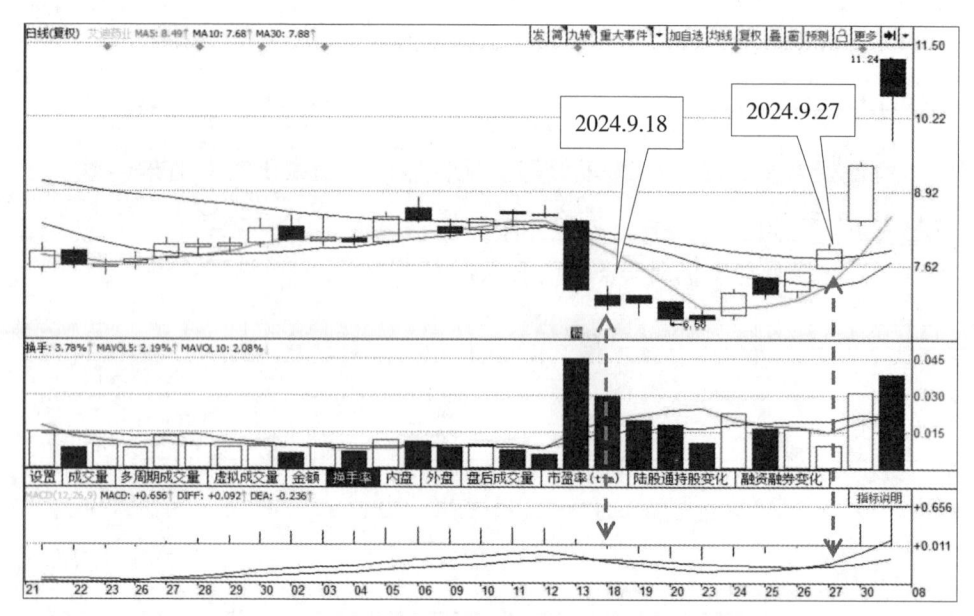

图 3-50　艾迪药业（688488）MACD 指标走势图

进入 8 月以后，艾迪药业的股价出现企稳走势，DIFF 线与 DEA 线同步上行。其后，该股股价开始了一波大幅下跌。9 月 18 日，DIFF 线向下跌破 DEA 线形成了死叉形态，投资者手中若持有该股股票，应及时清仓。

其后，该股股价出现触底反弹走势。9 月 27 日，股价继续放量上行，DIFF 线向上突破 DEA 线，形成低位金叉，至此，海底捞月形态正式成立。鉴于此时 MACD 指标仍位于 0 轴下方，投资者可少量建仓。

其后，该股股价继续上行，DIFF 线向上突破了 0 轴，说明多空力量出现了逆转，投资者可考虑加仓买入。

# 第四章

# MACD 指标与 K 线组合辨识波段趋势

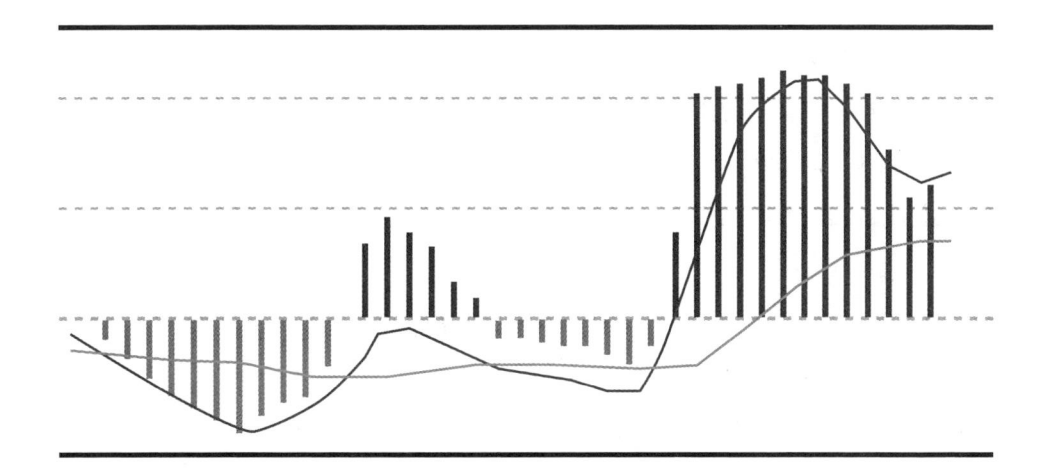

相对于其他技术指标来说，MACD 指标在识别股价波动运行趋势方面，拥有更为显著的优势，因此该指标也常常用于识别趋势，判断股价的顶部与底部。

# 第一节　MACD 指标与顶部识别

股价经过一段时间的上涨后进入顶部区域，此时很多获利资金就会选择获利出逃。新入场的看多资金无法支撑股价进一步走高，股价在顶部区域振荡一段时间后，就会转入下行通道。此时，K 线和各类技术指标也会同步发生预警信号。投资者通过对这些预警信号的识别，可以提早做出判断，以避免更大的损失。

## 一、利用 MACD 指标识别顶部

股市中，风险与机遇总是相伴而来。当股价进入顶部区域后，往往上升速度会加快，以吸引更多投资者接盘，主力则悄悄地出货，其后则是完成筑顶，股价由上涨转为下跌。

1. 顶部特征

顶部是一轮行情的高点区域，一旦形成顶部，股价将很难再次突破上涨。当每轮波段行情运行到顶部位置时，都会呈现出一些固有的特征。投资者如果能够熟练掌握这些特征，就能提前卖出股票，回避风险。

一般情况下，波段顶部有如下几个特征。

（1）对利好消息麻木。

利好消息是指那些对股价上涨有推动作用的消息，例如，年报好于预期、有分红或者配股、企业接到大订单等。一般情况下，股价在利好消息公布后都会有一波上涨行情。

在股价逐渐上升过程中，如果一只股票不断地有利好发布，那么势必推动股价不断上涨。如果市场对利好的反应越来越淡，到最后，即使有利好，也抵挡不住源源不断的抛盘时，就说明庄家已经开始利用利好在出货了，同时也意味着该股短期顶部可能已经形成，投资者宜卖出股票观望。

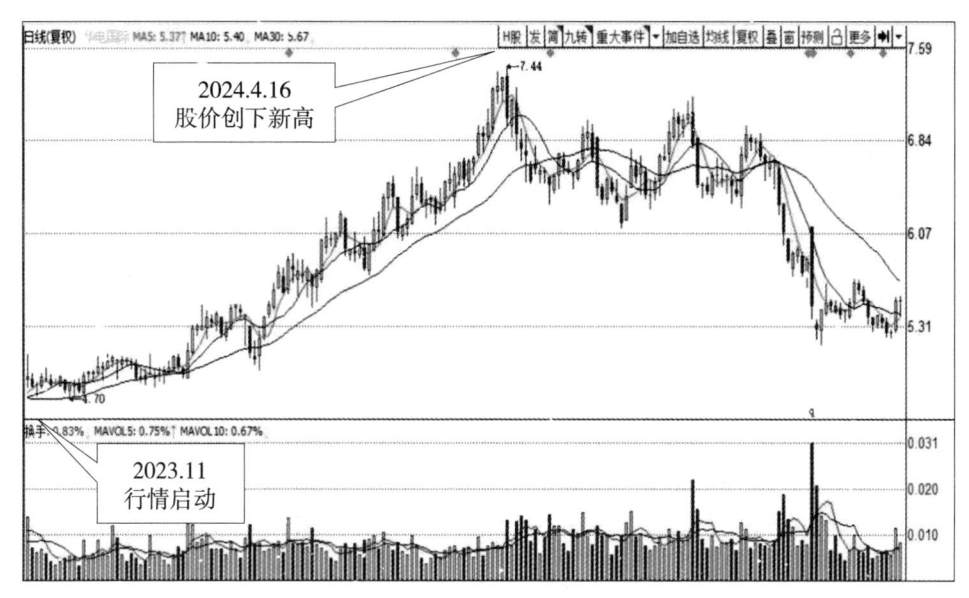

图 4-1　华电国际（600027）日 K 线走势图

如图 4-1 所示，华电国际的股价从 2023 年 11 月底开始启动，发动了一波上涨行情。股价上涨过程中，成交量逐渐增大，说明流入资金逐渐增多。同时也可以发现，该股并未发布任何利好消息。

进入 2024 年 4 月，该股相继公布了年报和 2024 年第一季度季报。相比前一年度，2023 年度的营业收入和利润都大幅增长。对于发布的亮丽财报，股价并没有给予积极的响应，相反，却收出了一根下跌的阴线。这说明市场很可能前期已经知道了这一消息，主力在利好消息发布时选择了出货。此时，投资者发现股价无法上行，就应该预见到该股短期顶部可能已经来临，股价未来可能会下跌，最好选择卖出该股。

（2）时间接近极限。

由于时间转折周期规律频繁发生作用，因此，一些落到斐波那契周期线上的日期，投资者都应该引起注意，如 5 日、8 日、13 日、21 日、34 日、

55日等。投资者每隔一段时间就要考虑行情转折的可能性。

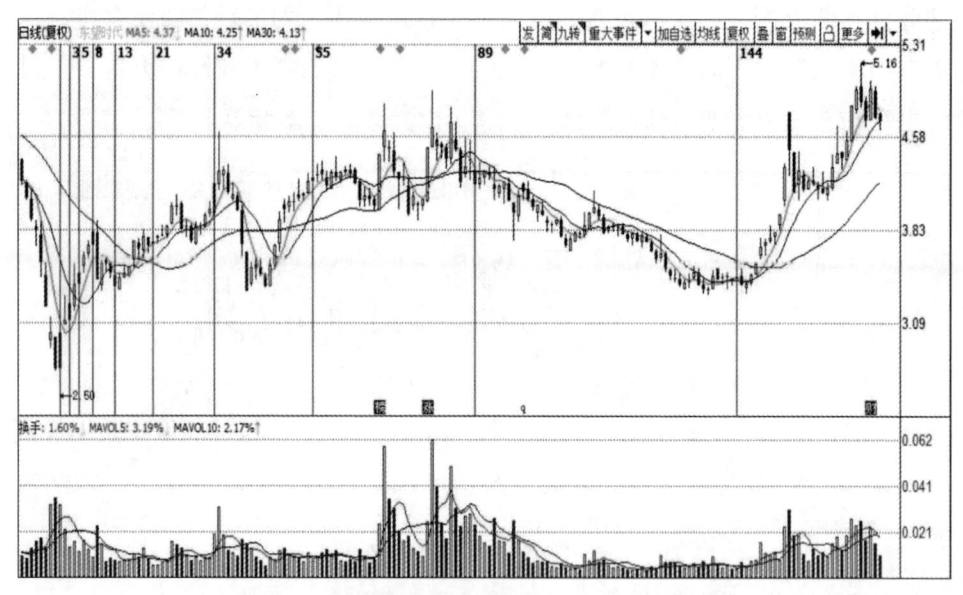

图4-2 东望时代（600052）日K线走势图

如图4-2所示，东望时代的股价从2024年2月8日起展开了一波上涨行情。以此日为基数，应用斐波那契周期线（一般炒股软件中"画线"工具一栏中，都有这一数列，投资者只要点击"画线"工具下的该数列，然后选择基准日期，拖动鼠标，就可以得到图4-2所示的数列），可以看到，在上涨后的第8天、34天、89天，行情都出现了转折的迹象，由此可见，时间转折周期还是可以作为一个辅助参照指标的。

（3）热点和题材混乱。

热点股和题材股往往是推动大盘向上的做多力量，尤其是一些大盘股，对指数的推动作用更加明显。例如，中石油、中石化、中国银行之类的大盘股发动上涨行情，那么整个大盘指数也会出现上涨行情。

一般情况下，一段时间内，市场都会有持续关注的热点和题材，这就保证了整个市场积极向上运行。但是，到了波段顶部位置，就会出现这样一种情况：市场热点切换非常快，上午还在炒作地产股，下午就改水电股了。这就说明市场没有明确的热点，也是热点难以持续的一种表现，这种情况往往预示着大盘短期顶部即将来临，投资者此时最好选择回避。

## 2. 利用 MACD 指标识别顶部

一只股票显现出顶部特征，并不意味着行情立即到顶了，此时投资者还可以结合 MACD 指标，进一步加强对顶部区域的判断，进而支撑股票卖出决策。

一般情况下，利用 MACD 指标，可以通过以下两种方法识别顶部。

（1）日线 MACD 柱线与 3 日线 MACD 柱线共振。

通过日线 MACD 柱线与 3 日线 MACD 柱线共振，识别股价顶部的要点如下。

第一，股价经过一段时间的上涨后，MACD 柱线位于 0 轴上方较远的位置，且不断创出新高。

第二，日线 MACD 柱线连续拉升多日后出现疲软迹象。

第三，日线 MACD 柱线萎缩时，同步对比 3 日线 MACD 柱线，发现 3 日线 MACD 柱线也出现萎缩，说明股价顶部基本形成。

投资者可按照以下方法调出 3 日线（以同花顺为例）：点击炒股软件"工具"菜单下的"系统设置"，调出"分析周期"栏目，然后将"基本分析周期"调为"日线"，将"分析周期数"设置为"3"，再为其设置一个名称即可，如图 4-3 所示。

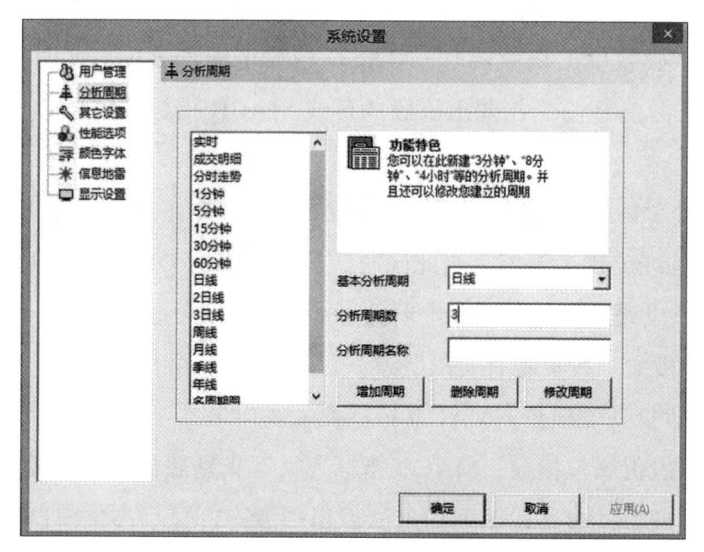

图 4-3　3 日线 MACD 柱线系统设置（同花顺版）

# MACD 指标：波段交易技术精解

下面来看一下华能国际的案例。

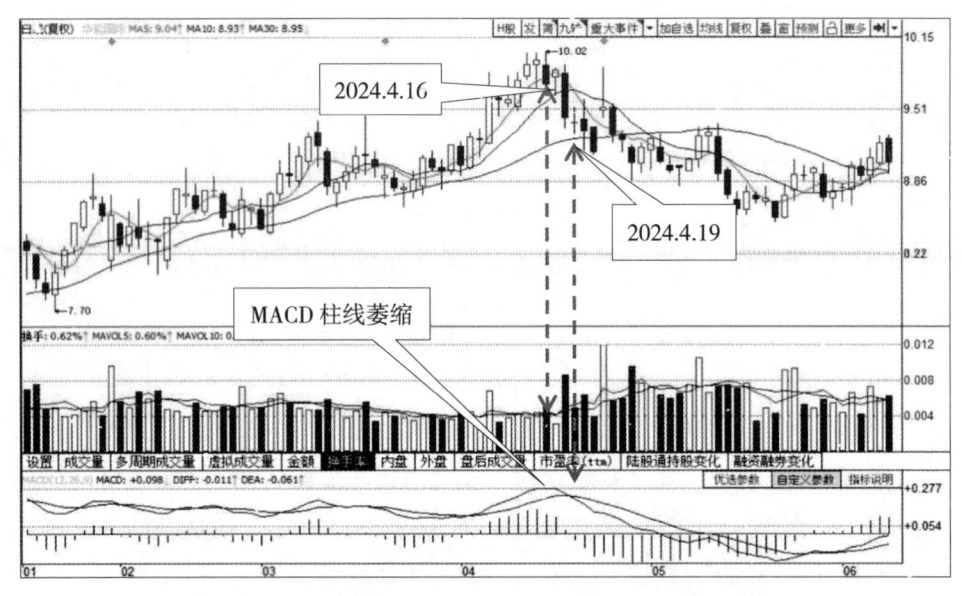

图 4-4　华能国际（600011）日线 MACD 柱线走势图

如图 4-4 所示，2024 年上半年，华能国际的股价一路上涨，并在 4 月中旬显现出筑顶迹象。通过观察该股日线 MACD 柱线图可以发现，进入 4 月后，该股 MACD 柱线一直位于 0 轴上方，且拉升幅度越来越大，说明股价走势极为强势。随着股价快速上涨，MACD 柱线也出现了快速拉升。不过，4 月 16 日该股股价出现回调时，MACD 柱线也同步萎缩。此时投资者必须对这种情况保持警惕，并调出该股 3 日线 MACD 指标走势图进行观察，如图 4-5 所示。

通过对 3 日线 MACD 指标走势图的观察可知，从 4 月 22 日开始，该股 MACD 柱线出现了萎缩。与此同时，日线级别的 DIFF 快线自上而下跌破 DEA 慢线形成死叉，说明该股走弱的可能性非常大。由此可知，该股正在筑顶的可能性极大，投资者宜卖出股票。

（2）股价高位横盘，MACD 指标死叉。

通过"股价高位横盘，MACD 指标死叉"识别股价顶部的要点如下。

第一，股价经过一段时间的上涨后出现疲态，显示高位横盘状态，且未跌破重要支撑线。

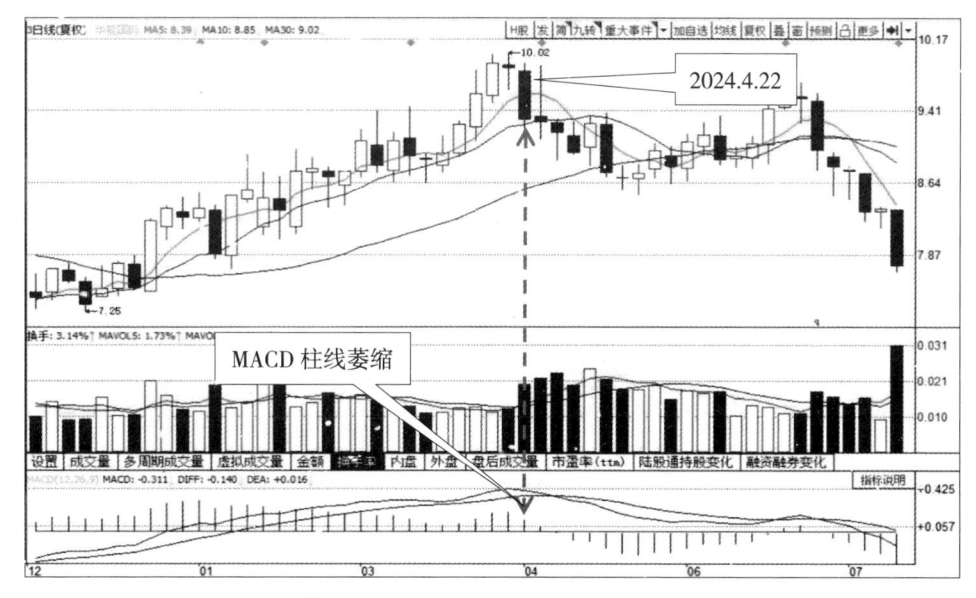

图 4-5  华能国际（60002700）3 日线 MACD 柱线走势图

第二，股价横盘过程中，DIFF 快线结束上升态势，转为下降趋势，且很快与 DEA 慢线形成高位死叉。

第三，股价在高位横盘期间，成交量也保持一种较高水平，说明主力一方面在控制股价，另一方面在悄悄出货。

下面看一下汇洲智能的案例。

如图 4-6 所示，2024 年 2 月到 3 月，汇洲智能的股价一路上涨，并在 3 月时显现了筑顶迹象。2024 年 3 月 6 日，该股股价到达阶段高点后开始出现回调，并减弱了上攻的力度。尽管其后该股股价持续高位盘整，但 DIFF 快线却持续走低，并在 3 月 22 日向下跌破了 DEA 慢线，形成高位死叉。

通过观察该股股价在 3 月 6 日前的走势和 DIFF 快线走势，还可以发现二者之间存在明显的背离情况，这都说明此时该股正处于筑顶阶段。股价高位盘整期间，成交量并未出现明显的放量或缩量情况，说明主力隐蔽出货的可能性很大。在死叉出现时，投资者宜卖出全部或部分股票。

## 二、M 顶 +MACD 指标顶背离

K 线组合出现 M 顶形态时，说明股价已经上涨至顶部位置，即将启动下跌。若两个顶部对应的 MACD 指标呈现顶背离形态，则可进一步增强卖

MACD 指标：波段交易技术精解

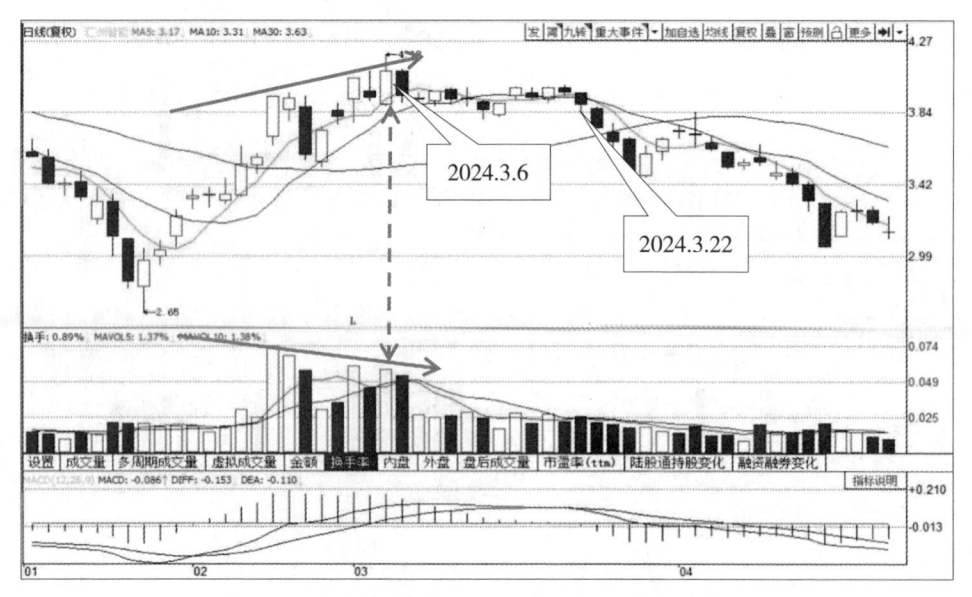

图 4-6 汇洲智能（002122）MACD 指标走势图

出信号的准确性。该形态属于典型的看跌形态。

1. 形态描述

股价上涨过程中，到达第一个高点后出现回调。与此相对应，MACD 指标中的 DIFF 快线和 DEA 慢线也出现回调，并可能走出高位死叉形态。此后股价重新发动一波上涨，并形成了第二个高点，DIFF 快线同步上穿 DEA 慢线形成高位交叉。接着，股价在创下新高后开始回调，DIFF 快线又一次与 DEA 慢线形成死叉，且这一次 DIFF 快线上升过程中形成的高点低于前一次，至此，MACD 指标顶背离形态正式形成，股价未来下跌的概率很高。

2. 操作建议

"M 顶 +MACD 指标顶背离"的操作要点如下。

第一，股价 K 线形成 M 顶的过程中，DIFF 快线与 DEA 慢线要位于 0 轴上方。

第二，DIFF 快线与 DEA 慢线形成的两个死叉要一个比一个低。

第三，M 顶的第一个高点形成后，股价回调时成交量同步放大，将增加股价继续下跌的可能性。

第四，M 顶形成后，股价跌破颈线位，是该股的一个卖点；DIFF 快线二次与 DEA 慢线形成死叉时，也是该股的卖点；DIFF 快线与 DEA 慢线跌破 0 轴时，是该股的清仓线。

下面看一下香江控股的案例。

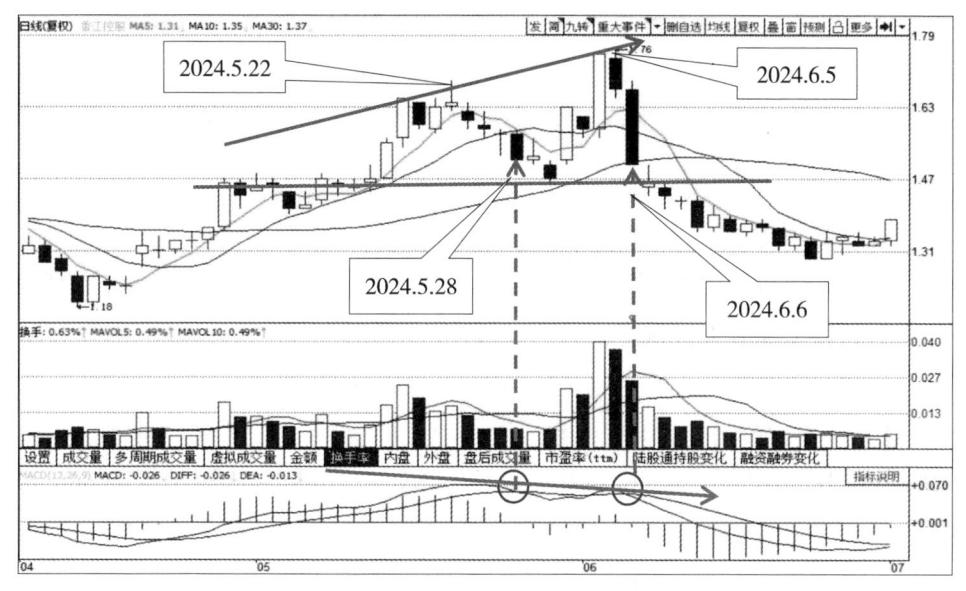

图 4-7　香江控股（600162）MACD 指标走势图

如图 4-7 所示，香江控股的股价在 2024 年 5 月到 6 月期间出现了明显的筑顶迹象。2024 年 5 月 22 日和 6 月 5 日，该股分别创下了两个顶部高点，形成了 M 顶形态。按照 M 顶形态的操作要求，通常要等到股价跌破颈线位时，才能正式确认 M 顶形态形成，不过此时股价已经下跌较大的幅度了。

投资者如果结合 MACD 指标进行分析，就可以提早做出卖出股票的判断。首先，随着股价 M 顶形态的出现，MACD 指标在 5 月 28 日和 6 月 6 日分别出现了两个死亡交叉，这都是比较明显的卖出信号。另外，DIFF 快线在死叉前创下的两个高点，一个比一个低，说明股价与 MACD 指标出现了顶背离形态。因此，当 DIFF 快线与 DEA 慢线形成死亡交叉的 6 月 6 日，投资者就应该卖出股票，不必等到股价跌破颈线时再卖出。

## 三、圆弧顶 +MACD 指标死叉

K 线组合出现圆弧顶形态，说明股价已经上涨至顶部位置，且出现了明显的滞涨。若顶部位置对应的 MACD 指标呈现死亡交叉的形态，则投资者可提早卖出股票。该形态属于典型的看跌形态。

1. 形态描述

股价上涨到高位后，上涨速度明显放缓，此后又出现了缓慢下跌的迹象，形成了一个类似圆弧形的顶部。与此相对应，MACD 指标中的 DIFF 快线和 DEA 慢线在上升至高位后也出现了回调，并出现了死亡交叉形态。此时出现死亡交叉形态，意味着股价上涨趋势已经结束，马上将开始下跌行情。

2. 操作建议

"圆弧顶 +MACD 指标死叉"的操作要点如下。

第一，股价 K 线形成圆弧顶的过程中，DIFF 快线与 DEA 慢线要位于 0 轴上方，且呈现多头排列。

第二，随着股价上涨速度放缓，DIFF 快线与 DEA 慢线逐渐趋于黏合。

第三，当股价开始缓慢下跌时，DIFF 快线率先穿越 DEA 慢线形成死亡交叉。

第四，圆弧顶形成后，股价下跌加速位置也是该股的一个卖点。DIFF 快线下穿 DEA 慢线形成死叉时，是该股的最佳卖点。DIFF 快线与 DEA 慢线跌破 0 轴时，是该股的清仓线。

如图 4-8 所示，能科科技的股价在 2024 年 3 月中下旬出现了明显的筑顶迹象。从 2024 年 3 月初开始，该股上涨速度明显减弱，但仍旧处于上涨趋势中，投资者可继续持股。此时 DIFF 快线逐渐向 DEA 慢线靠拢，说明多方力量有所不足，投资者宜谨慎。

此后，该股股价出现了缓慢下跌走势，并越发有形成圆弧顶的态势。此时投资者可观察 MACD 指标的走势：2024 年 3 月 27 日，DIFF 快线向下穿越 DEA 慢线，形成高位死亡交叉，此时就是该股一个较明确的卖点。

按照圆弧顶分析方法，该股 4 月 16 日开始快速下跌，并跌破了圆弧顶的颈线，属于比较明确的卖出信号，而此时股价已经距高点有一段距离了。也就是说，MACD 指标死叉发出的卖出信号，要比圆弧顶形态给出的卖出信号早数个交易日。

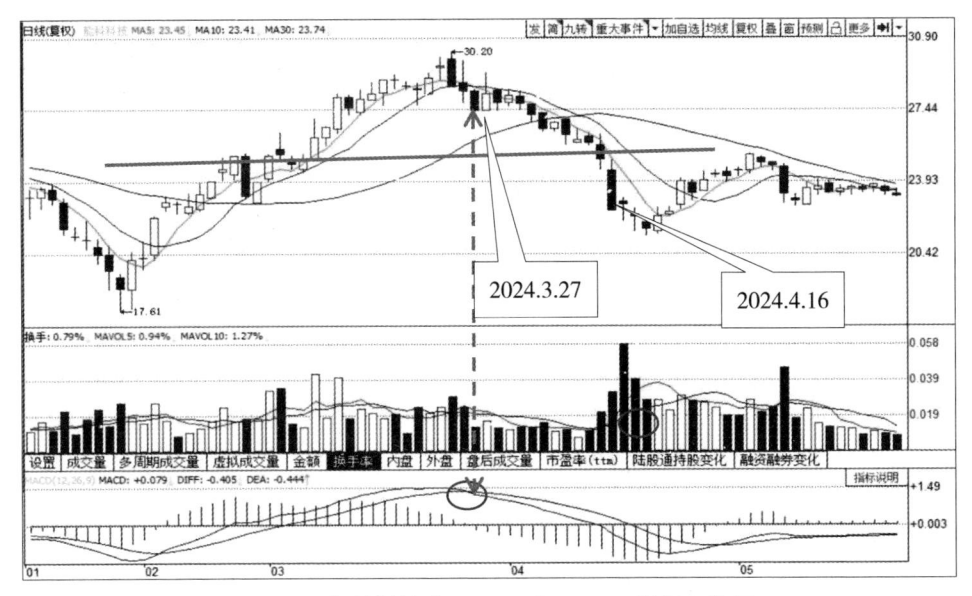

图 4-8　能科科技（603859）MACD 指标走势图

## 四、头肩顶 +MACD 指标顶背离

K 线组合出现头肩顶形态，说明股价已经上涨至顶部位置，即将启动下跌。若右肩低于左肩，将增大股价下跌的概率。头肩顶对应的 MACD 指标若呈现顶背离形态，则可进一步提升卖出信号的准确性。该形态属于典型的看跌形态。

1. 形态描述

股价上涨至顶部位置后，连续形成了三个高点，且中间的高点明显高于其他两个，这三个高点就形成了头肩顶形态。与此相对应，MACD 指标中的 DIFF 快线在股价形成高点时也形成三个高点，若第二个高点明显低于第一个高点，说明 MACD 指标与股价形成了顶背离形态，预示股价上涨难以持续，未来股价下跌的概率很高。

2. 操作建议

"头肩顶 +MACD 指标顶背离"的操作要点如下。

第一，股价 K 线形成头肩顶的过程中，DIFF 快线与 DEA 慢线要位于 0 轴上方。

第二，DIFF 快线形成的高点要一个比一个低。

MACD 指标：波段交易技术精解

第三，头肩顶的左肩形成后，DIFF 快线会同步下跌，而后随着股价上涨再度上攻；头部形成后，DIFF 快线会再次拐头向下，并与 DEA 慢线形成死叉，不过此时形成的高点要低于左肩对应的高点；右肩形成时，DIFF 快线上攻力度较弱，根本无力上穿 DEA 慢线。

第四，头肩顶形成后，股价跌破颈线位，就是该股的一个卖点；头部成型，MACD 指标与股价形成顶背离后，DIFF 快线跌破 DEA 慢线形成死叉时，是该股的最佳卖出点。

下面看一下兴森科技的案例。

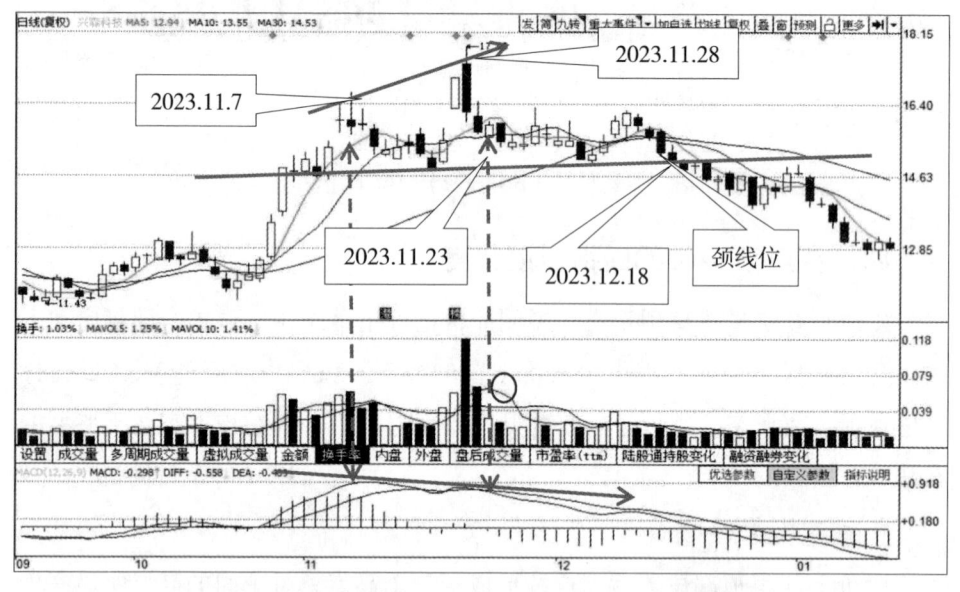

图 4-9　兴森科技（002436）MACD 指标走势图

如图 4-9 所示，兴森科技的股价在 2023 年 11 月到 12 月期间形成了典型的头肩顶形态。2023 年 11 月 7 日和 11 月 28 日，该股分别创下了两个顶部高点，形成了头肩顶的左肩和头部。随后，该股股价经过短暂的回调，再度反弹向上，不过这次回调力度较小，很快又因遇到阻力而下跌，至此头肩顶的右肩形成。2023 年 12 月 18 日，该股股价跌破头肩顶的颈线位，投资者可于此时卖出该股。

投资者如果结合 MACD 指标进行分析，可以提早做出卖出股票的判断。首先，随着股价头肩顶左肩和头部形态的出现，MACD 指标分别出现了两个死亡交叉，都是比较明显的卖出信号。另外，DIFF 快线在死叉前所创下的两个高点，一个比一个低，说明股价与 MACD 指标出现了顶背离形态。因此，当 DIFF 快线与 DEA 慢线形成第二个死亡交叉的 11 月 23 日，投资者就应该卖出股票，不必等到股价跌破颈线时再卖出。

其后，在股价形成右肩的过程中，DIFF 快线也同步上攻，但上攻力度很弱，刚刚突破 DEA 慢线立即转为下跌，说明此次反弹注定力度有限，投资者宜回避。

## 第二节　与 K 线组合识别底部反转

通过将 MACD 指标看涨形态与 K 线经典底部形态组合分析，可以增强底部形态辨识的准确性。

### 一、利用 MACD 指标识别底部

波段底部是一轮行情的低点区域，底部一旦形成，股价将迅速反转向上。当每轮波段运行到底部位置时，都会呈现出一些固有的特征。投资者如果能够熟练掌握这些特征，就能提前买入股票，获取盈利。

1. 波段底部特征

一般情况下，波段底部具有如下几个特征。

（1）有实质性利好消息发布。

有人说，中国股市实质上就是政策市。也就是说，股市涨跌与相关政策的发布有很大关系，如 2008 年 "4 万亿投资计划" 出台，直接扭转了股市下跌的脚步，推动股市反转向上；最近两年相关产业规划的出台，也都刺激了相应板块股票的上涨。

一般情况下，股价下跌都存在一定的惯性，如果没有什么实质性利好的刺激，想要反转向上是非常困难的。正因如此，每当大盘向下运行时，股市中总有人寄希望于政府的救市政策。

下面以上证指数为例进行说明，如图 4-10 所示。

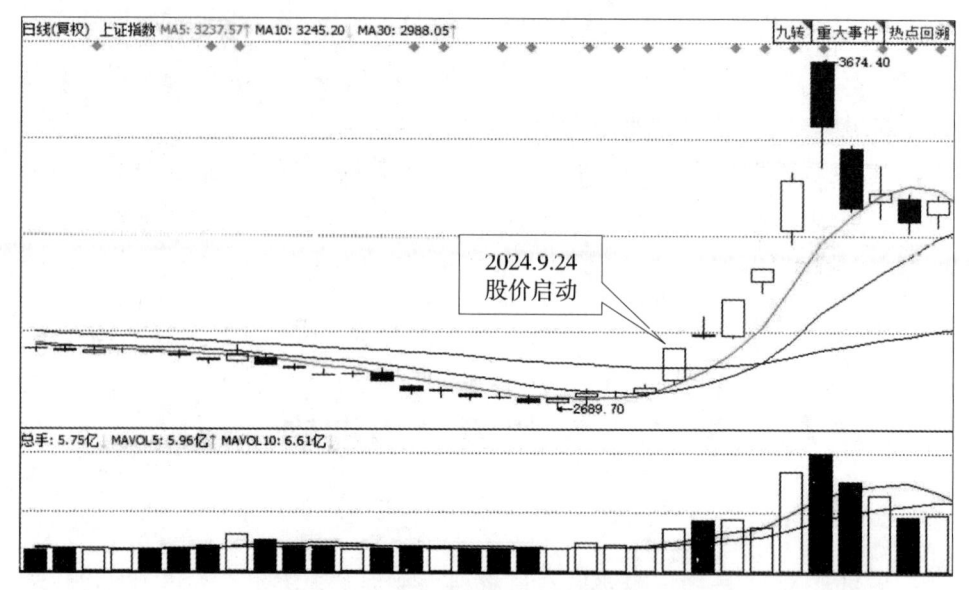

图 4-10　上证指数日 K 线走势图

自 2021 年年底开始，上证指数就进入了一个漫长的振荡下跌之路。2024 年 5 月下旬以后，上证指数的下跌明显有加速的态势，整个市场人气明显不足，交易也越发清淡。2024 年 9 月 24 日，金融监管部门宣布了一系列重磅利好消息，包括降息降准、支持房地产行业、推动长期资金进入股市等。

这些重磅政策的宣布，直接为股市注入了一针"强心剂"。从当天开始，上证指数开启了一波狂飙上升之路。

（2）夸大利空。

大盘或个股出现连续大幅下跌之后，投资者就会出现对消息的恐惧情绪，过分夸大利空的作用，有时甚至将利好消息都理解成利空。当市场中人人都充满恐惧情绪时，市场底部往往就要真正来临了。

进入 2024 年以后，以五粮液为代表的白酒板块出现了长期振荡下跌走势，整个市场对白酒板块都缺乏信心。尽管白酒板块内的股票多为绩优股、白马股，但低迷的股价让很多想要投资该板块的投资者望而却步。

进入 9 月份后，白酒行业迎来了传统的销售旺季（中秋与国庆假期）。不过，当年的销售业绩并未如市场所愿，未达到市场预期。因此，9 月 12 日和 9 月 13 日，整个白酒板块都出现了大跌，五粮液在 9 月 13 日更是下跌了 3.67 个百分点，股价跌破了 110 元，直逼 100 元关口，如图 4-11 所示。

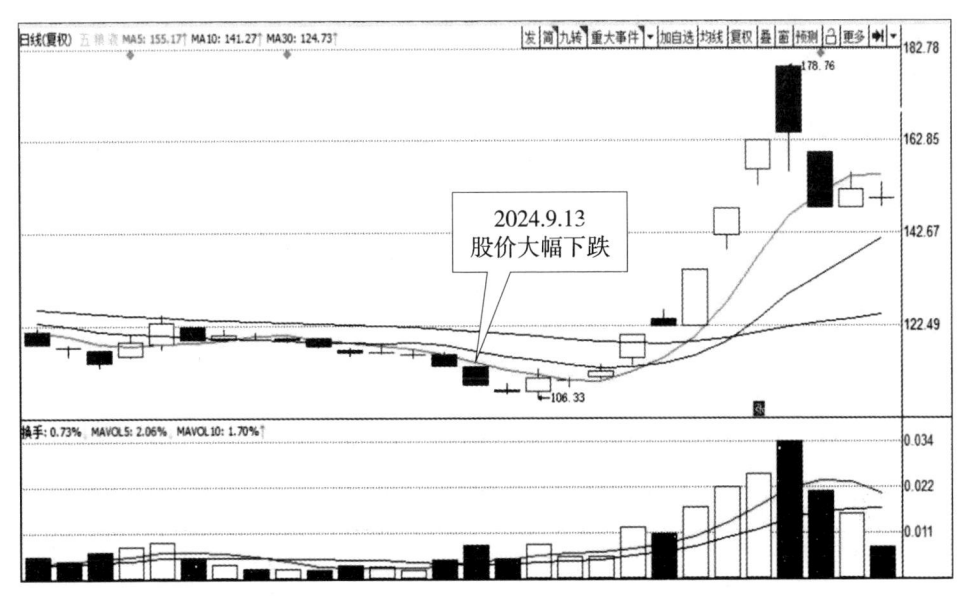

图 4-11　五粮液（000858）日 K 线走势图

其实，从另一个角度来看，即使市场并未如预期般改善，五粮液仍是中国白酒领域的一块金字招牌，当时的股价已经严重偏离了其基本价值，这也说明股市底部即将到来。

9 月 24 日，在大盘暴涨的刺激下，五粮液开启了一波强势上攻之路。

由此可见，如果市场中所有投资者都充满了恐惧，大盘往往在此时就会出现"柳暗花明又一村"的感觉。投资者一定要牢记巴菲特的那句话："在别人恐惧时贪婪，在别人贪婪时恐惧。"也就是说，在市场充满恐惧时，市场底部就会悄然到来，投资者这时买入股票，往往会有不错的收益。

（3）绩优股和高价股开始下跌。

一般情况下，绩优股和高价股都是基金的重仓股，在跌势刚刚启动的阶段，基金往往会维护手中的股票价格。也就是说，在跌势刚开始的阶段，尽管市场上大多数股票都会出现下跌走势，但绩优股和高价股是不会下跌的。

如果绩优股和高价股都出现了大规模下跌，说明中长线投资者和基金都被气势汹汹的跌势吓到了，对价值投资理念都不敢坚持了，这往往是跌势已经进入尾声的特征。这时投资者应该考虑适时进入股市，做好迎接反弹的准备。

下面以贵州茅台和上证指数的走势做一下对比，如图4-12、图4-13所示。

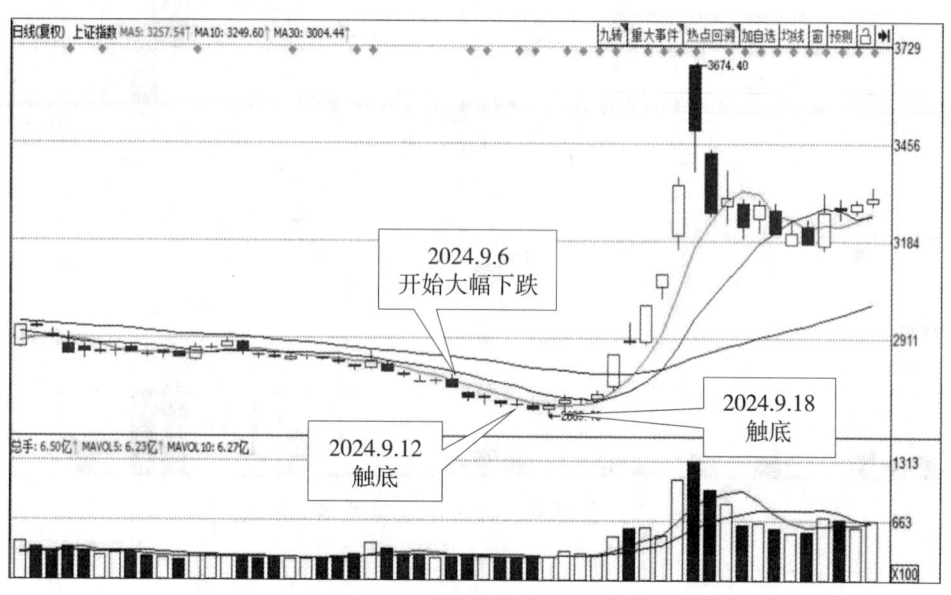

图4-12　上证指数日K线走势图

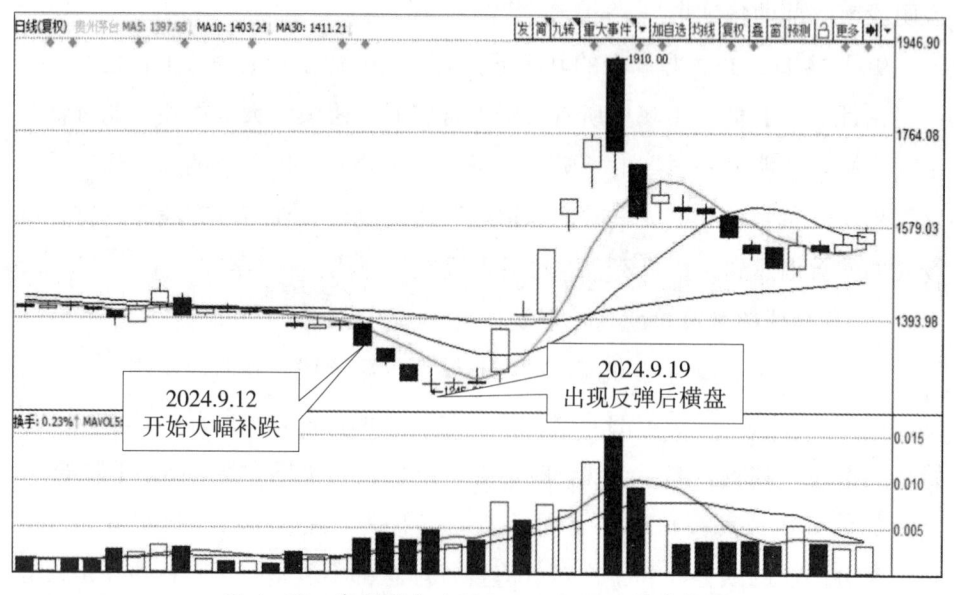

图4-13　贵州茅台（6001519）日K线走势图

通过图 4-12 和图 4-13 的对比可以发现，2024 年 9 月 6 日，大盘进入下跌初期，贵州茅台并未出现明显的下跌走势。到了大盘下跌尾声，9 月 12 日，大盘开始企稳时，贵州茅台却出现了补跌走势，股价连续大幅下跌。

由于贵州茅台是基金重仓股，也是绩优股兼高价股，所以该股一旦开始补跌，也就是大盘底部即将来临的征兆。大盘指数在 9 月 18 日收出了一根阳十字星，随后振荡了几个交易日后，展开了一波上涨走势。

由此可见，投资者在判断波段底部时，可以注意观察一些大盘下跌时并没有同步出现下跌走势的绩优股或高价股，一旦这些股票开始补跌，往往意味着大盘将要走出底部区域，这时就可以大胆买入股票了。

2. 利用 MACD 指标识别底部

一只股票显现底部特征，并不意味着立即到底了，此时投资者还要结合 MACD 指标缩小对底部区域的分析，并作出股票买入决策。

一般情况下，可以利用 MACD 指标，通过以下两种方法识别底部。

（1）日线与 3 日线 MACD 柱线共振。

通过日线 MACD 柱线与 3 日线 MACD 柱线共振识别股价底部的要点如下。

第一，股价经过一段时间的下跌后，MACD 柱线位于 0 轴下方较远位置，且不断创出新低。

第二，日线 MACD 柱线连续拉升多日后出现萎缩迹象。

第三，日线 MACD 柱线萎缩时，同步对比 3 日线 MACD 柱线走势，如发现 MACD 柱线也出现萎缩，说明股价底部基本形成。

如图 4-14 所示，2024 年年初，广东宏大的股价一路振荡下跌，MACD 指标也同步下降，并在 1 月底突然出现大幅下跌走势。通过观察该股日线 MACD 柱线图可以发现，在 2024 年 1 月底，该股 MACD 柱线一直位于 0 轴下方，说明股价走势极为弱势。随着股价快速下跌，MACD 柱线也出现了快速伸长。2 月 5 日，该股股价触底。2 月 6 日，股价出现反弹时，MACD 柱线也同步萎缩。2 月 8 日，该股 MACD 指标线出现金叉，投资者必须对这种情况保持警惕，并调出该股的 3 日线 MACD 指标走势图，如图 4-15 所示。

# MACD 指标：波段交易技术精解

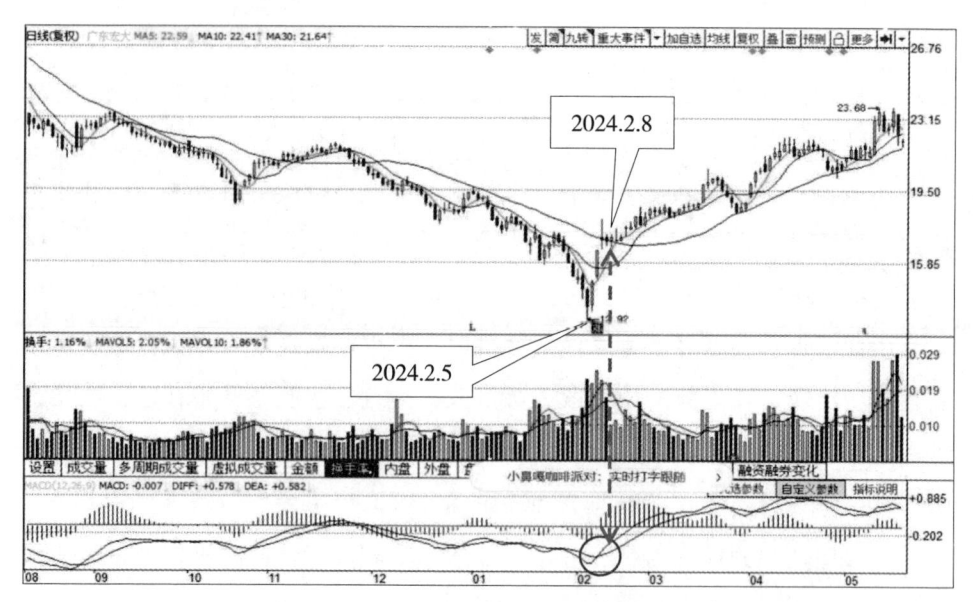

图 4-14　广东宏大（002683）股价日线 MACD 柱线走势图

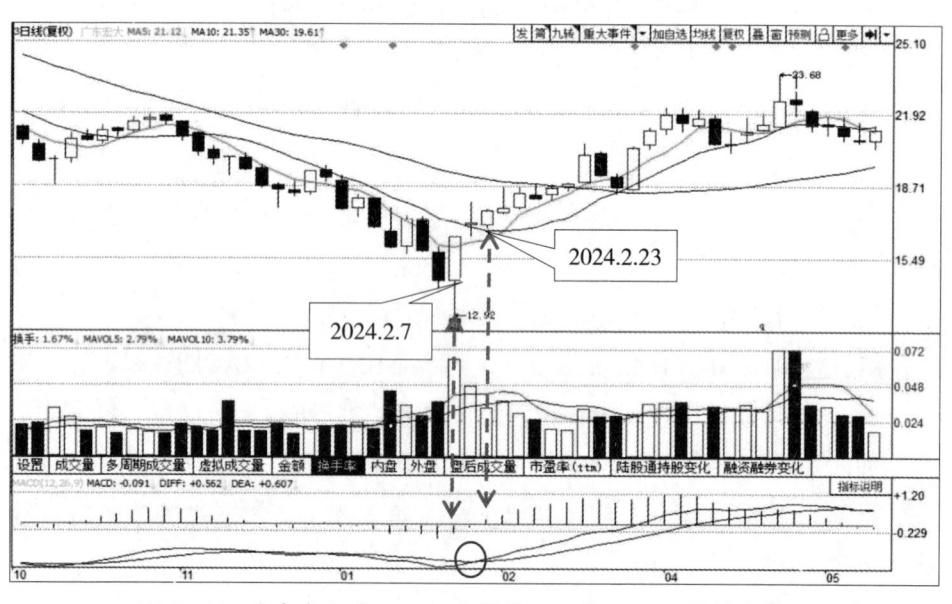

图 4-15　广东宏大（002683）股价 3 日线 MACD 柱线走势图

通过对 3 日线 MACD 指标走势图的观察可知，从 2 月 7 日开始，该股 MACD 柱线出现了萎缩，与此同时，日线 MACD 柱线已经上升至 0 轴附近，说明该股走强的可能性非常大。2 月 23 日，DIFF 快线自下而上即将突破 DEA 慢线形成金叉，由此可见，该股筑底成功的可能性极大，投资者宜建仓该股。

（2）股价低位横盘，MACD 指标金叉。

通过"股价低位横盘，MACD 指标金叉"识别股价底部的要点如下。

第一，股价经过一段时间的下跌后出现疲态，显现低位横盘状态，且未向上突破重要阻力线。

第二，股价横盘过程中，DIFF 快线结束下降态势，转为上升趋势，且很快与 DEA 慢线形成低位金叉。

第三，股价在低位横盘期间，成交量保持一种较为温和的放量，说明主力一方面在控制股价，另一方面在悄悄地建仓。

下面来看一下巨轮智能的案例。

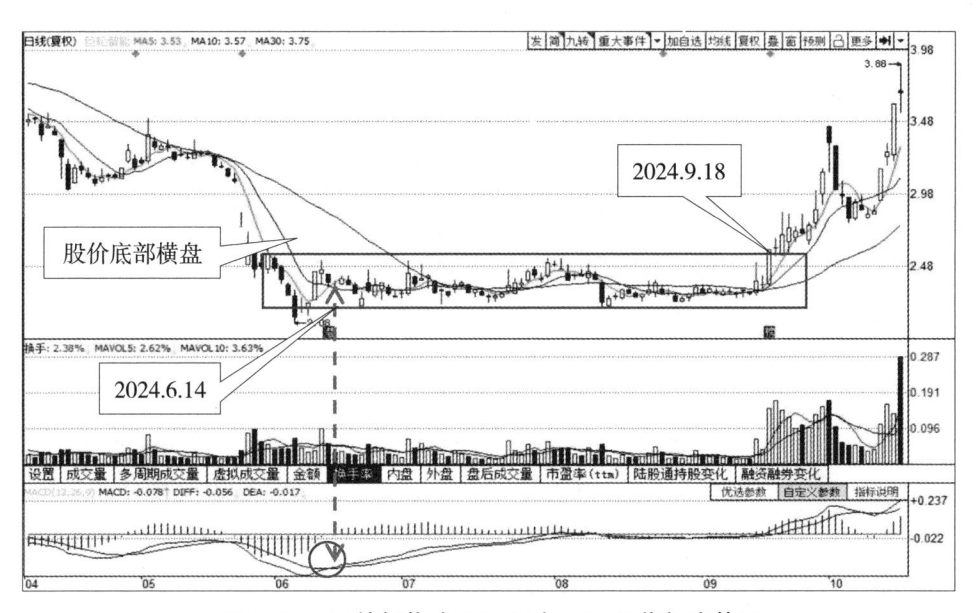

图 4-16　巨轮智能（002031）MACD 指标走势图

如图 4-16 所示，2024 年上半年，巨轮智能的股价一路振荡下跌，并在 6 月初显现了筑底迹象。2024 年 6 月中旬，该股股价到达阶段低点后，开始出现横盘走势，并减弱了下跌的力度。尽管其后该股股价持续低位盘整，又创出了新低，但 DIFF 快线却持续走高，并在 6 月 14 日向上突破 DEA 慢线，形成了低位金叉。

通过观察该股股价走势和 DIFF 快线走势还可以发现，在股价横向振荡期间，MACD 指标的 DIFF 线和 DEA 线呈现振荡上扬态势。在这种情况下，投资者可少量建仓该股，待该股呈现明显的上升态势时，再加仓入场。

2024 年 9 月 18 日，该股股价放量大涨，并突破了多条均线的压制，投资者可考虑追涨加仓买入。

## 二、W 底 +MACD 指标底背离

K 线组合出现 W 底形态时，说明股价已经下跌至底部位置，即将启动上涨。若两个底部对应的 MACD 指标呈现底背离形态，则可进一步增强买入信号的准确性，该形态属于典型的看涨形态。

1. 形态描述

股价下跌过程中，到达第一个低点后出现反弹，与此相对应，MACD 指标中的 DIFF 快线和 DEA 慢线也出现反弹，并可能走出低位金叉形态；此后股价重新发动一波下跌，并形成了第二个低点，DIFF 快线同步跌破 DEA 慢线形成交叉；接着，股价在创下新低后开始回升，DIFF 快线又一次与 DEA 慢线形成金叉，且这一次 DIFF 快线下跌过程中形成的低点要高于前一次。至此，MACD 指标底背离形态正式形成，未来股价上涨的概率很高。

2. 操作建议

"W 底 +MACD 指标底背离"的操作要点如下。

第一，股价 K 线形成 W 底的过程中，DIFF 快线与 DEA 慢线要位于 0 轴下方。

第二，DIFF 快线与 DEA 慢线形成的两个底部金叉要一个比一个高。

第三，W 底的第二个低点形成后，股价反弹时成交量同步放大，将增加股价继续上涨的可能性。

第四，W 底形成后，股价突破 W 底颈线位，是该股的一个买点；DIFF 快线二次与 DEA 慢线形成金叉时，也是该股的买点；DIFF 快线与 DEA 慢线向上突破 0 轴时，是该股的加仓线。

如图 4-17 所示，云煤能源的股价在 2024 年 7 月到 9 月期间出现了 W 底形态。该股股价分别于 7 月 18 日和 9 月 18 日创下了阶段最低点，且后一个低点要明显低于前一个。与此同时，MACD 指标中的 DIFF 快线也同步创

下了两个阶段新低，不过后一个低点要高于前一个，至此，MACD 指标与股价形成了底背离形态，预示股价即将启动一波反弹走势。

图 4-17　云煤能源（600792）MACD 指标走势图

2024 年 9 月 20 日，处于底部位置的 DIFF 快线向上突破 DEA 慢线形成黄金交叉形态，预示股价反弹即将开始，不过此时 DIFF 快线仍位于 0 轴下方，因而投资者可考虑少量建仓。9 月 26 日，在 DIFF 快线率先突破 0 轴后，DEA 线也完成了对 0 轴的穿越，且同日股价 K 线成功突破颈线位，这都属于典型的买入信号，投资者可于此时加仓该股。

## 三、圆弧底 +MACD 指标金叉

K 线组合出现圆弧底形态时，说明股价已经下跌至底部位置，且出现了明显的下跌停滞。若底部位置对应的 MACD 指标呈现黄金交叉形态，投资者可提早买入股票，该形态属于典型的看涨形态。

### 1. 形态描述

股价回调或下跌到低位后，下跌速度明显放缓，此后又出现缓慢上涨的迹象，形成了一个类似圆弧形的底部。与此相对应，MACD 指标中的 DIFF 快线和 DEA 慢线在下降至低位后也出现了反弹，并出现黄金交叉形态。出现黄金交叉形态，意味着股价下跌趋势已经结束，马上将开始上涨行情。

## 2. 操作建议

"圆弧底+MACD指标金叉"的操作要点如下。

第一，股价K线形成圆弧底的过程中，DIFF快线与DEA慢线要位于0轴下方，且呈空头排列。

第二，随着股价下跌速度放缓，DIFF快线与DEA慢线逐渐趋于黏合。

第三，当股价开始缓慢上涨时，DIFF快线率先穿越DEA慢线形成黄金交叉。

第四，圆弧底形成后，股价上涨加速位置是该股的一个买点；DIFF快线上穿DEA慢线形成金叉时，是该股的最佳买点；DIFF快线与DEA慢线向上突破0轴时，是该股的加仓线。

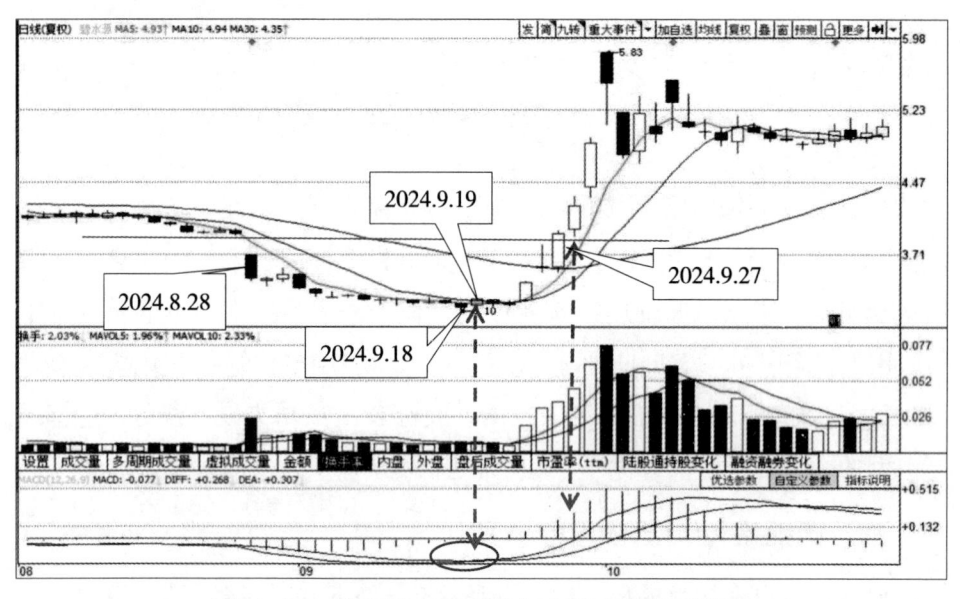

图4-18 碧水源（300070）MACD指标走势图

如图4-18所示，碧水源的股价在2024年8月到9月期间出现了圆弧底形态。该股股价自2024年8月28日开始了一波调整走势，且下跌的力度由强到弱。该股股价9月18日创下阶段低点后，开始逐渐反弹向上。与此同时，MACD指标中的DIFF快线也自低点反弹向上，并于9月19日向上突破了DEA慢线，形成了黄金交叉形态，此交叉点位于0轴下方，投资者可先部分买入该股。

2024 年 9 月 27 日，DIFF 快线率先突破 0 轴。与此同时，该股股价 K 线成功突破了圆弧底下跌起始位，即颈线位，保守型投资者可在此日加仓该股。

### 四、头肩底 +MACD 指标底背离

K 线组合出现头肩底形态，说明股价已经下跌至底部位置，即将启动上涨；若右肩高于左肩，将增加股价上涨的概率。底部对应的 MACD 指标若呈现底背离形态，可进一步提升买入信号的准确性，该形态属于典型的看涨形态。

1. 形态描述

股价下跌至底部位置后，连续形成了三个低点，且中间的低点明显低于其他两个，这三个低点就形成了头肩底形态。与此相对应，MACD 指标中的 DIFF 快线在股价形成低点时形成三个低点，若第二个低点明显低于第一个，说明 MACD 指标与股价形成了底背离形态，股价下跌难以持续，未来股价上涨的概率很高。

2. 操作建议

"头肩底 +MACD 指标底背离"的操作要点如下。

第一，股价 K 线形成头肩底的过程中，DIFF 快线与 DEA 慢线要位于 0 轴下方。

第二，DIFF 快线形成的低点要一个比一个高。

第三，头肩底的左肩形成后，DIFF 快线会同步反弹向上，之后随着股价下跌而再度下降；头部形成后，DIFF 快线会再次拐头向上，并与 DEA 慢线形成金叉，不过此时形成的低点要高于左肩所对应的低点；右肩形成时，DIFF 快线回调力度较弱，有时根本无力下穿 DEA 慢线（右肩形成时，DIFF 快线有时根本就没有下降，或稍稍下降一点便上升，表明多头实力已经明显增强）。

第四，头肩底形成后，股价向上突破颈线位，是该股的一个买点；头部成型，MACD 指标与股价形成底背离后，DIFF 快线向上突破 DEA 慢线形成金叉时，是该股的最佳买点。

下面看一下吉宏股份的案例。

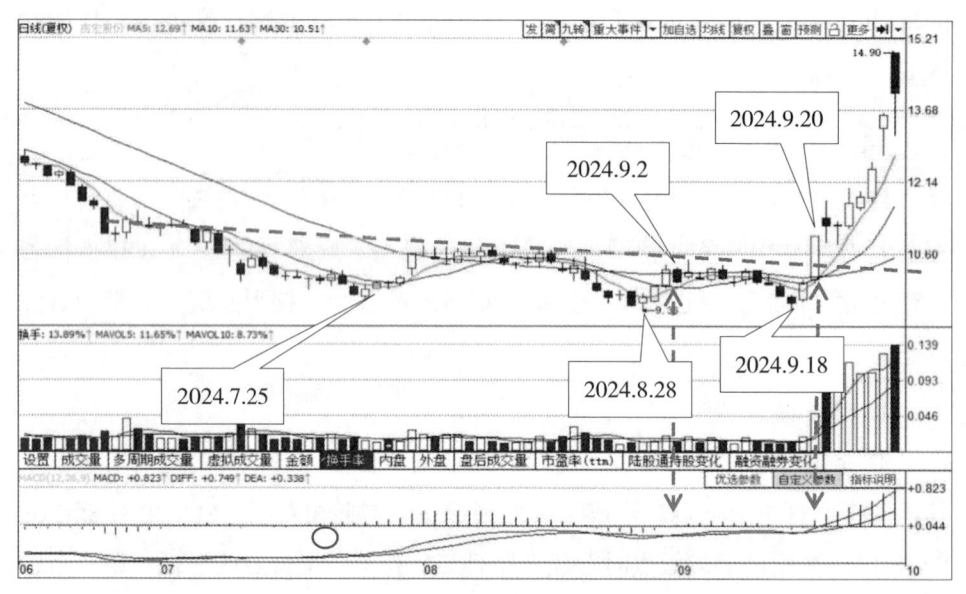

图 4-19　吉宏股份（002803）MACD 指标走势图

如图 4-19 所示，吉宏股份的股价在 2024 年 7 月到 9 月期间出现了头肩底形态。该股股价分别于 2024 年 7 月 25 日、8 月 28 日、9 月 18 日创下了三个阶段最低点，且 8 月 28 日创下的低点要明显低于其他两个，说明头肩底形态正式形成。与此同时，MACD 指标中的 DIFF 快线也同步创下了三个阶段低点，不过后一个低点都要高于前一个，至此，MACD 指标与股价形成了底背离形态，预示股价即将启动一波反弹走势。

2024 年 9 月 2 日，处于底部位置的 DIFF 快线向上突破 DEA 慢线，形成黄金交叉形态，预示股价反弹即将开始。不过此时 DIFF 快线仍位于 0 轴下方，且股价仍处于下跌趋势中，因而投资者可考虑少量建仓。

9 月 20 日，DIFF 快线率先突破 0 轴，投资者可于此时加仓该股。与此同时，该股股价顺利突破头肩底颈线位，说明股价上涨趋势正式形成，投资者可再次加仓买入。

# 第三节　MACD 指标上升趋势与下降趋势识别

上升、下降或横盘，是股价运行的三种主要趋势。通常情况下，在某一时间段内，股价运行会以某种趋势为主。基于前面对 MACD 指标的介绍，投资者可以发现，该指标在识别上升趋势和下降趋势方面效果较好。

## 一、利用 MACD 指标识别上升趋势

由于我国股市没有实行做空机制，因而上升趋势的识别就显得尤为重要了。按照上升周期的长短，可以将上升趋势分为长线上升趋势和中短线上升趋势两种。

1. 长线上升趋势识别

长线上升趋势，是指股价在某一较长时间段内持续上升的一种趋势形态。当然，股票一轮上升行情能够持续多久，投资者并不可能事先做出判断，但通过建立相关的技术参数组合，以找到正处于长线上升趋势的股票，还是可以实现的。

一只股票有没有进入长线上升趋势，可通过以下几个指标进行判断。

（1）60 日均线。

60 日均线是一条涵盖了三个月（以交易日计算）股票收盘价均值的走势线，因而对股价长期走势具有重要的支撑或阻力作用。一只股票处于或即将进入长线上升趋势，需要满足以下三个条件。

第一，60 日均线向右上方倾斜或自底部拐头向上。

第二，股价 K 线位于 60 日均线上方。

第三，股价回调未有效跌破 60 日均线。

（2）DIFF 快线。

DIFF 快线位于 0 轴上方。

（3）MACD 柱线。

MACD 柱线大多数时间位于 0 轴上方，即呈红柱的时间明显多于绿柱。

通常情况下，满足以上三个条件时，就可以认定股价处于长线上涨趋势中。

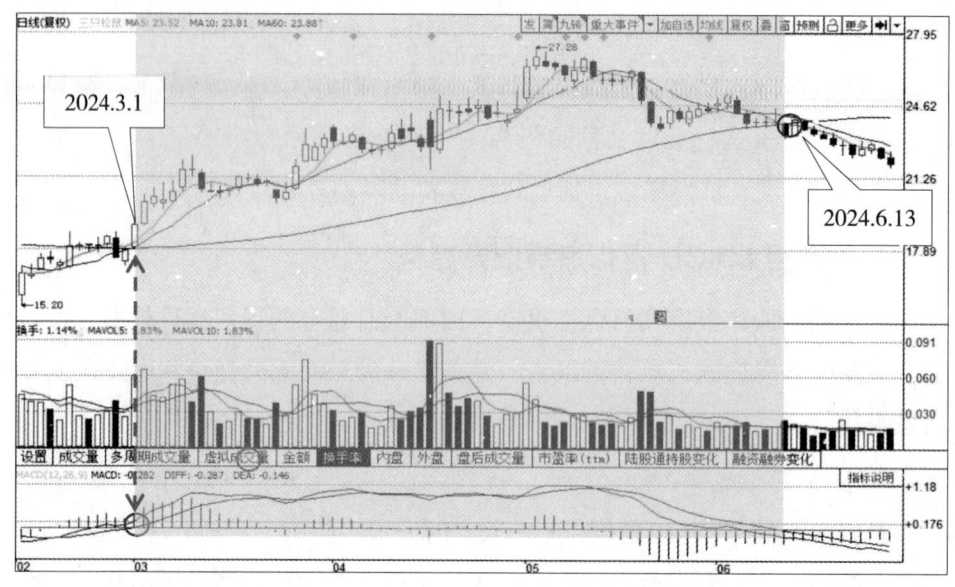

图 4-20　三只松鼠（300783）上升趋势走势图

如图 4-20 所示，三只松鼠的股价在 2024 年上半年启动了一波振荡上涨行情，MACD 指标也随之振荡攀升。2024 年 3 月 1 日，经过多日调整的股价 K 线向上突破了 60 日均线，且 60 日均线正处于上升趋势中，表示该股长期趋势向好。此时处于下跌趋势中 DIFF 快线遇 0 轴后拐头向上，MACD 柱线也同步向上拉升，这都说明此时股价已经进入了长期上升趋势，长线投资者可考虑买入该股并长期持有。

2024 年 6 月 13 日，该股股价跌破 60 日均线，同时 DIFF 快线也跌破了 0 轴，投资者可在此时卖出股票。此轮上升趋势持续了半年有余。

2. 中短线上升趋势识别

中短线上升趋势，是指股价在某一较短时间段内持续上升的一种趋势形态。与长线上升趋势相比，中短线上升趋势持续时间较短。

一只股票有没有进入中短线上升趋势，可通过以下几个指标进行判断。

（1）20日均线。

20日均线是一条涵盖了一个月（以交易日计算）股票收盘价均值的走势线，因而对股价中短期走势具有重要的支撑或阻力作用。一只股票处于或即将进入中短线上升趋势，需要满足以下三个条件。

第一，20日均线向右上方倾斜或自底部拐头向上。

第二，股价K线位于20日均线上方。

第三，股价回调未有效跌破20日均线。

（2）DIFF快线。

DIFF快线向右上方倾斜，即处于上升态势中。

（3）MACD柱线。

MACD柱线位于0轴上方，即呈红柱。

通常情况下，满足以上三个条件时，就可以认定股价处于中短线上涨趋势中。

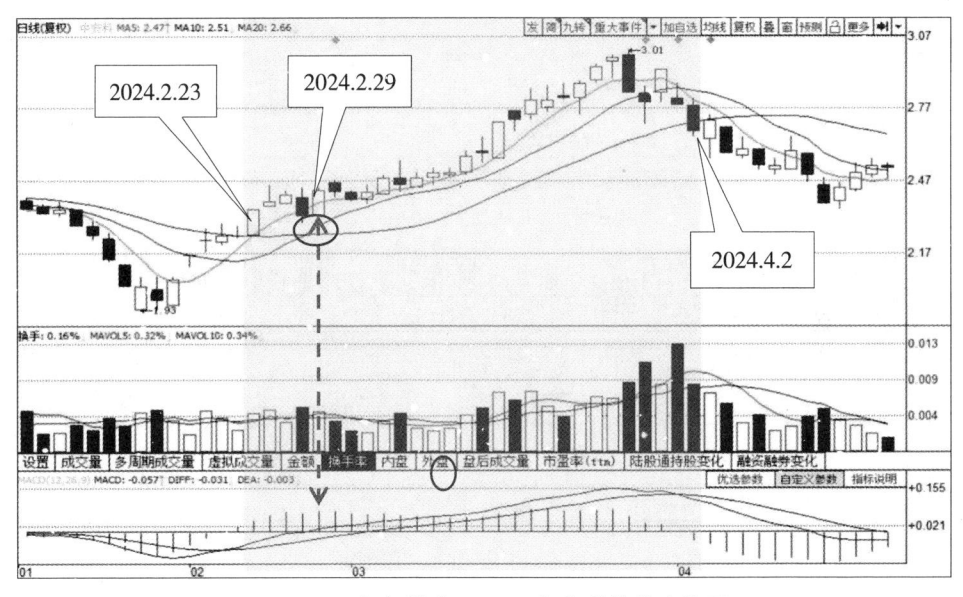

图4-21　中安科（600654）上升趋势走势图

如图4-21所示，中安科的股价在2024年上半年启动了一波振荡上涨行情，MACD指标也随之振荡攀升。2024年2月23日，经过多日调整的股价K线向上突破了20日均线，且从2月29日开始，10日均线向上穿越20日均线形成均线金叉，20日均线开始拐头向上，表示该股中短期趋势向好。此时处于横向盘整趋势中的DIFF快线拐头向上突破0轴，MACD柱线也同步向上拉升，这都说明此时股价已经进入中短期上升趋势，投资者可考虑买入该股。

2024年4月2日，该股股价跌破了20日均线。在此之前，MACD指标出现了高位死叉，但由于此时MACD指标仍位于0轴之上，投资者宜执行减仓或清仓操作。

喜欢超短线持股的投资者，可将20日均线换成10日均线，其他技术指标不变。这样投资者的持股时间更短，获利可能更高，不过也可能因为股价调整而错过某一段涨幅，如图4-22所示。

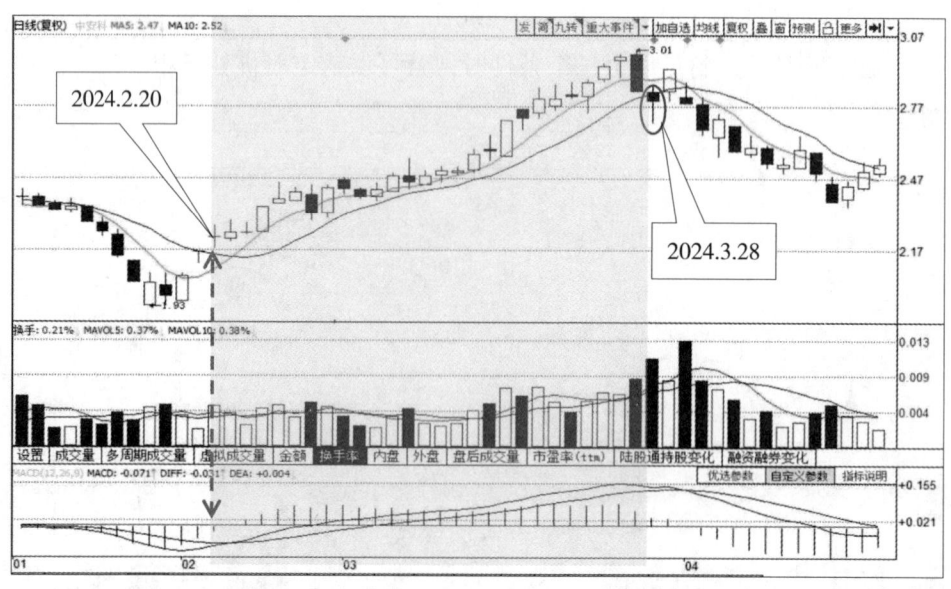

图4-22 中安科（600654）上升趋势走势图

从图4-22中可以看出，中安科的股价在2024年上半年启动了一波振荡上涨行情。2024年2月20日，股价K线向上突破了10日均线，且10日均线出现拐头向上形态，说明股价短线走势处于强势。与此同时，MACD指标的两条指标线由横向盘整状态转为多头发散排列，MACD柱线也快速向上拉升。至此，股价中短期上升趋势确立，投资者可于此时进场买入股票。

2024年3月28日，该股股价跌破10日均线，同时DIFF快线自上而下跌破 DEA 慢线形成死叉，投资者可在此时卖出股票。

## 二、利用 MACD 指标识别下降趋势

在我国股市现行规则下，股价处于下降趋势时，投资者无法从中获利，因此下降趋势中持币观望是最佳策略。但准确识别下降趋势的开始和结束，可以帮助投资者回避投资风险，保护本金安全。与上升周期相似，下降趋势也可以分为长线下降趋势和中短线下降趋势。

1. 长线下降趋势识别

长线下降趋势，是指股价在某一较长时间段内持续下跌的一种趋势形态。当然，股票一轮下跌行情能够持续多久，投资者不可能事先做出判断，但通过建立相关的技术参数组合，可以找到即将或正处于长线下跌趋势的股票，并远离这类股票。

一只股票有没有进入长线下跌趋势，可以通过以下几个指标进行判断。

（1）60 日均线。

一只股票处于或即将进入长线下降趋势，需要满足以下三个条件。

第一，60 日均线向右下方倾斜或自顶部拐头向下。

第二，股价 K 线位于 60 日均线下方。

第三，股价反弹未有效向上突破 60 日均线。

（2）DIFF 快线。

DIFF 快线位于 0 轴下方。

（3）MACD 柱线。

MACD 柱线大多数时间位于 0 轴下方，即呈绿柱的时间明显多于红柱。

通常情况下，满足以上三个条件时，就可以认定股价处于长线下跌趋势中。

如图 4-23 所示，襄阳轴承的股价在 2024 年年初出现了一波横向振荡行情。2024 年 1 月 23 日，经过多日调整的股价突然跳空大幅下跌，MACD 指标走出高位死叉形态。与此同时，该股股价还跌破了 60 日均线，说明该股有长线走弱的可能。1 月 26 日，股价向上突破 60 日均线未果。次日（即 1 月 29 日），60 日均线出现拐头向下态势，同时 MACD 指标线向下跌破了

0 轴。

此轮下跌持续了半年左右的时间，一直到 2024 年 8 月 20 日，股价才重新站到 60 日均线上方。

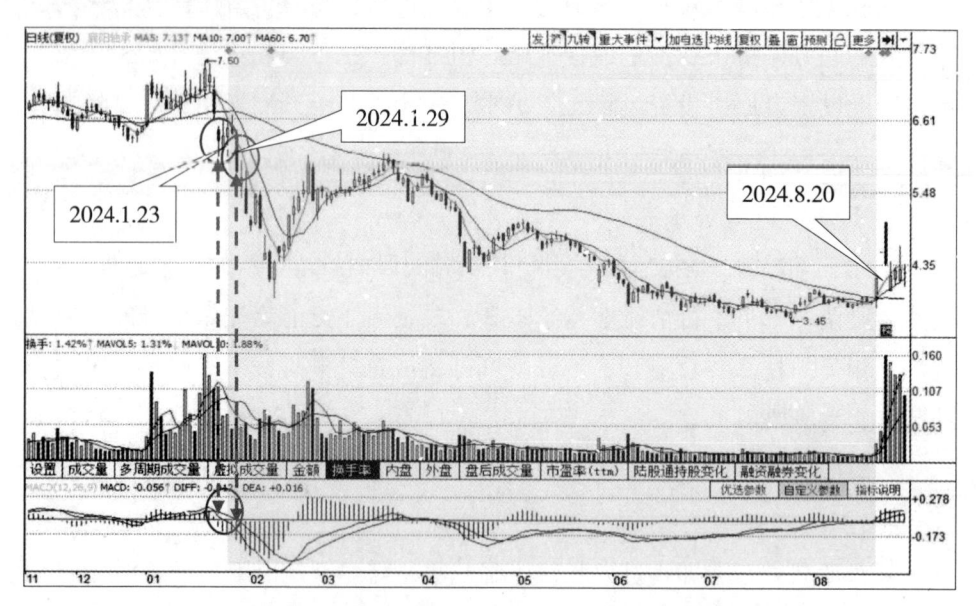

图 4-23 襄阳轴承（000678）下降趋势走势图

2. 中短线下降趋势识别

中短线下降趋势，是指股价在某一较短时间段内持续下跌的一种趋势形态。与长线下降趋势相比，中短线下降趋势持续时间较短。判断一只股票是否进入中短线下降趋势，可通过以下几个指标进行判断。

（1）20 日均线。

一只股票处于或即将进入中短线下降趋势，需要满足以下三个条件。

第一，20 日均线向右下方倾斜或自顶部拐头向下。

第二，股价 K 线位于 20 日均线下方。

第三，股价反弹未有效向上突破 20 日均线。

（2）DIFF 快线。

DIFF 快线向右下方倾斜，即处于下降态势中。

（3）MACD 柱线。

MACD 柱线位于 0 轴下方，即呈绿柱。

通常情况下，满足以上三个条件时，就可以认定股价处于中短线下降趋势中。

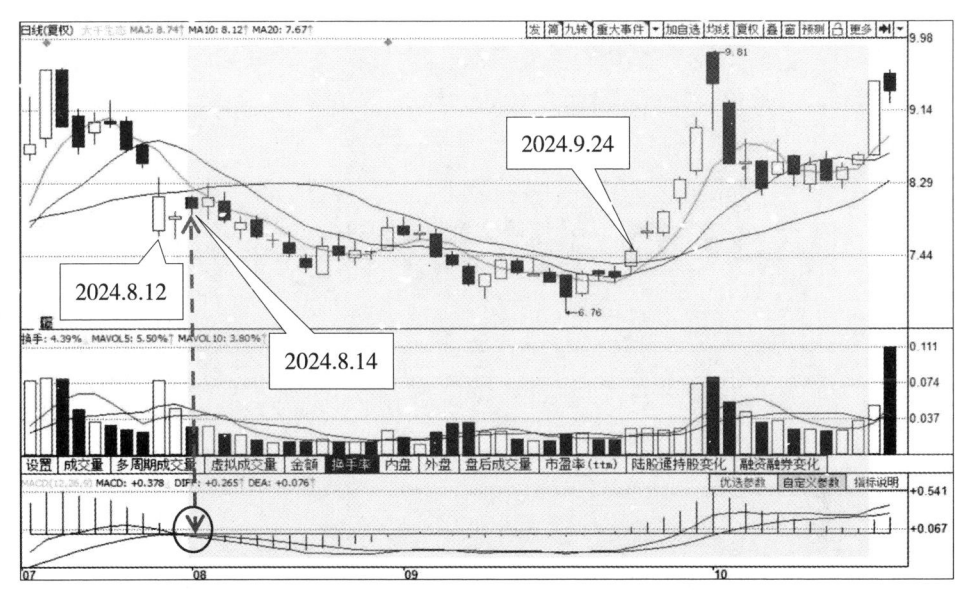

图 4-24　大千生态（603955）下降趋势走势图

如图 4-24 所示，大千生态的股价在 2024 年 7 月底出现了一波反弹行情。随后，从 2024 年 8 月开始，股价重新进入下降趋势，MACD 指标也随之振荡下降。2024 年 8 月 12 日，股价 K 线向下跌破了 20 日均线，且 20 日均线出现拐头向下迹象，说明该股中短期呈弱势；8 月 14 日，DIFF 快线率先跌破了 DEA 慢线，在 0 轴附近形成死叉，说明股价走势呈弱势，短线投资者可选择先卖出部分股票。

此轮下跌持续了一个多月的时间，其间该股股价曾出现反弹，但反弹至 20 日均线位置时，因受到均线的阻力再度下跌。一直到 2024 年 9 月 24 日，股价才重新站到 20 日均线上方。

# 第五章

# MACD 指标辅助分析系统

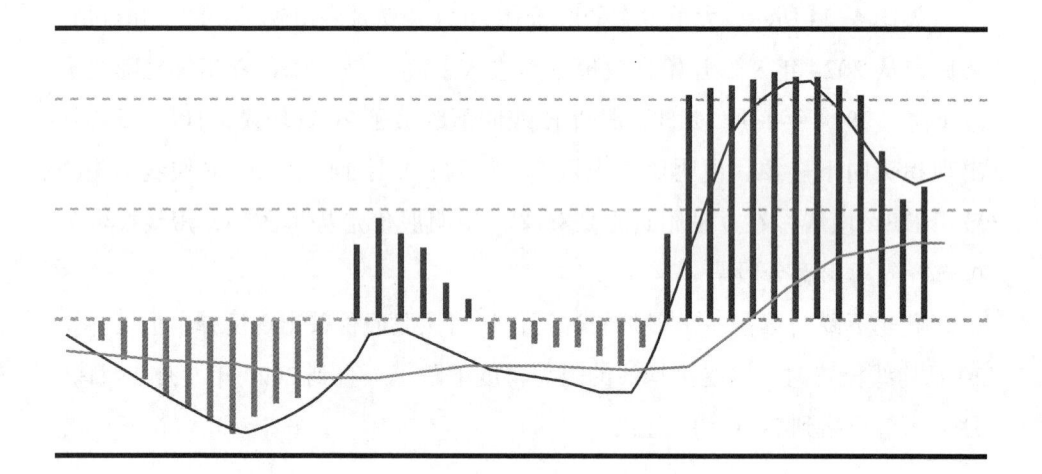

单独技术指标发出的交易信号,必然会涉及准确性的问题,MACD指标也不例外。通过将MACD指标与其他技术指标结合分析,无疑可以大大强化MACD指标交易信号的准确性。

# 第一节 成交量辅助系统

成交量是市场供需关系的一种量化表现,是指在单位时间内达成交易的总量。在技术分析领域,常有"量在价先"之说。利用MACD指标判断股票交易点位时,成交量系统也是非常重要的辅助参考指标之一。

## 一、成交量基础分析:放量与缩量

成交量分析中,最基础的就是放量与缩量。在每日股票交易过程中,成交量不可能总是保持相同,因而多数情况下不是缩量就是放量。在不同的交易环境下,放量与缩量往往蕴含了不同的交易含义。

1. 缩量

缩量,即成交量逐期缩减的一种成交量组合形态,如图5-1所示。

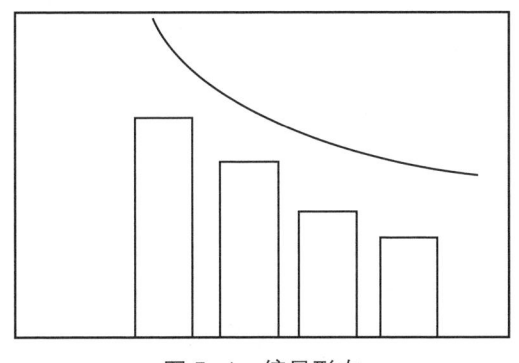

图5-1 缩量形态

出现缩量走势,表明大部分投资者交易意愿不强,持股者不愿意卖出,持币者不愿意入场。缩量形态在上升趋势和下跌趋势中出现的时机不同，意义也有所区别。

第一，上升趋势中缩量，称为量缩价涨或价升量减、缩量上涨，是指在成交量萎缩的情况下，股价反而出现较大涨幅的量价背离现象。股价上升启动前期，若成交量出现缩量状态，说明主力控盘程度较高，散户卖出意愿不强，该时段的缩量上升很可能是主力锁仓拉升形成的，未来股价继续上攻的概率极高。在一段较长时间的上涨之后，股价往往已经处于高价位区间，此时如果股价不断创出新高，而成交量却未能跟上，就在技术面上形成了量缩价涨的背离现象。这通常是行情难以持续的反转信号，投资者应保持警觉，最适宜的操作是趁势减仓。

第二，下降趋势中缩量，又称为量缩价跌或缩量下跌、价量齐跌，是指在成交量萎缩的同时，股价也同步出现下跌的量价配合现象。

在下跌初期或途中，如果股价走势因为成交量的递减而下跌，是十分正常的现象，表示股价将持续下跌。通常在下跌之后，上方卖压减轻，股价会进入短暂的反弹周期，但是整体向下的趋势基本是确定的。

在低价位区域或股价经过较长时间下跌之后出现量缩价跌，表明空方力量正在逐渐减弱，是止跌回升的先兆。而且在深度下跌之后，量价关系有可能演化成"地量地价"。

2. 放量

放量，即成交量逐期放大的一种成交量组合形态，如图 5-2 所示。

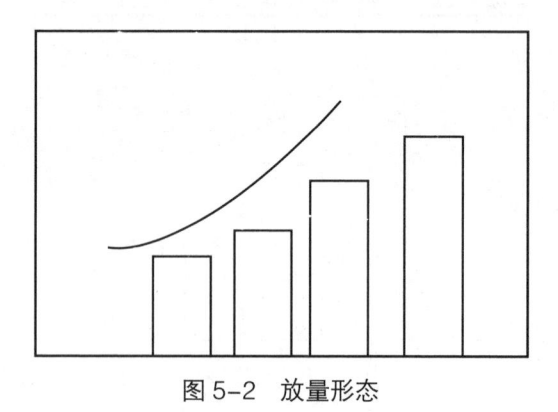

图 5-2 放量形态

出现放量，表明大部分投资者交易意愿较强，持股者愿意卖出，持币者也愿意入场。放量形态在上升趋势和下跌趋势中出现的时机不同，意义也有所区别。

第一，上升趋势中放量，称为量增价涨，或价量齐升、放量上涨，是指在成交量放大的同时，股价也在同步上涨的量价配合现象，量增价涨为市场行情的正常特性。在上涨初期或上涨途中出现量增价涨，说明市场上多方力量强劲，投资者可及时跟进，大胆追涨。当量增价涨现象出现在高价位区域或是大幅上涨之后，极有可能是庄家在对敲出货；如果市场过于狂热，则有可能演化成"天价天量"，这时持币的投资者不宜介入。

第二，下降趋势中放量，又称为量增价跌，是指在成交量放大的同时，股价反而出现较大幅度下跌的量价背离现象。

在下跌行情初期出现量增价跌，表示股价经过一段较大幅度的上涨之后，已经处于高价位区域，市场上的获利筹码越来越多，于是投资者纷纷抛出股票，兑现盈利，股价开始下跌，这是强烈的卖出信号。

当股价在深度下跌之后正处于低价位区域，这时出现量增价跌，即股价与成交量出现了底背离的情况，表明股价离真正的底部已经不远了，是一种潜在的反转信号。

下面来看一下嘉必优的股价走势情况。

如图5-3所示，2024年1月下旬，嘉必优的股价K线持续走低，而此时的成交量却呈现放量态势。鉴于股价已经下跌了一段时间，此时放量很可能属于主力资金进场的一个信号。此后该股股价振荡上升，股价与成交量基本维持了放量上升、缩量回调的运行模式。特别是在4月底5月初，股价出现大幅上攻，成交量也随之大幅放大。到了5月6日，该股股价创下阶段高点，当日成交量却呈现萎缩态势，说明股价与成交量之间存在高位背离的情况，股价未来走势预期不佳。此后，随着成交量持续萎缩，股价也开始了回落。

从以上案例可以看出，在大部分时间里，股价与成交量之间基本维持了量增价涨、量缩价跌的态势。若二者之间出现不同步的情况，则可能属于股价即将出现某种变化的时刻。

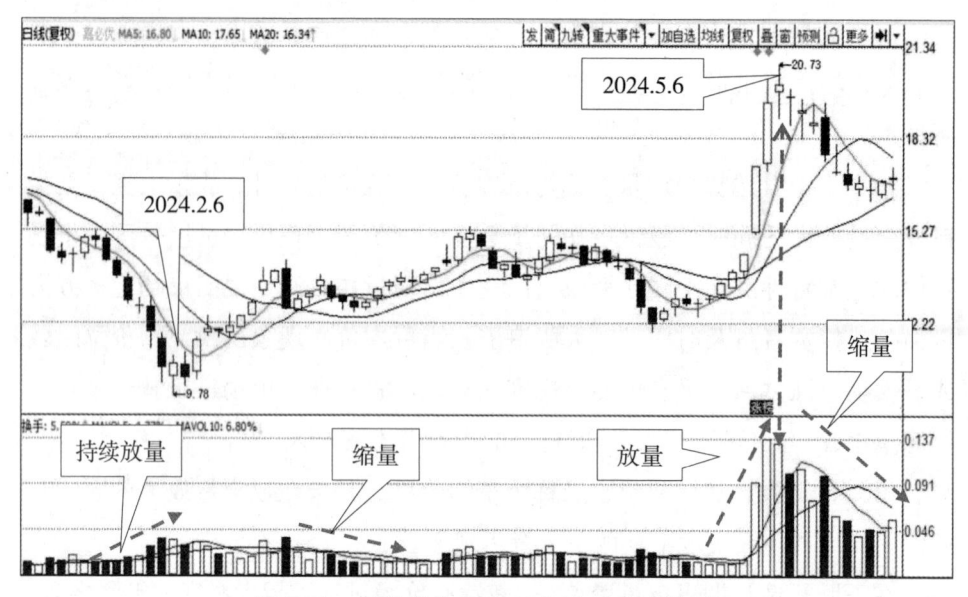

图 5-3　嘉必优（688089）日 K 线走势图

## 二、成交量确认价格变化

确认价格变化，是成交量指标最重要、最核心的作用。股价到达某一位置时，如果成交量出现放大态势，也就意味着买卖双方在此位置达成了共识，未来会有更多的人在此位置进行买入或卖出交易，股价很可能还会延续当前的运行态势；反之，如果成交量极度萎缩，则说明买卖双方分歧较大，没有人愿意买入或卖出股票，股价未来转向的可能性较大。尤其是当股价对某一重要阻力位或支撑位进行突破时，成交量的配合就显得更为重要了。通常来说，当股价向上突破某一重要阻力位时，需要成交量的放大相配合；而跌破某一支撑位时，没有成交量的放大尽管也可以确认，但若成交量出现了放大，则更可以确认跌破的有效性。

下面来看一下世华科技的案例。如图 5-4 所示，世华科技的股价在 2024 年 9 月初出现了一波下跌走势，成交量先是持续萎缩，之后反向开始放大，说明随着股价走低，开始有主力资金介入，投资者需要保持关注。

进入 9 月下旬后，在大盘暴涨的带动下，世华科技的股价也随之上扬。9 月 27 日，该股股价来到前期高点附近时，因受其阻力而冲高回落。观察当日成交量可以发现，尽管当日股价上涨，但成交量却出现了萎缩。面对上方

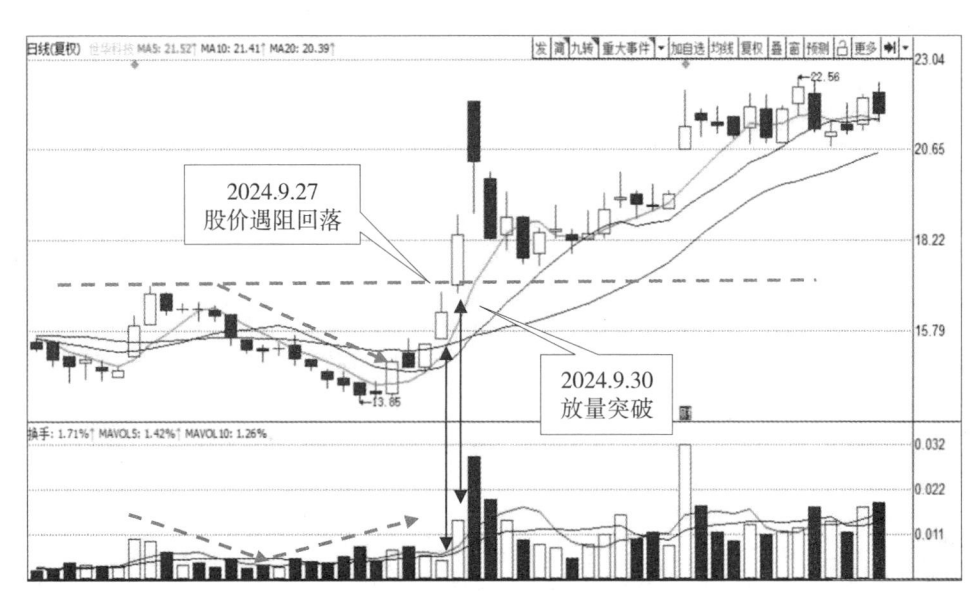

的强阻力位，没有成交量的放大相配合，是不可能突破成功的。

图 5-4　世华科技（688093）日 K 线走势图

9 月 30 日，在大盘大涨的带动下，该股股价也迎来了久违的大涨，成交量同步出现明显放大，一举突破了前期高点这一阻力位。此后，该股股价再也没有回落到前期高点下方，这也印证了此次突破的有效性。

## 三、成交量确认 MACD 指标突破 0 轴

按照 MACD 指标的经典用法，当 MACD 指标线自下而上突破 0 轴时，意味着整个市场多空力量的对比发生了逆转，多方开始占据主导地位，股价未来上升的概率要远远大于下跌的概率。不过，在有些情况下，MACD 指标只是稍稍向上越过了 0 轴，而后立即又重新进入了下行通道，这就会给投资者带来很大的困惑。

若将成交量分析与 MACD 指标突破 0 轴相结合，可大大增强判断突破信号的有效性。其分析要点如下。

第一，股价自低位上扬或经过盘整后，逐渐开始显露上攻迹象。与此同时，MACD 指标线来到 0 轴附近，并开始出现拐头向上的态势。

第二，在 MACD 指标向上突破 0 轴时，成交量同步出现了放大态势，最好能够放大数倍以上，更可增强突破的有效性。

第三，MACD 指标完成对 0 轴的突破时，股价 K 线若能同步突破某些重要阻力位，则可进一步提升突破的有效性。

下面来看一下安达智能的案例。

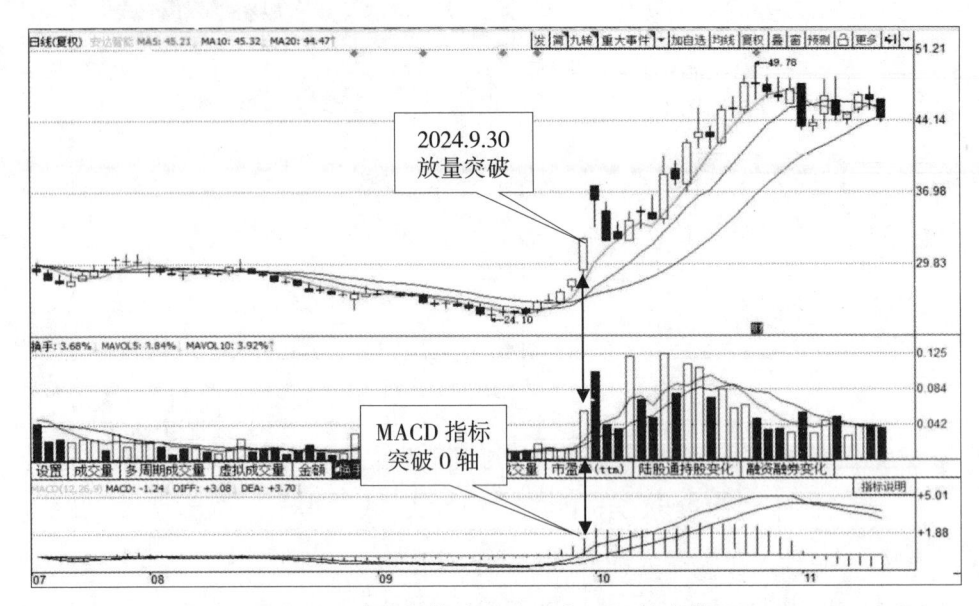

图 5-5　安达智能（688125）日 K 线走势图

如图 5-5 所示，安达智能的股价在 2024 年 8 月到 9 月期间出现了振荡下跌态势，与此同时，MACD 指标也同步振荡走低。进入 9 月下旬后，该股股价出现了小幅走高态势，与此同时，MACD 指标同步走高。

2024 年 9 月 30 日，该股股价大幅走高，各条均线呈现多头发散排列，这属于典型的看涨形态。此时 MACD 指标向上突破 0 轴，成交量同步放大了若干倍，更可印证对股价走高的判断。

## 四、成交量确认 MACD 指标低位金叉

通常来说，当 MACD 指标出现黄金交叉时，股价都可能迎来一波上升走势。当 MACD 指标金叉位于 0 轴下方时，往往意味着该金叉的成色有些不足，投资者不宜贸然入场或加大仓位。而从另一个角度来看，若 MACD 指标出现低位金叉时，成交量出现了较大程度的放量，则可强化买入信号的有效性。

其分析要点如下。

第一，股价经过一段时间的深度下跌后，出现触底反弹态势，MACD指标在距离0轴较远的位置呈现了黄金交叉形态。

第二，在MACD指标出现黄金交叉时，若成交量出现了规模较大的放大（2倍以上），则可增强买入信号的有效性，投资者也可以考虑在MACD指标突破0轴前小幅入场。

下面来看一下国缆检测的案例。

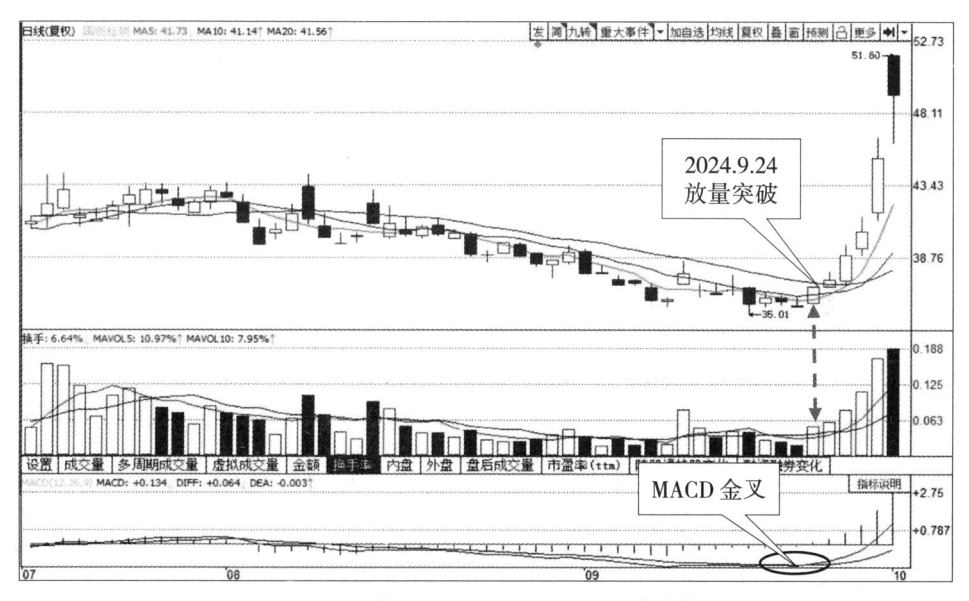

图5-6 国缆检测（301289）日K线走势图

如图5-6所示，国缆检测的股价在2024年上半年出现了一波振荡下跌走势，MACD指标也随之振荡走低，并进入0轴下方区域。到了9月份，该股股价出现止跌迹象，而MACD指标此时距离0轴已经很远了，说明此时空方实力仍旧较强，投资者不宜入场。

9月24日，在大盘暴涨的带动下，国缆检测的股价快速放量上攻，成交量比前一个交易日放大了数倍之多。与此同时，MACD指标在0轴下方较远的位置走出了低位黄金交叉形态。尽管交叉点距离0轴较远，但考虑此时成交量出现了较大程度的放量，且股价K线也完成了对10日均线的突破，投资者可考虑入场建仓。

此后，该股股价在大盘上攻的带动下一路走高。

# 第二节　均线系统

移动平均线，简称均线，英文简称为 MA。该指标是以"平均成本概念"为理论基础，采用统计学中的"移动平均"原理，将某一段时间内的股价平均值画在坐标轴上连成曲线，用来显示股价的历史波动情况，进而反映股价未来的发展趋势，为投资者提供操作依据，如图 5-7 所示。

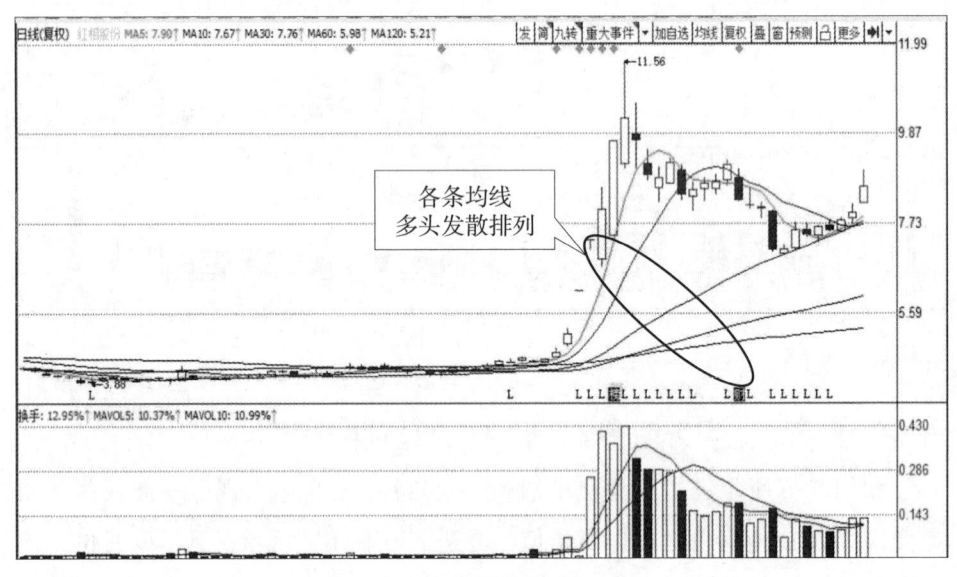

图 5-7　移动平均线（MA）

根据周期参数的长短，均线可以分为短期均线、中期均线、长期均线。

1. 短期均线

短期均线中最常用的是 5 日均线和 10 日均线，分别代表一周和两周的平均价。短期均线揭示了市场的短期振荡，投资者可以以此作为短线买卖的依据。

2. 中期均线

中期均线中最常用的是以 20 日、30 日和 60 日为计算周期，20 日均线代表一个月（4周）的平均股价，在中短线操作时常被用到；30日均线和60日均线（季线）的波动更具稳定性，指出了市场的中期波动方向，是投资者中线操作的重要依据。

3. 长期均线

长期均线中最常用到的是120日均线和250日均线。250日与股市一年的开市时间相差不多，因而常称为年线；而120日一般代表了半年的周期，因而常称为半年线。长期均线指明了行情的长期趋势，具有相当高的稳定性。

## 一、均线的三大核心效用

在投资分析领域，均线指标占有重要的地位，其核心效用概括来讲，主要包含以下三个方面。

1. 趋势识别

趋势识别是均线指标最主要的一个功能。由于均线指标利用平均数概念消除了股价不规则的偶然变动，因而其对股价整体运行趋势的把握较为准确和及时。

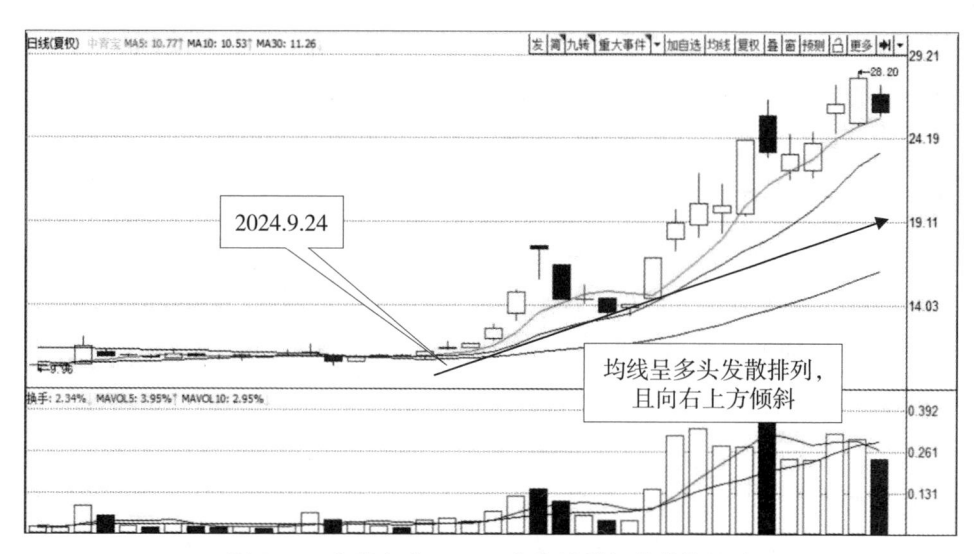

图 5-8　中青宝（300052）均线指标的趋势运动

如图 5-8 所示，中青宝的股价自 2024 年 9 月 24 日开启快速上攻走势，均线指标也随着股价的振荡而逐步走高。股价在均线上方运行，且均线呈多头发散排列，并向右上方倾斜，说明股价正处于上升趋势中，投资者可放心持股。

顺势操作是所有投资者的共识，认清股价运行所处的趋势，并准确地把握趋势，是每位投资者应该具备的关键能力。均线指标中短期均线与中期均线、长期均线交叉、位置交替以及黏合与发散等，都可显示出股价运行趋势的变化。不过，这种趋势有些属于短线运行趋势转向，有些则属于中长线运行趋势变化。通常情况下，出现下列情形，意味着股价处于或即将进入上涨趋势中。

第一，股价 K 线自下而上携量突破均线，且均线呈多头发散排列。

第二，股价出现回调时，短期均线随之下行，并在遇到中期均线支撑后重新上升，说明股价上行趋势没有改变。

第三，短期均线自下而上穿越中期均线、长期均线，且股价 K 线位于短期均线上方，说明股价即将启动一波上升走势。

当股价处于下跌趋势时，均线指标表现出的特征与上述情形刚好相反。

2. 多空力量判断

众所周知，股价上涨或下跌是多空双方争斗的结果，多方占据主动，则股价上涨；空方占据主动，则股价下跌。任何一方都不可能一直处于强势领导地位，当一方力量衰减时，另一方就有可能趁势出击，夺取股价的主导权。正因如此，投资者如果能准确掌握多空力量的变化，就会更加准确地预测未来股价运行的趋势，而均线指标的每条均线，都是多空力量的分界线。

如图 5-9 所示，日出东方的股价经过一段时间的横向盘整后，于 2024 年 11 月 4 日向上突破多条均线，此后股价 K 线一直在均线上方运行，说明股价高于大多数投资者的成本。也就是说，买入该股的大多数投资者都处于盈利状态。这种状态说明多方已经占据了优势地位，未来股价继续上涨的概率非常高。

均线指标中，每条均线都是多空力量强弱的分界线，即短期均线是一条短期内多空双方力量对比的分界线；长期均线是一条在较长周期内多空双方力量对比的分界线。通常情况下，出现下列情形，意味着多空力量将要发生变化。

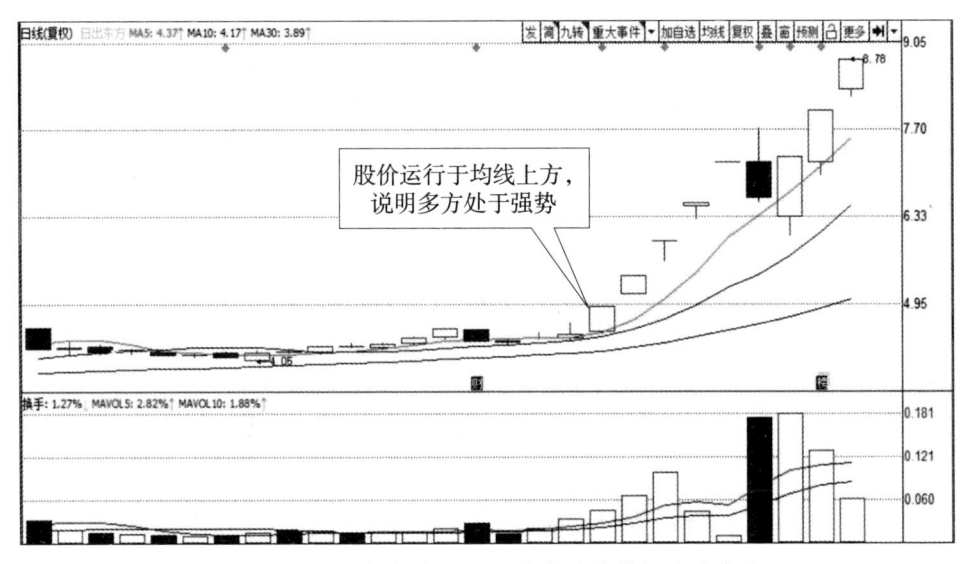

图 5-9　日出东方（603366）的均线指标多空变化

第一，股价运行于均线上方，说明多方呈强势。一旦股价自上而下跌破均线，说明股价由多方主导变为空方主导。

第二，股价运行于均线下方，说明空方呈强势。一旦股价自下而上突破均线，说明股价由空方主导变为多方主导。

第三，股价运行于均线上方，距离均线越远，说明多方实力越强大；反之，股价运行于均线下方，距离均线越远，说明空方实力越强大。

3. 买卖点预判

与其他技术指标相似，寻找股票最佳买卖点，也是均线指标最主要的作用之一。相对于其他技术指标，均线指标由于与 K 线走势同步，因而其发出的买入与卖出信号更加及时。

如图 5-10 所示，2024 年 9 月 19 日，国城矿业的股价经过一段时间的振荡调整后，突然启动上涨。此时均线指标呈向右上方倾斜的态势，且短期均线也开始运行于中长期均线上方，说明股价运行态势较强，股价未来走高的可能性较大。9 月 24 日，股价 K 线一举向上越过多条均线，且当日成交量比前一交易日放大了数倍，说明此时就是一个较佳买点，投资者可在当日买入该股。

通常情况下，出现下列情形，意味着出现较佳的买点。

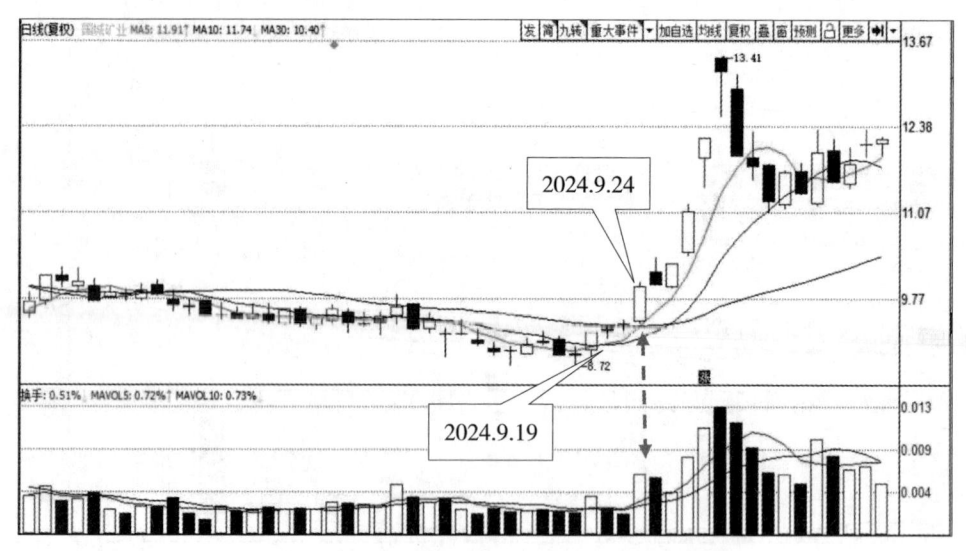

图 5-10　国城矿业（000688）的买卖点研判

第一，短期均线与中长期均线出现黄金交叉，意味着较佳买点出现。并不是所有的交叉都意味着可以买入股票，只有股价运行于均线上方，且均线开始拐头向上或向右上方倾斜时，才被认为属于较佳买点。

第二，股价向下跌破均线，尤其是中长期均线，同时短期均线与中长期均线呈现死亡交叉，意味着卖点出现。为了保护好本金安全，投资者需要对每个到来的死叉采取相应的减仓动作，当富有质量的死叉出现时，应该坚决清仓。

## 二、30 日均线与 MACD 指标金叉

MACD 指标低位出现多次金叉与死叉，最后一次出现金叉时，如果 30 日均线拐头向上，说明筑底完成。

### 1. 30 日均线的交易含义

30 日均线属于中期均线的技术范畴，是股价或指数近 30 天的平均收盘价。通过 30 日均线，能够知道如何把握波段收益，规避波段风险，也能够分析出是否有庄家入驻或出货。

30 日均线往往是大盘或者个股中线行情的生命线，是波段强弱的分水岭。30 日均线之下的股票就像麻雀，不可能远走高飞；30 日均线之上的股票就像雄鹰，具有展翅高飞的能力。每当一波上涨行情结束，大盘指数向下跌破

30日均线时，往往会产生一波中期下跌行情；每当一波下跌行情结束，大盘指数向上突破30日均线时，往往会产生一波中期上涨行情。此外，30日均线具备较强的趋势性，上升或下跌趋势一旦形成，短期内很难改变。概括起来说，30日均线对股价走势的影响包括以下几点。

（1）股价与30日均线双双上升或下降。

如果股价和30日均线皆呈现上升趋势，表明上涨行情仍在继续，投资者可适度追涨。如果股价和30日均线皆呈现下降趋势，表明下跌行情仍在继续，投资者应坚决空仓。

（2）30日均线由走平到拐头。

30日均线处于低位并开始走平时，可能是主力进场建仓的信号。当30日均线由走平开始向上翘头时，表明主力建仓基本结束，中期趋势向好，投资者可大胆买入。当股价上涨到一定高度后，如果30日均线有走平迹象，说明股价滞涨，有可能是庄家刚开始出货，此时持股者可以先卖出部分股票；如果之后30日均线掉头向下，投资者应毫不犹豫地清空仓位。

（3）股价突破30日均线是最佳买卖点。

在低价位区间，股价自下而上突破30日均线，往往是中长线最佳买入点；在高价位区间，股价自上而下跌破30日均线，往往是中长线最佳卖出点。股价向上突破30日均线时，必须要有成交量的放大配合，否则买入信号的可靠性会降低。有时股价完成向上突破后，会回抽到30日均线附近进行确认，如果股价收于30日均线下方，说明此次突破是假突破，前期买入的投资者应果断止损；如果股价没有重新回归30均线以下，则证明突破有效，投资者可以在股价再次企稳回升时加仓买入。

（4）股价回调不破30日均线。

在上升趋势中，30日均线是庄家的护盘线，股价回档却没能跌破30日均线，且成交量明显萎缩，则股价再度上涨时，是较佳的买入时机。在下跌趋势中，30日均线是较强的阻力线，股价反弹没能突破30日均线，那么股价再度下跌时，是较好的卖出时机。一般情况下，股价冲过30日均线后，至少要回调至30日均线处一次。

## 2. 30日均线与MACD指标组合

30日均线对股价运行趋势具有重要的指示作用，而MACD指标金叉，则可在30日均线发出趋势向好的前提下，帮助交易者捕捉波段买入信号。

MACD指标金叉+30日均线拐头的操作建议如下。

第一，股价在底部区域出现盘整走势，期间MACD指标多次出现金叉与死叉，表明此时仍属于筑底阶段。

第二，MACD指标出现金叉后，DIFF快线继续上攻，无意回调时，若30日均线同时拐头向上，则意味着股价即将启动上涨。

第三，若30日均线拐头，MACD指标同步出现金叉，此时为最佳买点；若30日均线拐头时，MACD指标呈多头发散状态，可直接追涨买入；DIFF快线与DEA慢线能够自下而上突破0轴时，则属于该股的加仓点。

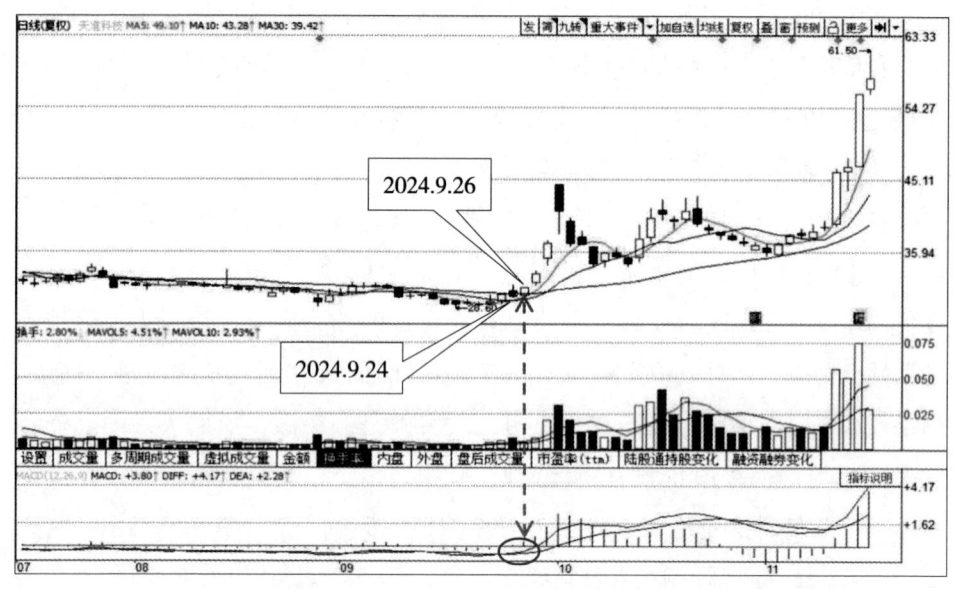

图5-11 天准科技（688003）MACD指标与30日均线组合走势图

如图5-11所示，天准科技的股价在2024年年中出现了振荡筑底迹象，MACD指标在0轴下方多次出现金叉与死叉形态，说明股价正在选择未来的突破方向。

2024年9月24日，DIFF快线向上突破了DEA慢线，形成黄金交叉。此时30日均线由下倾转为放平，说明股价有企稳向好的可能，投资者可于次日少量买入该股。

2024年9月26日，股价K线完成了对30日均线的突破，此时30日均线出现拐头向上迹象，投资者可在此时加仓买入该股。

### 三、MACD指标与均线金叉共振

当MACD指标的两条指标线都处于上升状态中，如果DIFF线从下向上突破DEA线，形成金叉，均线系统几乎同时也形成了金叉，这种双金叉走势，表示场外投资者正在进场，是较为可靠的买入信号。

1. 均线金叉

均线黄金交叉简称均线金叉，是指周期较短的均线由下而上穿过周期较长的均线，而且这两条均线方向都是向上的。均线金叉代表阻力线被向上突破，股价将继续上涨，通常是买入信号。

投资者根据均线黄金交叉进行操作时，应该注意以下几点。

第一，短期均线上穿上升中的长期均线，形成黄金交叉，投资者可以在金叉形成的当天果断买入。

第二，均线形成金叉时，周期较长的均线应该是向上的。如果该均线走平或向下，则是一个虚假的金叉，不能视为买入信号。

第三，周期越长的均线，发出的金叉信号指引的交易周期越长。如果周K线图或月K线图上的均线出现金叉，中长期投资者可以考虑买进。

第四，两条交叉的均线上倾的角度越大，均线周期越长，看涨信号越强烈。

第五，两条周期较长的均线发生金叉时，如果股价在交叉点上方附近，投资者可以适量买入；如果股价远离均线，随后可能会出现小幅调整走势，投资者可在股价回调至均线附近受到支撑回头时，再执行买入操作。

下面来看一下陕西金叶的案例。

如图5-12所示，2024年9月，处于整理走势中的股价开始反弹，从而带动5日均线、10日均线向上移动。2024年9月24日，5日均线上穿了处于上升状态的10日均线。与此同时，该股股价K线位于黄金交叉点的上方，成交量也放大了数倍，这属于比较明确的买入信号，投资者可考虑于此时买入该股。

## MACD指标：波段交易技术精解

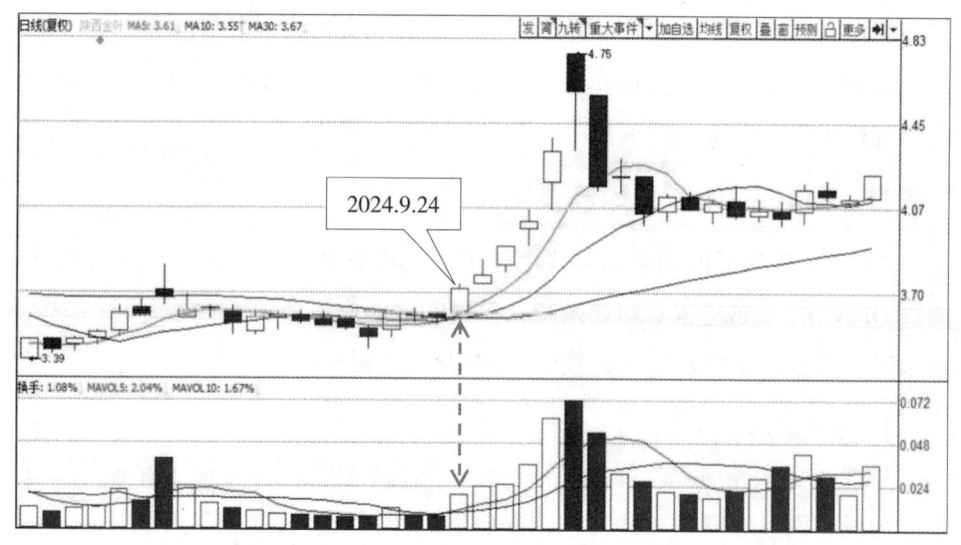

图 5-12　陕西金叶（000812）日 K 线走势图

其后该股股价一路上行，由此可见黄金交叉发出的信号准确性较高。

### 2. MACD 指标与均线双金叉

MACD 指标与均线双金叉的具体操作要点如下。

第一，MACD 指标的金叉应该出现在 0 轴附近位置，不宜距离 0 轴过远。

第二，均线金叉以 5 日均线向上穿越 10 日均线为宜，同时成交量也应该同步出现温和放大态势。

第三，中长期均线如 30 日均线，应该呈现放平或拐头向上运行态势。

下面来看一下亚盛集团的案例。如图 5-13 所示，亚盛集团的股价经过一段时间的横向盘整之后，在 2024 年 9 月下旬开始进入上升通道。

2024 年 9 月 24 日，该股股价在前一交易日小幅调整的基础上收出一根大阳线。与此同时，5 日均线向上突破了 10 日均线，形成低位黄金交叉形态，MACD 指标也在此时形成了黄金交叉形态，且交叉点位于 0 轴上方附近。鉴于此时股价刚刚启动，且股价 K 线并未远离均线，投资者可考虑积极入场交易。

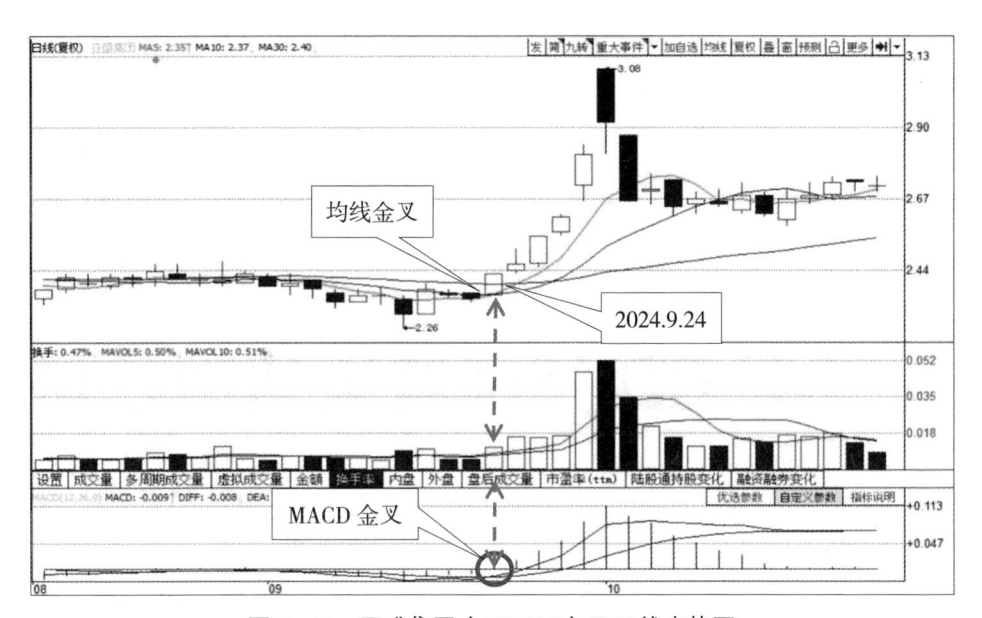

图 5-13　亚盛集团（600108）日 K 线走势图

第六章

# MACD 指标波段追涨技法

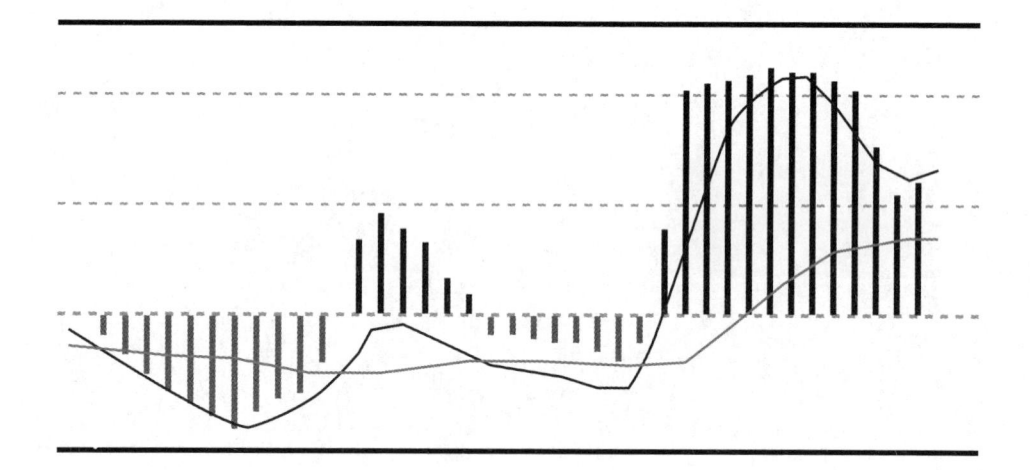

波段操作的核心在于准确找到股价上升的阶段，尤其是上升势头最猛的阶段。识别并捕捉股价上升最迅猛的一波，是投资者入场交易并快速获利的重要法宝。

# 第一节　MACD 指标强势追涨技法

强者恒强，是股市中永恒的法则。追踪强势股上升最为迅猛的阶段，是波段追涨的核心要旨。

### 一、DIFF 线拐头与 MACD 指标线急速拉升

DIFF 线是 MACD 指标系统中反应最为灵敏的一条曲线，当其拐头急速上行时，往往就是股价上攻最迅猛的时刻。

股价经过一段时间的盘整后出现启动迹象，与此同时，MACD 指标中的 DIFF 线拐头向上，MACD 柱线出现急速大幅拉升形态，意味着股价短线强攻已经启动，属于典型的短线强势看涨信号。

如图 6-1 所示，天利科技的股价经过多日盘整后，于 2024 年 9 月 27 日放量上攻，并以涨停报收。与此同时，DIFF 线拐头向上，MACD 柱线同步急速大幅拉升，这属于典型的短线买入形态。

结合图 6-1 的情况可以看出，DIFF 线与 MACD 柱线急速拉升的操盘要点如下。

第一，股价经过一段时间的横向盘整，MACD 指标线开始出现黏合形态，这是股价即将选择突破方向的形态。

第二，股价启动前，MACD 指标应运行于 0 轴上方，表明整个市场仍处于多头主导的行情中。

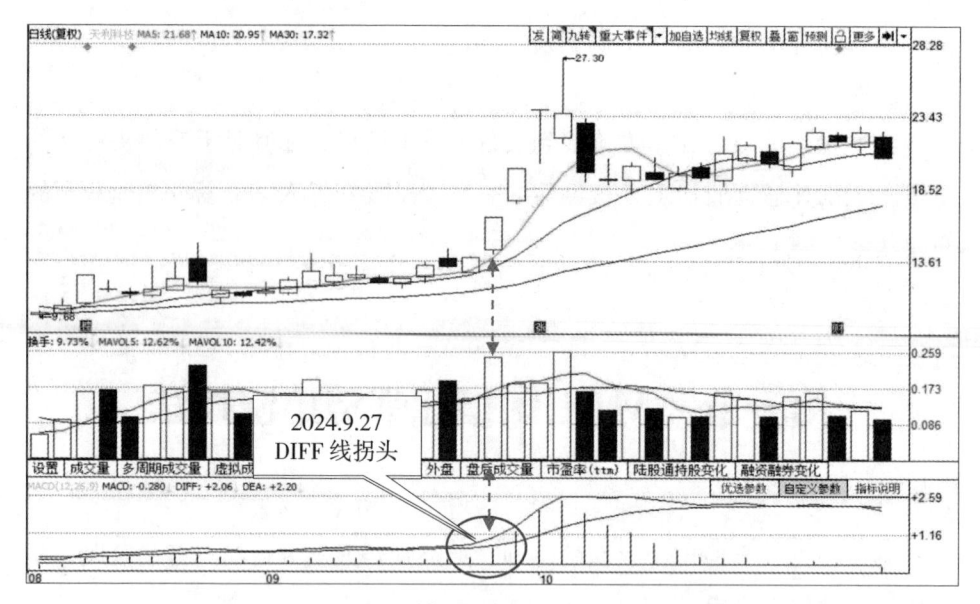

图 6-1　DIFF 线拐头与 MACD 柱线急速拉升

第三，股价启动，DIFF 线拐头向上时，拐头幅度越大，MACD 柱线拉升幅度越大，说明股价上攻越急，短线上涨的幅度越大。

第四，股价启动上攻时，成交量同步放量，是股价上攻的必要条件。

一般来说，这类股票涨势比较急，投资者介入时，股价都已经出现了一定的涨幅，因而参与交易的风险也是很高的。投资者介入时必须控制好仓位，一旦 MACD 柱线出现"缩头"迹象，应立即减仓或清仓，MACD 指标高位死叉则是最后的清仓点。

下面来看一下兰生股份的案例。如图 6-2 所示，兰生股份的股价自 2024 年 9 月初启动上攻，其后该股股价进入横向盘整区间。MACD 指标同步上升至 0 轴上方后出现横向靠近迹象，说明股价正在选择突破方向，投资者还需继续等待。

2024 年 9 月 27 日，兰生股份的股价放量上攻，与此同时，DIFF 线拐头向上，MACD 柱线同步急速大幅拉升，这属于典型的短线买入形态，投资者可立即追涨买入，不过必须将仓位控制在较低的水平。

其后，该股股价出现连续大幅上攻的走势。

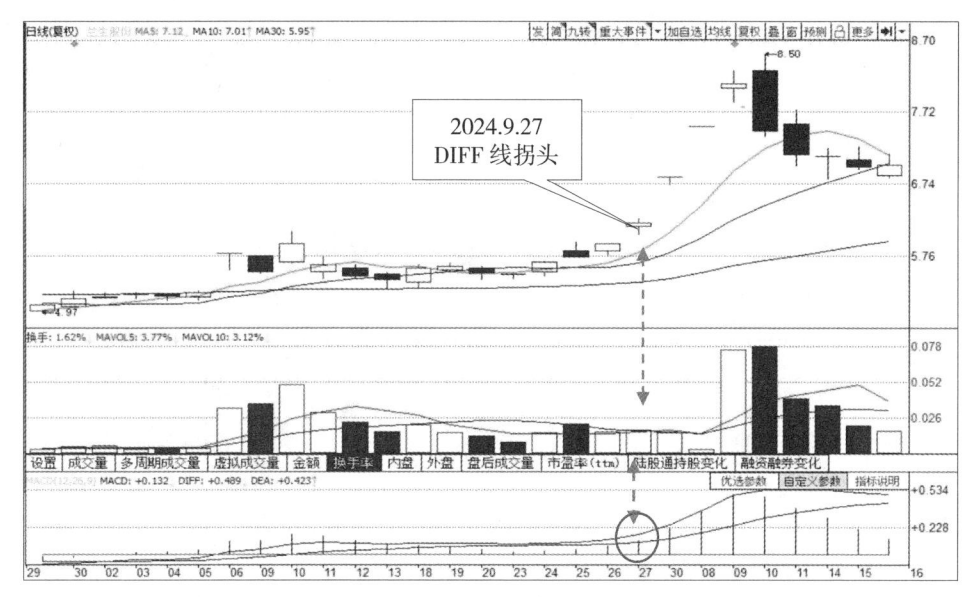

图 6-2　兰生股份（600826）MACD 指标走势图

## 二、MACD 指标二度金叉擒牛股

很多强势股的上攻之路都不是一帆风顺的，而是经由几个波段的拉升完成的。在两次拉升的空窗期内，股价势必出现回调与振荡整理，这是强势股拉升一般都要经历的过程，也是主力清洗浮筹和短线获利盘的必然选择。

从捕捉二次拉升强势股的角度来看，股价经过一波拉升后出现调整走势，而后再度起飞，在盘面上，尤其是 MACD 指标系统，总是能发出一些比较有特色的交易信号（高位双金叉就是一个典型的特色信号）。投资者捕捉到这些信号，就能更容易地找到股价波段的起涨点。

二度交叉猎杀强势股，是指当 MACD 指标中的 DIFF 快线与 DEA 慢线连续两次形成黄金交叉时，预示股价将会发动一波快速上涨行情。很多涨停股在启动前，也会出现 MACD 指标二度金叉的形态。

如图 6-3 所示，凯文教育的股价在 2024 年 8 月到 9 月期间，曾经二度出现黄金交叉形态，意味着股价即将启动一波强势上升行情。

二度金叉猎杀强势股的具体要求如下。

第一，DIFF 快线与 DEA 慢线两次形成黄金交叉时，必须全部位于 0 轴上方，说明多方一直占据主导地位，股价调整只是启动前的洗盘操作。

**MACD 指标：波段交易技术精解**

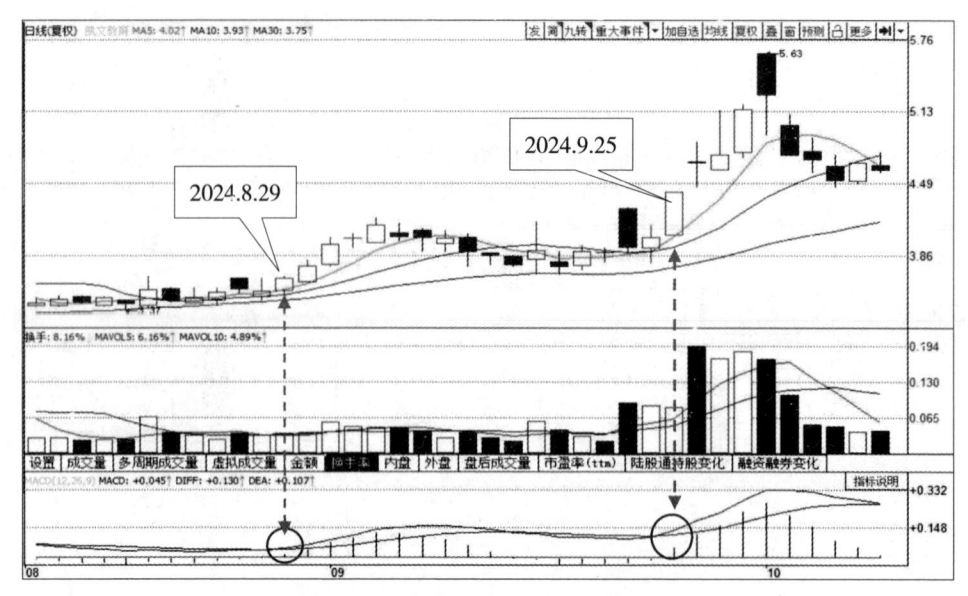

图 6-3　MACD 指标二度金叉擒牛股

第二，两个金叉之间的间隔时间不能太长，而且越短越好。金叉间隔的时间过长，说明这两个金叉分别代表了两个不同的上升波段，也就失去了组合的力量和效果。

第三，两个金叉出现期间，成交量应该出现温和放大，但不能出现巨量。

第四，MACD 指标在短期内形成的两个金叉应该是相对简单的交叉，而非缠绕式交叉。也就是说，如果 MACD 指标出现了连续的缠绕，频繁地交叉，则此形态无效。

第五，股价在重新上涨时，MACD 指标出现第二个黄金交叉，预示该股马上要进行大幅拉升，投资者宜迅速跟进买入股票。

下面来看一下焦点科技的案例。

如图 6-4 所示，焦点科技的股价经过一段时间的振荡后，股价重新开始上攻。MACD 指标在 2023 年 3 月 20 日出现了黄金交叉形态，其后股价经过一段时间的整理后，MACD 指标在 4 月 18 日再度出现黄金交叉形态，且在金叉出现时，股价 K 线完成了对 5 日线的突破，这意味着股价将会出现大幅上升走势，投资者可积极入场买入股票。

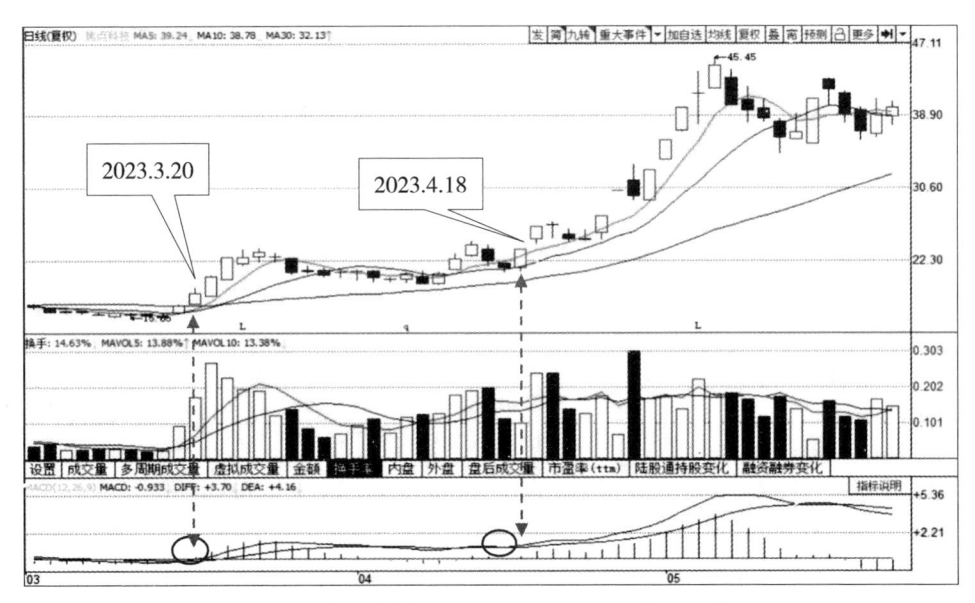

图 6-4　焦点科技（002315）MACD 指标走势图

## 三、MACD 指标"空中加油"形态

股价上攻不是一帆风顺的，很多情况下，股价上攻一波后，多会出现调整行情，而后再重新上攻。从 MACD 指标的角度来看，在股价回调整理过程中，MACD 指标中的 DIFF 线会出现小幅回落且向 DEA 线靠拢的态势，而后在 DEA 线的支撑下重新起飞。

其具体走势情形就是，股价经过一段时间上涨后出现回调走势，MACD 指标中的 DIFF 线随之回落，在其与 DEA 线即将相交时，由于股价重新上攻，导致 DIFF 线再度拐头向上，这是典型的 MACD 指标"空中加油"形态，属于典型的看涨信号。

如图 6-5 所示，山东华鹏的股价自 2024 年 9 月下旬启动了上升行情，MACD 指标随之上扬，DIFF 线和 DEA 线先后穿越 0 轴。其后，随着股价出现调整，DIFF 线开始向 DEA 线靠拢，但并未与 DEA 线相交。此时因股价上升，DIFF 线重新上扬，至此，MACD 指标"空中加油"形态正式成立。

MACD 指标"空中加油"形态的具体要求如下。

第一，股价经过一段时间的上涨后出现回调，DIFF 线同步回落，且 MACD 柱线开始出现"缩头"形态。

# MACD指标：波段交易技术精解

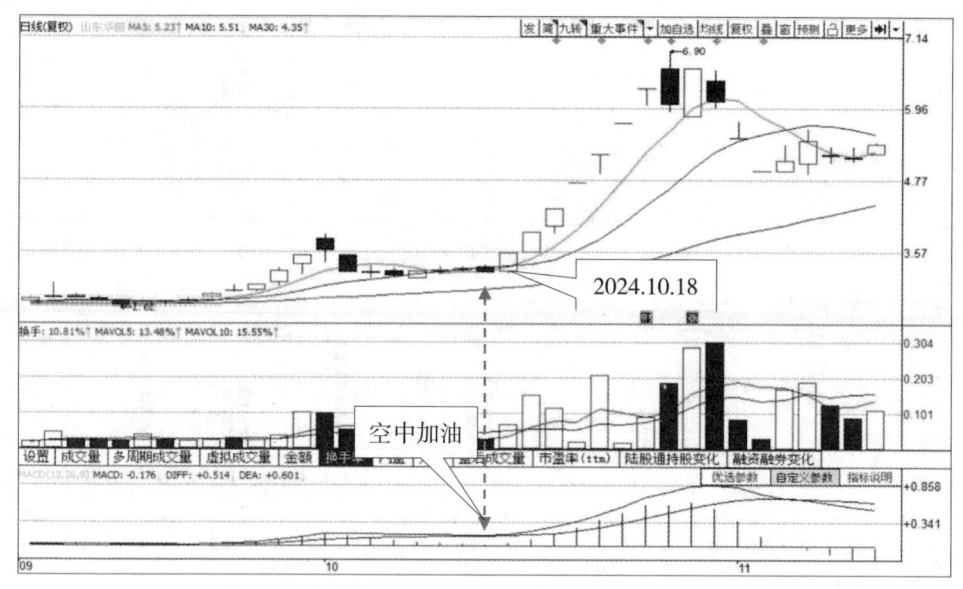

图6-5 MACD指标"空中加油"形态

第二，股价回调过程中，DIFF线与DEA线并未相交，之后即重新上扬，即MACD柱线并未萎缩至0轴时，重新开始拉升，这是股价重新上行的迹象。

第三，"空中加油"形态本质上属于股价上涨途中的一次洗盘或调整，股价未来上涨的概率极高。

第四，股价回调时，成交量同步萎缩，当DIFF线重新上扬时，成交量同步放大，可增大股价上涨的概率。

下面来看一下佛塑科技的案例。如图6-6所示，佛塑科技的股价自2024年9月底启动了上升行情，MACD指标随之上扬，DIFF线和DEA线先后穿越0轴。

10月初，该股股价出现调整，DIFF线开始向DEA线靠拢，MACD柱线随之出现萎缩态势；10月8日，该股股价跳空高开后大幅振荡，此后股价一路出现回调走势，DIFF线接近DEA线。10月18日，该股经过一波回调后，股价K线靠拢在5日均线上，DIFF线也与DEA线靠拢，但并未相交。10月21日，股价重新大幅上攻，DIFF线同步拐头向上，MACD柱线同步拉长，至此，MACD指标"空中加油"形态成立，投资者可积极入场建仓或加仓。

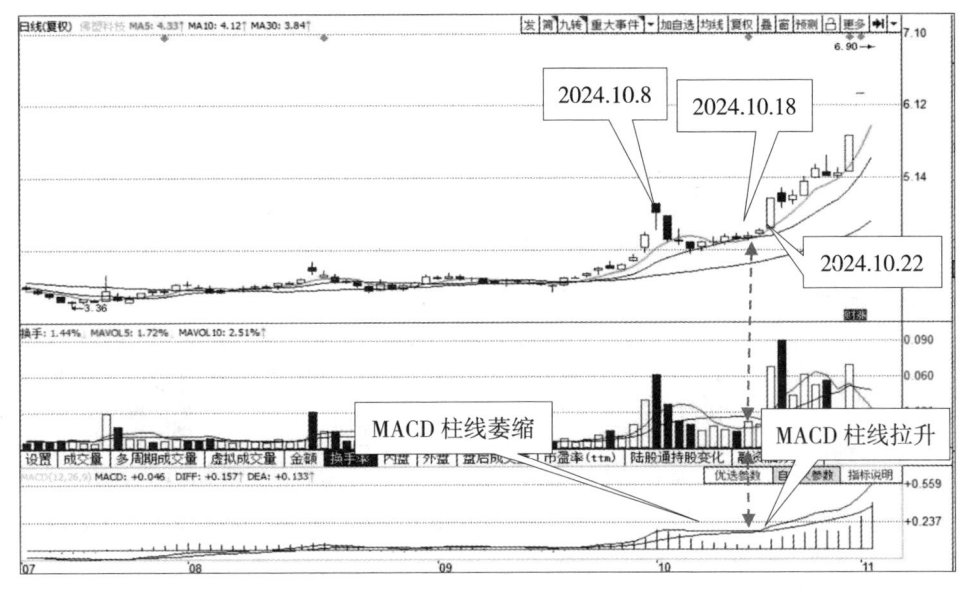

图 6-6　佛塑科技（000973）MACD 指标走势图

此后，该股股价出现了一波上涨行情。

## 四、上档盘整再起飞

上档盘整是指股价上涨一段时间后，DIFF 快线在高位与 DEA 慢线形成死叉，随后股价再次上攻，DIFF 快线与 DEA 慢线形成高位金叉。此形态属于谨慎看涨形态，即在满足一定条件时，才属于看涨形态。

DIFF 快线和 DEA 慢线都位于 0 轴上方，且呈多头发散排列，DIFF 快线自上而下穿越 DEA 慢线形成死叉。其后，DIFF 快线迅速下跌并在未跌破 0 轴时再度上攻，并与 DEA 慢线形成黄金交叉。该形态属于典型的上档盘整，后市上涨的力度可能会很大，但持续时间较短。

如图 6-7 所示，永泰能源的股价自 2024 年 9 月下旬启动了上升行情，MACD 指标随之上扬，DIFF 线和 DEA 线先后穿越 0 轴。其后，随着股价出现调整，DIFF 线一度跌破 DEA 线，形成高位死叉。随着股价的反弹，很快 DIFF 线重新向上突破 DEA 线，形成黄金交叉，至此，MACD 指标"上档盘整再起飞"形态正式成立。

此后，该股股价正式迎来了新一波上攻之路。

"上档盘整再起飞"形态的具体要求如下。

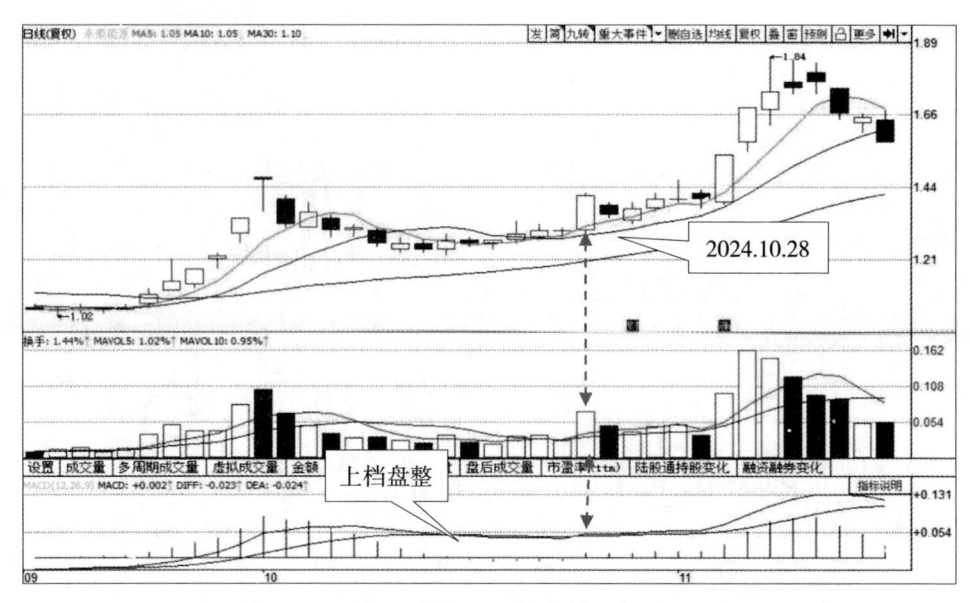

图 6-7　MACD 指标"上档盘整再起飞"形态

第一，DIFF 快线与 DEA 慢线形成死叉与金叉之间的距离不能太远。

第二，DIFF 快线与 DEA 慢线形成死叉时，成交量不应该出现明显放大。

第三，DIFF 快线与 DEA 慢线形成金叉的位置，不能低于死叉出现前第一个金叉的位置，否则会演变为顶背离形态，上涨空间极为有限。

第四，金叉形成后，投资者可迅速跟进买入该股。若股价上涨一段时间后出现滞涨情况，应立即出货。

第五，在有些情况下，股价在高位盘整期间，MACD 指标可能出现多次金叉与死叉的情况，但并不影响该形态的成立。

如图 6-8 所示，荣盛发展的股价在 2024 年上半年出现了振荡上升走势。2024 年 9 月 18 日，DIFF 快线与 DEA 慢线在 0 轴上方形成黄金交叉，随后 DIFF 快线与 DEA 慢线呈多头发散排列，说明该股股价上升势头良好。

2024 年 10 月 8 日，该股股价在大盘高开的刺激下以涨停开盘，此后股价出现大幅回落，DIFF 快线也同步回落，并在几个交易日后自上而下穿越 DEA 慢线形成死亡交叉，预示股价短期将出现回调走势。其后，DIFF 快线并未跌破 0 轴，且很快重新开始上升。10 月 30 日，DIFF 快线自下而上再度与 DEA 慢线形成黄金交叉，且此交叉点要高于 9 月 18 日的交叉点，说明股价运行趋势良好，投资者可于此时买入该股。

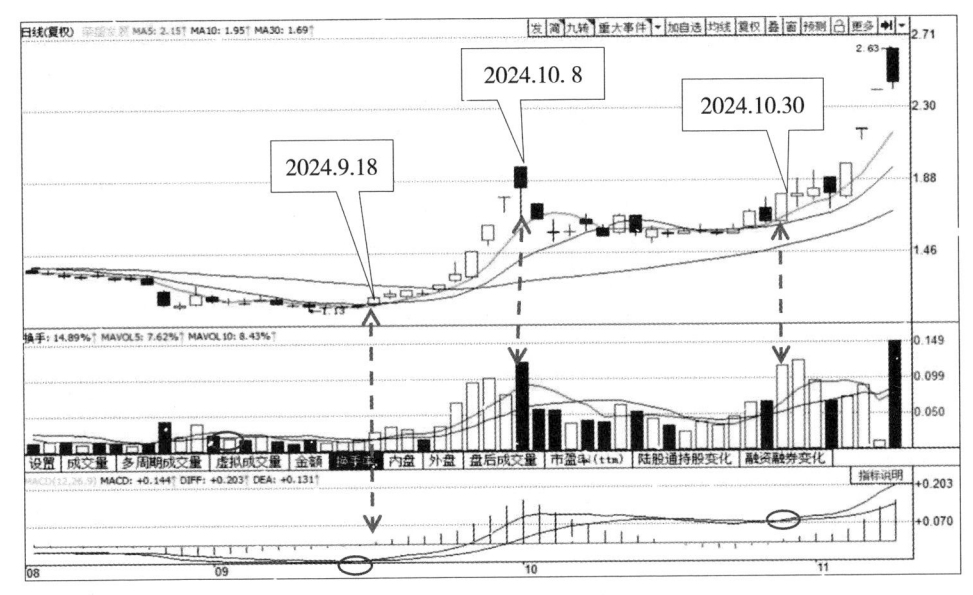

图 6-8 荣盛发展（002146）MACD 指标走势图

## 第二节　MACD 指标盘整追涨技法

股价经过长时间的横盘后，势必要重新选择行进的方向，此时 MACD 指标发出的一些信号，将对投资者的选择起到至关重要的作用。

### 一、MACD 指标双回探形态

当 MACD 指标位于 0 轴上方时，说明市场已经进入多方主导的行情。此后，随着股价盘整的持续，MACD 指标若随着股价的调整出现两次死叉，甚至多次死叉，且这些死叉全部位于 0 轴上方，说明股价走势仍旧强势。此后，若股价与 MACD 指标同步出现突破上升走势，则意味着股价盘整终结，属于典型的看涨信号。

如图 6-9 所示，佛塑科技的股价在 2024 年 8 月到 9 月底期间出现了回调整理形态，其间 MACD 指标连续两度回调至 0 轴附近位置，均因受到 0 轴的支撑而重新上扬，这意味着股价即将启动一波强势上升行情。

# MACD 指标：波段交易技术精解

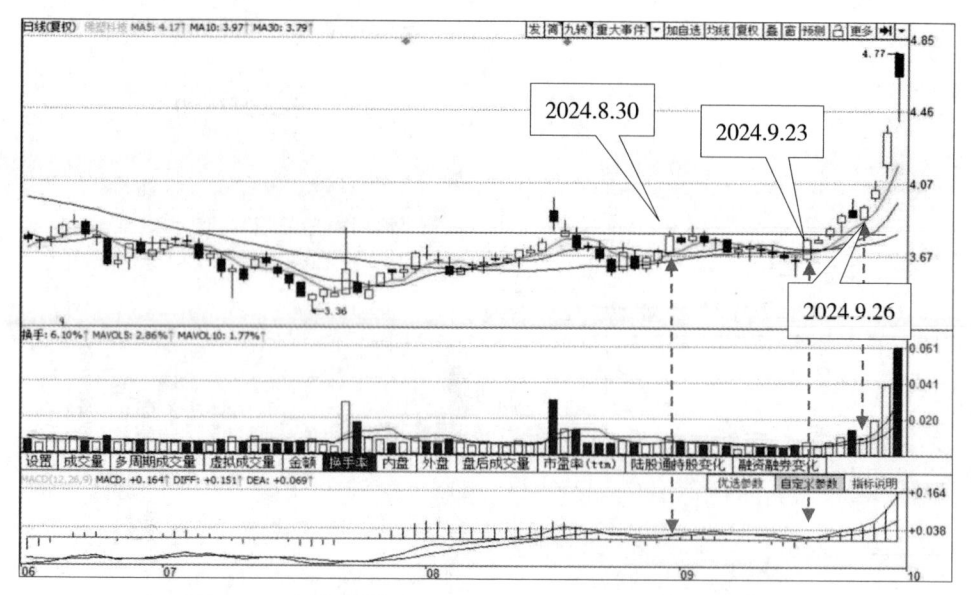

图 6-9 佛塑科技（000973）MACD 指标双回探形态

MACD 指标双回探形态的具体要求如下。

第一，MACD 指标自低位向上突破 0 轴前，必须从较低的低点启动，应该与 0 轴有较大的距离。

第二，MACD 指标随股价回调时，应该紧贴 0 轴且大部分时间位于 0 轴上方，这说明多方仍占据主导地位。

第三，MACD 指标回调期间，股价 K 线也可能出现振荡整理形态。MACD 指标受支撑反弹时，若股价 K 线向上突破整理区间，则意味着买入时机来临；反之，若股价跌破整理形态，则意味着整个行情进入下行趋势，投资者宜出清手中的股票。

第四，MACD 指标振荡回调过程中，成交量应该呈现萎缩状态。当 MACD 指标遇 0 轴重新上扬时，成交量应该出现明显的放大。

下面来看一下益生股份的案例。如图 6-10 所示，益生股份的股价自 2022 年 8 月初出现振荡反弹，MACD 指标自低位反向上攻。到了 8 月底，股价突破 30 日均线后，带动各条短期均线也完成了对 30 日均线的突破，MACD 指标同步向上突破了 0 轴。

- 144 -

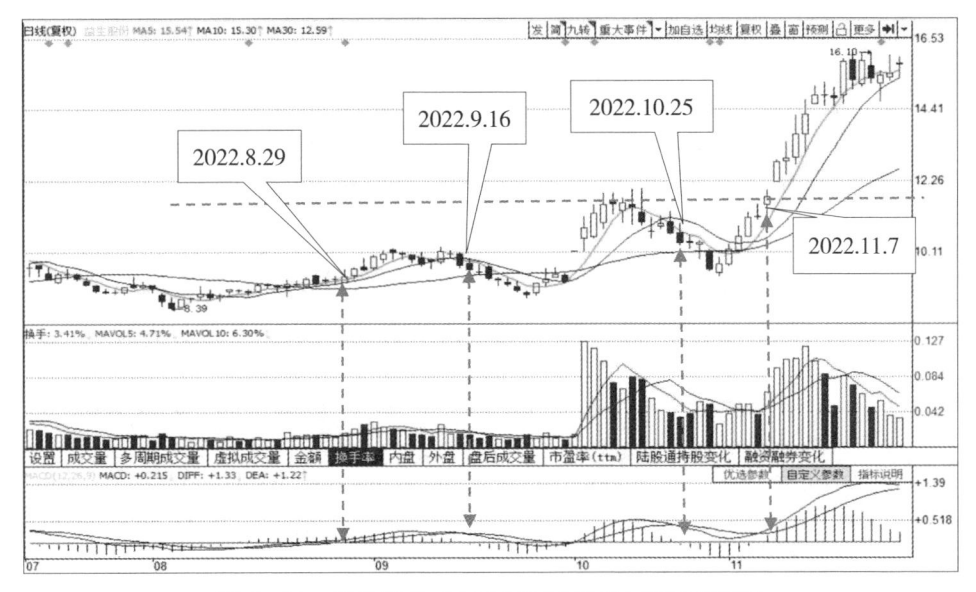

图 6-10　益生股份（002458）MACD 指标走势图

此后，该股股价出现振荡回调走势，MACD 指标在 9 月 16 日和 10 月 25 日两度走出死叉形态。MACD 指标向 0 轴靠拢后，均因受到 0 轴的支撑而重新上攻，说明 0 轴对 MACD 指标具有较强的支撑作用。投资者可在 11 月 7 日股价上升且 MACD 指标重新走出黄金交叉时，少量入场。

此后，该股股价放量上攻，且突破了股价整理区域的上边线，这意味着股价将展开新一波上涨行情，投资者可积极入场加仓该股。

## 二、MACD 指标"水上飞"形态

MACD 指标运行于 0 轴上方，本身就是多方占据优势地位的体现。股价出现长时间的振荡整理行情，MACD 指标在股价振荡时一直在 0 轴上方波动，从来没有跌破 0 轴，那么，一旦股价启动，则意味着将会有一波幅度较大的上涨行情。

如图 6-11 所示，中信海直的股价自 2023 年 11 月启动了振荡上升行情，MACD 指标在 11 月 13 日向上突破 0 轴后，一直运行于 0 轴上方，这属于典型的看涨形态。在接下来的三个月时间内，尽管 MACD 指标随着股价的波动出现了振荡，其间还数次出现金叉与死叉形态，但 MACD 指标始终运行于 0 轴上方，投资者可以持股不动。

# MACD指标：波段交易技术精解

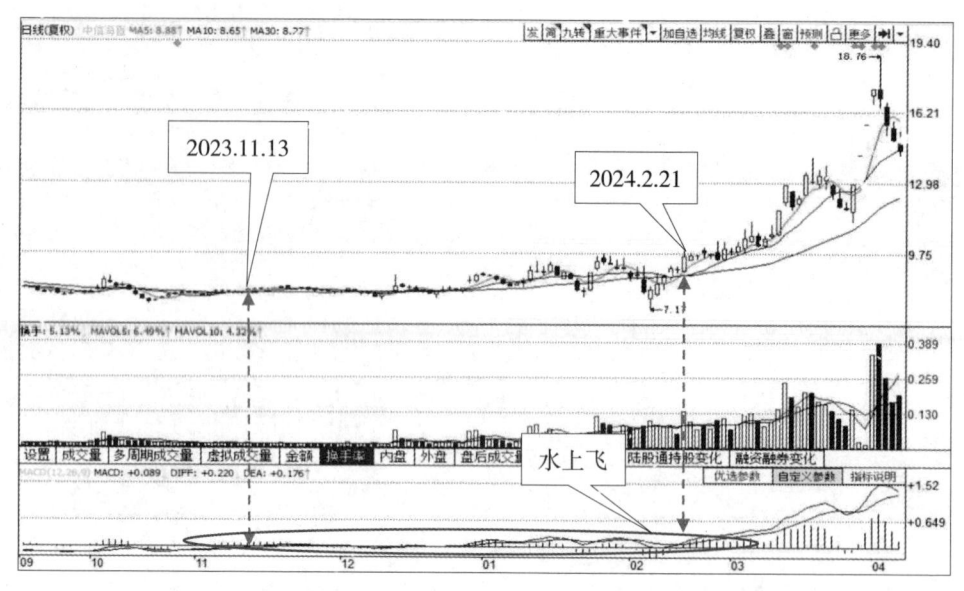

图6-11 中信海直（000099）MACD指标"水上飞"形态

2024年2月21日，该股股价大幅上攻，MACD指标拐头向上，说明股价进入了加速上升阶段，投资者可积极入场买入该股。

MACD指标"水上飞"形态的具体要求如下。

第一，MACD指标突破0轴后，一直运行于0轴上方，无论股价如何波动，MACD指标线如何波动，都没有跌破0轴。

第二，随着股价的波动，MACD指标始终在0轴上方附近位置，不能出现太大的波动，若波动过大，则未来股价上涨的可能性会减小，甚至出现下跌走势。

第三，MACD指标持续在0轴上方附近运行的时间越长（一般要求在三个月以上），未来股价上涨的空间和幅度也越大。此时往往属于股价横盘振荡或小幅慢涨阶段，从股价运行的角度来说，未来股价也存在由慢牛变为快牛的可能。

第四，MACD指标振荡回调过程中，成交量应该呈现萎缩状态；当MACD指标重新上扬时，成交量应该出现明显放大。

下面来看一下若羽臣的案例。如图6-12所示，若羽臣的股价自2024年7月启动了振荡上升行情，MACD指标在7月11日向上突破0轴后，一直运行于0轴上方，这属于典型的看涨形态。在接下来的两个多月，尽管

MACD指标随着股价的波动出现了振荡，其间还数次出现了金叉与死叉形态，但MACD指标始终运行于0轴上方，在这一过程中，投资者都可以持股不动。

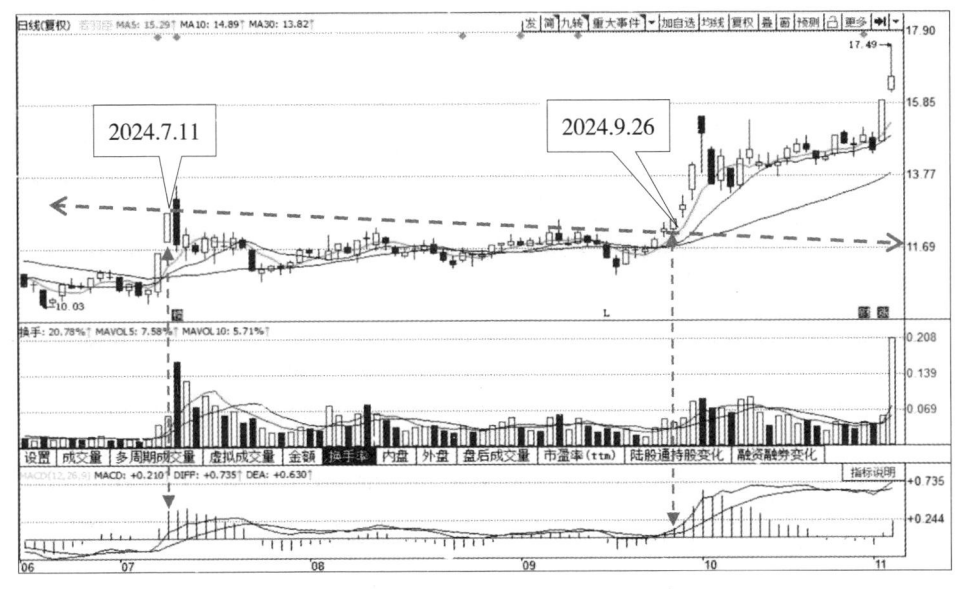

图6-12　若羽臣（003010）MACD指标走势图

9月26日，该股股价放量大幅上攻，MACD指标拐头向上，说明该股股价进入了加速上升区间，投资者可积极入场加仓该股。

## 三、MACD指标"鳄鱼嘴"形态

股价自底部启动上升，MACD指标在0轴下方形成黄金交叉后向上突破0轴。此后，MACD指标的DIFF线和DEA线呈黏合状态，并贴近0轴运行。随着股价的启动，DIFF线拐头向上，与DEA线分开，形似"鳄鱼张嘴"。

如图6-13所示，蓝晓科技的股价自2024年9月启动了振荡上升行情。9月4日，该股股价创下阶段高点后回调，MACD指标同步在突破0轴后出现回落态势，DIFF线与DEA线黏合在一处，并在0轴上方运行。

9月24日，该股股价放量上攻，DIFF线拐头向上，形成鳄鱼嘴形态。投资者见到此形态，可立即入场追涨买入该股。

MACD指标"鳄鱼嘴"形态的具体要求如下。

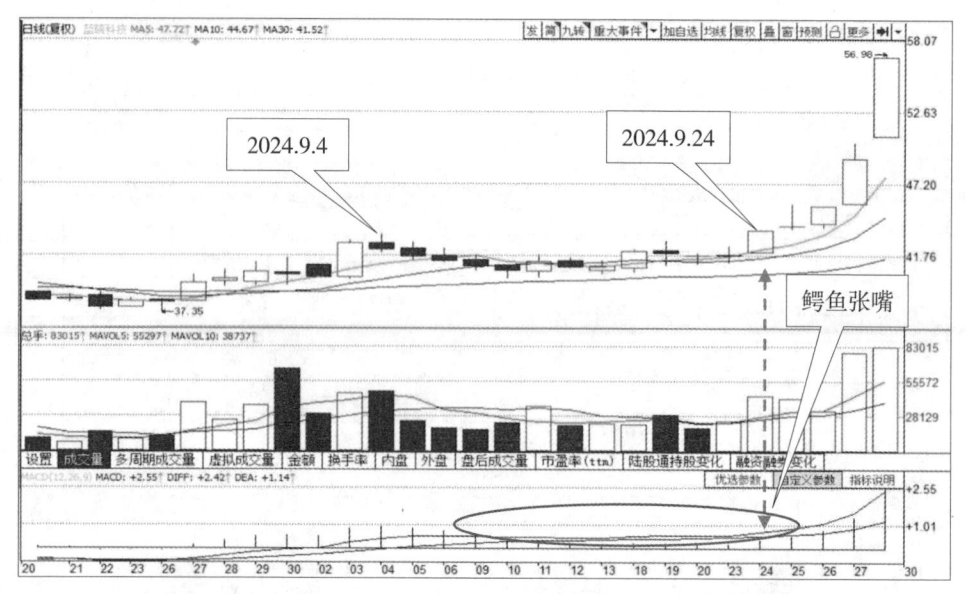

图 6-13 蓝晓科技（300487）MACD 指标"鳄鱼嘴"形态

第一，MACD 指标随股价反弹向上突破 0 轴后，很快就出现了回落态势，其间与 0 轴并未形成较远的距离。

第二，随着股价的回调，DIFF 线与 DEA 线黏合在一处，且运行于 0 轴上方（期间偶尔跌破 0 轴不影响对该形态的判断），黏合在一起的时间越长，股价未来上涨的幅度可能越大。

第三，MACD 指标在 0 轴上方黏合时，成交量同步呈现萎缩状态；当 DIFF 线拐头向上时，成交量出现了放大态势。

下面来看一下朗新集团的案例。如图 6-14 所示，朗新集团的股价自 2024 年 8 月启动了振荡上升行情。9 月 13 日，该股股价创下阶段高点后回调，MACD 指标同步在突破 0 轴后出现回落态势，DIFF 线与 DEA 线黏合在一处，并在 0 轴上方运行。

9 月 26 日，该股股价放量上攻，DIFF 线拐头向上，形成鳄鱼嘴形态。投资者见到此形态，可立即入场追涨买入该股。

## 四、0 轴折返再升空

0 轴折返再升空，是指 DIFF 快线与 DEA 慢线在 0 轴上方形成死叉后跌破 0 轴，并很快拐头向上再度突破 0 轴，与 DEA 慢线形成黄金交叉，该形

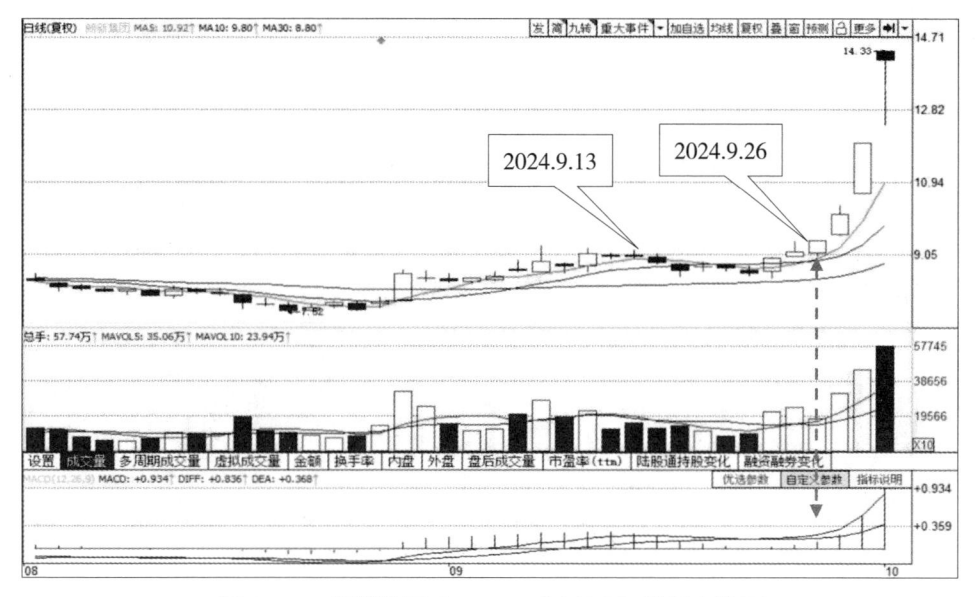

第六章　MACD 指标波段追涨技法

图 6-14　朗新集团（300682）MACD 指标走势图

态属于典型的看涨形态。

DIFF 快线和 DEA 慢线都位于 0 轴上方，DIFF 快线与 DEA 慢线形成死亡交叉后一路向下跌破 0 轴。随后 DIFF 快线拐头向上，一举突破 0 轴，并与 DEA 慢线形成黄金交叉。

如图 6-15 所示，海能实业的股价在 2024 年 9 月期间出现了振荡上涨走势。2024 年 9 月 6 日，处于上涨中的股价出现回调迹象，DIFF 快线自上而下穿越 DEA 慢线，在 0 轴上方形成死亡交叉，说明该股股价短期有走弱的可能，投资者可考虑卖出部分股票。

9 月 18 日，DIFF 快线跌破 0 轴，说明市场已经由多头主导转为空头主导。随后 DIFF 快线并没有继续下跌，而是拐头向上。9 月 27 日，DIFF 快线与 DEA 慢线形成黄金交叉，与此同时，DIFF 快线向上突破 0 轴。黄金交叉点正好位于 0 轴附近位置，说明股价未来上涨的概率非常高，投资者可考虑加大仓位买入该股。

"0 轴折返再升空"的具体要求如下。

第一，DIFF 快线与 DEA 慢线形成的死叉要位于 0 轴上方。

第二，DIFF 快线跌破 0 轴的时间不宜过长。

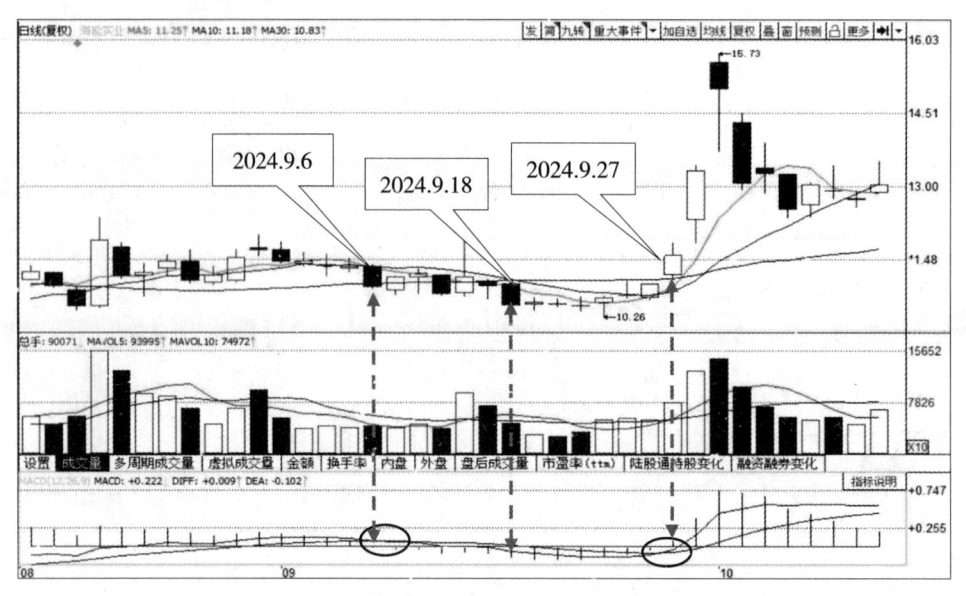

图 6-15　海能实业（300787）"0 轴折返再升空"形态

第三，DIFF 快线拐头向上突破 0 轴并与 DEA 慢线形成黄金交叉时，若成交量同步放大，则可增大股价上涨的可能性。

第四，DIFF 快线与 DEA 慢线形成黄金交叉时，是该股第一个买点；DIFF 快线与 DEA 慢线向上穿越 0 轴时，是该股的第二个买点。

如图 6-16 所示，建工修复的股价在 2024 年 8 月到 9 月期间出现了振荡上涨走势。2024 年 8 月 29 日，处于上涨中的股价出现回调迹象，DIFF 快线自上而下穿越 DEA 慢线，在 0 轴上方形成死亡交叉，说明该股股价短期有走弱的可能，投资者可考虑卖出部分股票。

9 月 6 日，DIFF 快线跌破 0 轴，说明市场已经由多头主导转为空头主导。之后 DIFF 快线并没有继续下跌，而是拐头向上。9 月 26 日，DIFF 快线与 DEA 慢线形成黄金交叉，与此同时向上突破 0 轴。黄金交叉点正好位于 0 轴附近位置，说明股价未来上涨的概率非常高，投资者可考虑加大仓位买入该股。

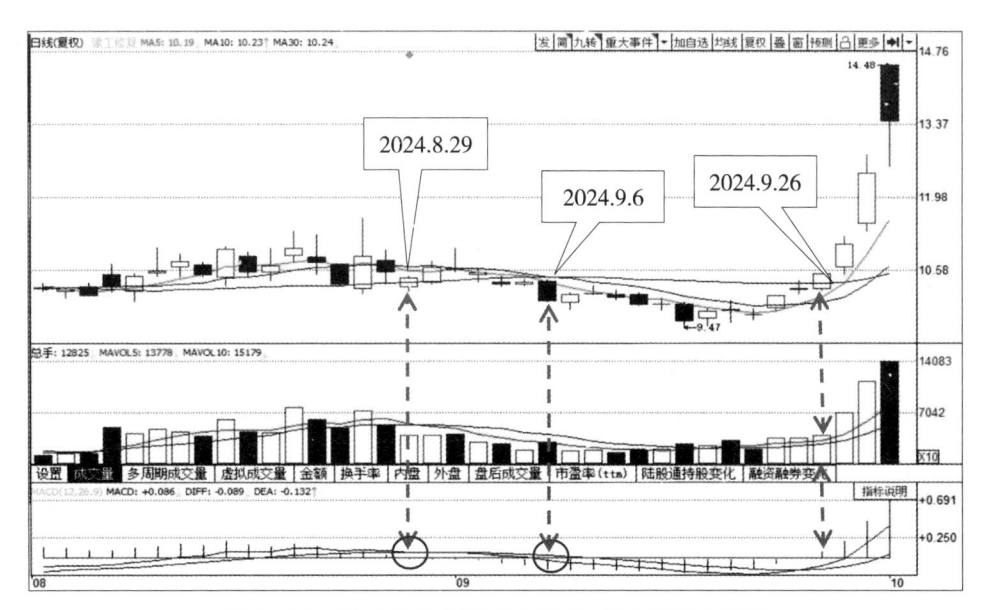

第六章 MACD 指标波段追涨技法

图 6-16 建工修复（300958）MACD 指标走势图

# 第七章

# MACD 指标组合波段技法

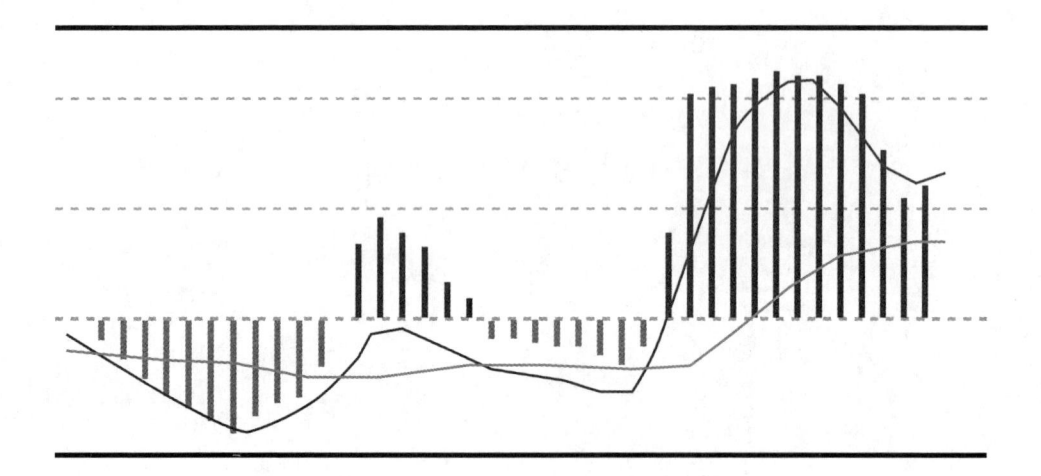

# 第七章　MACD 指标组合波段技法

对于投资者来说，股价大部分时间的波动都是缓慢和低效的，只有进入主升波段的股价，才是最应该追逐的对象。

## 第一节　MACD 指标主升浪战法

主升浪是从波浪理论中衍生出来的一个概念，通常指股价上升最为迅猛的一个波段。也就是说，按照波浪理论的理解，股价的上涨或下跌都不是一次完成的，而是需要经历若干波段。在整个波浪上升行情中，第三浪是涨幅最大的一浪，也就是通常所说的主升浪。

### 一、周线 MACD 指标 0 轴金叉与主升浪

在日线级别 K 线图中，MACD 指标在 0 轴附近出现黄金交叉后，通常能够引领股价出现一波上升行情，甚至出现主升浪。若将分析周期调整至周线级别，此时 MACD 指标在 0 轴上方出现黄金交叉时，出现主升浪的概率要高于日线级别。

如图 7-1 所示，龙版传媒的股价经过一段时间的振荡下行后，周线 MACD 指标运行于 0 轴下方。2022 年 10 月初，龙版传媒的股价触底反弹，MACD 指标同步出现低位金叉，并很快向上突破了 0 轴。

到了 2022 年 12 月以后，MACD 指标与股价同步出现了调整走势，MACD 指标随之振荡下行；2023 年 10 月下旬，该股股价重新出现上升态势，MACD 指标来到 0 轴附近，因受 0 轴支撑而重新上升，此时 DIFF 线与 DEA 线在 0 轴附近形成了黄金交叉形态。由于该位置的黄金交叉一向属于成色最佳的交叉形态，因而股价未来很可能走出上升趋势，值得看高一线。

周线 MACD 指标在 0 轴附近形成金叉的具体要求如下。

第一，周线 MACD 指标突破 0 轴前，应该在 0 轴下方运行了较长时间，这说明 MACD 指标上升前处于下行趋势。

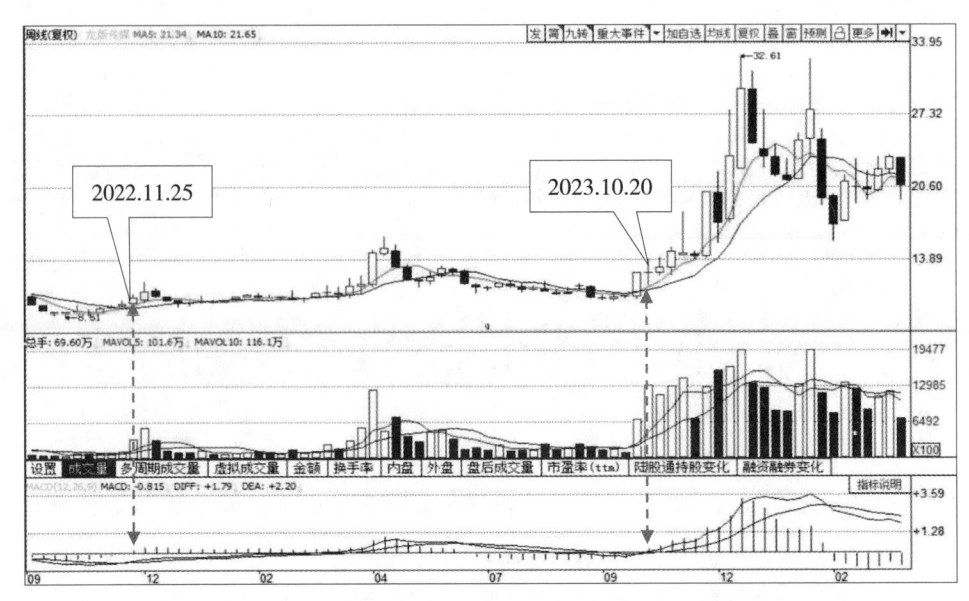

图 7-1 龙版传媒（605577）周线 MACD 指标 0 轴上方金叉

第二，MACD 指标向上突破 0 轴前，DIFF 线与 DEA 线应该在低位早已形成了黄金交叉，这往往属于波浪理论中的第一浪，也是不确定性最高的一浪。

第三，随着股价回落，周线 MACD 指标在 0 轴附近形成黄金交叉。此时股价回落的低点不应低于 MACD 指标低位金叉前的低点，否则也就不是第三浪了。

第四，MACD 指标在 0 轴附近形成金叉后，股价随之启动，且成交量出现了明显放大迹象，这是对股价启动的一种确认。

下面来看一下古鳌科技的案例。如图 7-2 所示，古鳌科技的股价经过一段时间的下跌后，周线 MACD 指标运行于 0 轴下方。2022 年 7 月初，古鳌科技的股价触底反弹。7 月 22 日，该股股价继续上行，MACD 指标同步向上突破了 0 轴。

到 2023 年 2 月中旬，MACD 指标与股价同步出现了调整走势。3 月底，当 MACD 指标来到 0 轴附近时，因受到 0 轴的支撑而重新上升，且 DIFF 线与 DEA 线在 0 轴附近形成了黄金交叉形态，这很可能意味着股价将迎来一波主升浪，投资者可积极入场买入该股。

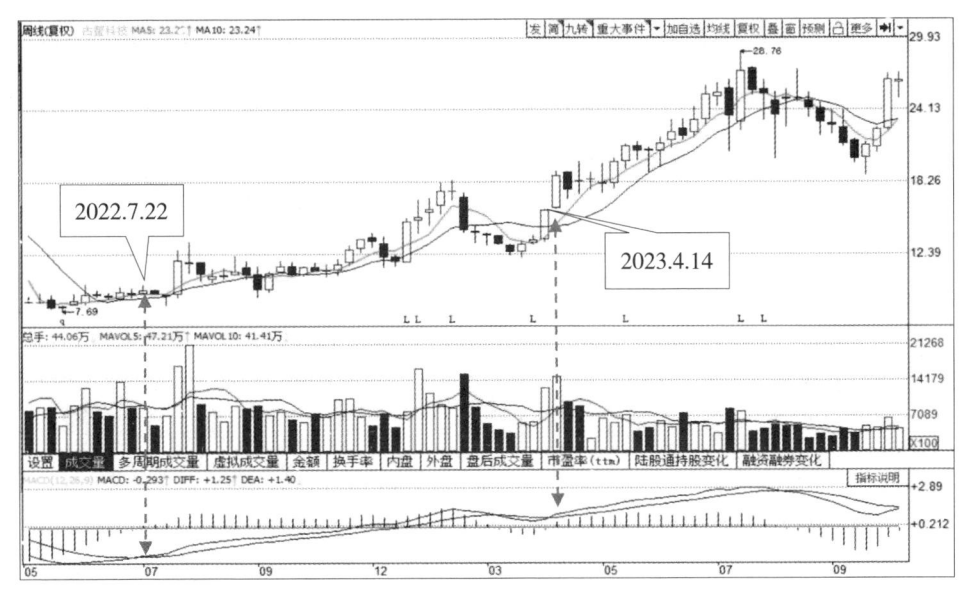

图 7-2 古鳌科技（300551）周线 MACD 指标走势图

## 二、中轨线与 MACD 指标双向确认主升浪

实战中，出于提升指标准确度的考虑，在捕捉主升浪时，还可以在布林线指标的基础上引入 MACD 指标。一般来说，通过 MACD 指标二度金叉与布林线中轨线组合分析，可以大大提升捕捉主升浪的准确性。

1. MACD 指标二度金叉形态

通常情况下，当股价自底部反弹时，MACD 指标会出现黄金交叉，此交叉点位于 0 轴下方较远的位置，因而质量并不是很高；当股价经过一段时间的上涨后出现回调，MACD 指标出现死叉，其后股价再度反弹上扬，MACD 指标很可能会在 0 轴线附近形成二度金叉。此时 MACD 指标形成的黄金交叉，质量要远远高于前一个，未来股价上升的幅度和概率也要远远高于前一个。

如图 7-3 所示，勤上股份的股价自 2024 年 6 月下旬结束了下跌走势后，出现了一波振荡上涨行情。该股 MACD 指标在 2024 年 6 月 26 日和 9 月 5 日分别形成了黄金交叉形态。

6 月 26 日，该股股价自底部反弹，MACD 指标第一次出现黄金交叉，但此交叉点距离 0 轴较远，所以含金量并不是很高。其后，该股股价在上涨了几个交易日后重新进入横向振荡趋势，MACD 指标重新出现死亡交叉。

# MACD 指标：波段交易技术精解

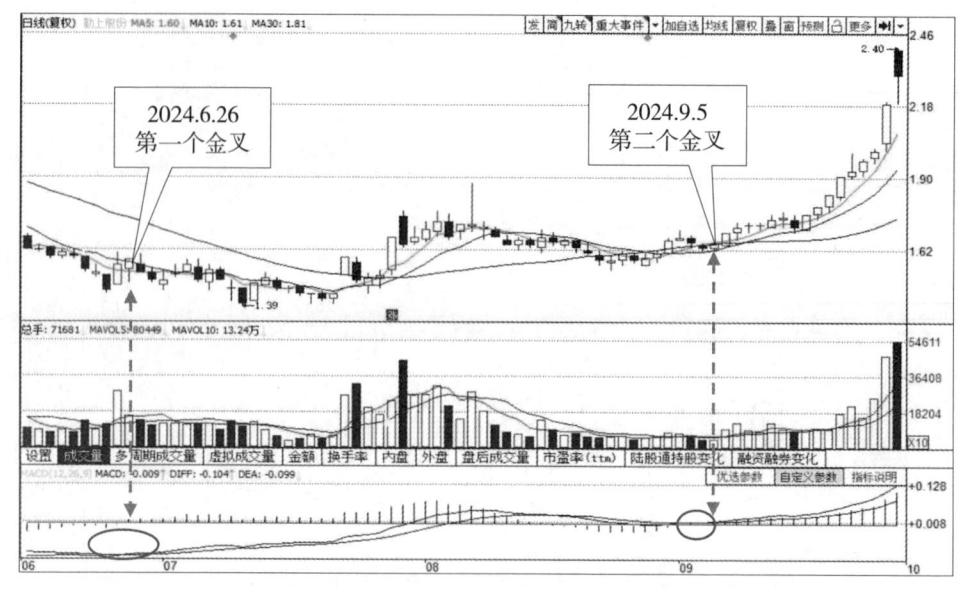

图 7-3　勤上股份（002638）MACD 指标走势图

9月5日，该股股价小幅上涨，MACD 指标走出第二个黄金交叉。此交叉点位于 0 轴附近，含金量较高，且该金叉距离第一个金叉出现的时间并不长，也就意味着短期内该股走出了二度金叉，这属于典型的强烈买入信号。次日，该股股价大幅放量上攻，属于更为明显的买入信号，投资者可考虑择机入场建仓。

此后，该股股价走出了一波快速上升走势。

**2. MACD 指标二度交叉与布林线指标组合捕捉主升浪**

布林线指标发出主升浪启动信号时，若 MACD 指标同步出现二度金叉，可增强主升浪信号的有效性。

该技巧的操作要点如下。

第一，股价 K 线运行于布林通道之内，且二度向上突破中轨线（或遇中轨线支撑）上行，且布林通道的喇叭口开始放大。

第二，MACD 指标在不久前刚刚形成初次金叉与死叉，当股价向上突破中轨线（或遇中轨线支撑）上行时，MACD 指标出现二度金叉，且该金叉点位于 0 轴附近。这说明 MACD 指标与布林线指标同步发出了股价进入主升浪的信号，投资者可提前入手建仓该股。

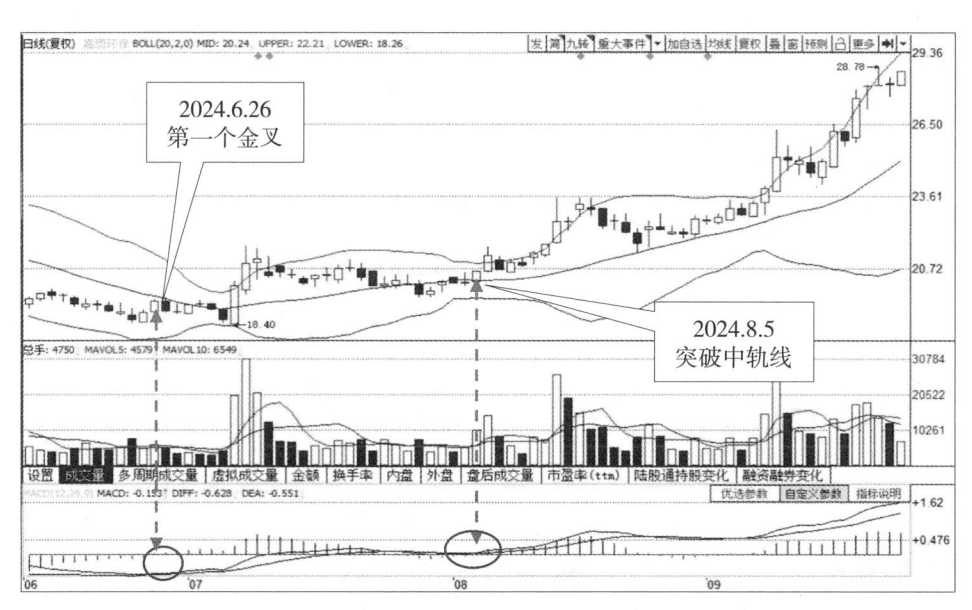

下面来看一下嘉澳环保的案例。

图 7-4　嘉澳环保（603822）布林线指标走势图

如图 7-4 所示，嘉澳环保的股价自 2024 年 6 月 26 日触底反弹后开始出现了一波上升走势，MACD 指标同步在底部出现了第一次黄金交叉。不过该交叉点距离 0 轴线较远，金叉成色有所不足。观察该股股价 K 线在布林通道内的位置可以发现，此时股价 K 线并未完成对中轨线的突破，这意味着该股股价未来上涨的空间有限，投资者只需保持关注即可。

此后，随着股价的上行，布林通道的喇叭口开始放大，但由于股价上升速度较慢，布林通道喇叭口放大的速度也比较慢。

接着，该股股价在触及上轨线后出现了回落，布林通道的喇叭口随之出现收缩。到了 7 月下旬，股价回调至布林中轨线下方，给人一种股价无力上攻的感觉，而 MACD 指标也出现了死亡交叉。

8 月 5 日，该股股价放量上攻，且成功突破了布林中轨线，布林通道的喇叭口随之出现了大幅放大。与此同时，MACD 指标在 0 轴附近位置出现了二度金叉。通过之前的分析可知，MACD 指标此时出现的金叉成色较足，结合之前布林线捕捉主升浪的相关技巧，可以大致预判股价未来进入主升浪的概率很大，投资者可考虑提早入场。

此后，投资者可将 MACD 指标高位死叉看成减仓信号，并在股价跌破中轨线，且中轨线没有拐头向下时，执行卖出操作。

### 三、周均线金叉与 MACD 二度金叉抓主升浪

若将 MACD 指标的分析周期调整至周线，则 MACD 指标周线二度金叉更可为投资者捕获主升浪提供重要的支撑。即 MACD 指标周线二度金叉时，5 周均线向上突破 10 周均线，则股价很可能进入主升浪。

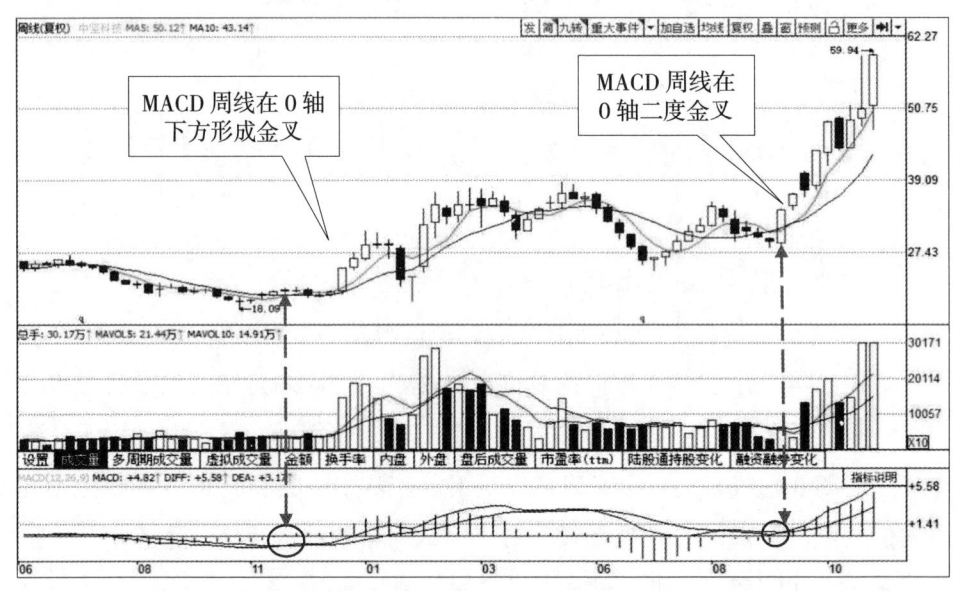

图 7-5　维维股份（600300）MACD 周线二度金叉抓主升浪

如图 7-5 所示，维维股份的股价在 2023 年 11 月初启动了一波上涨行情。2023 年 11 月 24 日，该股股价小幅上攻，周线 MACD 指标在 0 轴下方出现黄金交叉形态，此后该股股价经过一段时间的上升后出现了调整走势。2024 年 9 月下旬，该股股价重新上攻，且 5 周均线向上突破了 10 周均线，MACD 指标也在 0 轴附近形成了二度金叉形态，这属于典型的看涨形态，投资者可积极入场买入股票。

结合图 7-5 的情况可以看出，周线 MACD 指标二度金叉猎取主升浪的操盘要点如下。

第一，MACD 指标在短期内连续出现两次金叉，且第二次交叉时，股价要明显高于第一次交叉。

第二，MACD 指标形成二度金叉时，交叉点应该位于 0 轴附近，以 0 轴上方附近位置为最佳。

第三，MACD 指标出现二度金叉时，均线系统中 5 周均线向上突破 10 周均线，则可印证股价主升浪的来临。

下面来看一下杰美特的案例。

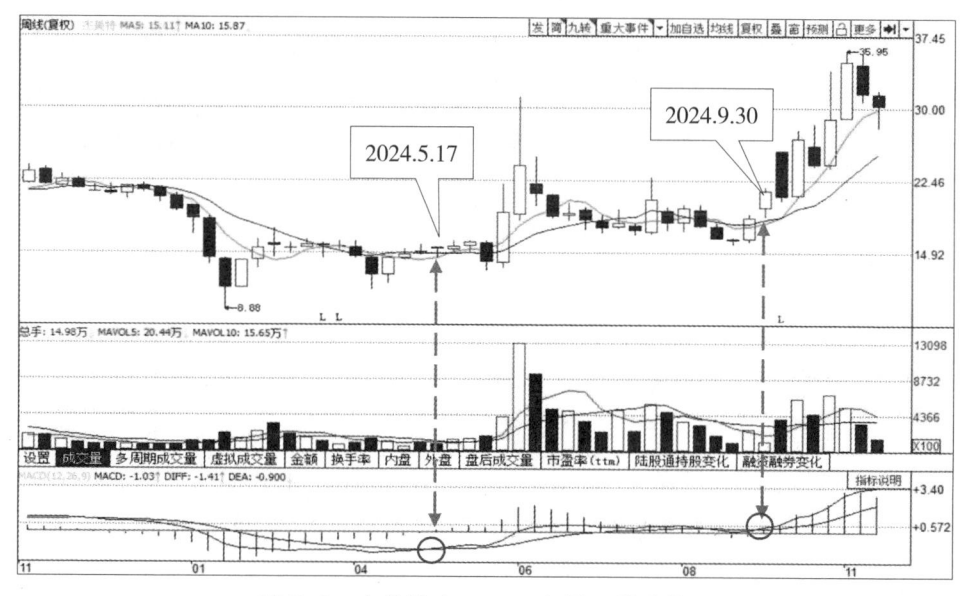

图 7-6　杰美特（300868）周 K 线走势图

如图 7-6 所示，2024 年 4 月，杰美特的股价终结了下跌趋势，开始出现振荡盘整走势，MACD 指标自底部反弹向上。

5 月 17 日，MACD 指标中的 DIFF 快线向上穿越 DEA 慢线形成交叉，其交叉点位于 0 轴下方，由于距离 0 轴较远，成色欠佳。

9 月 30 日，该股股价周 K 线启动上扬，周线 MACD 指标出现二度金叉，且交叉点位于 0 轴附近位置。在此之前，5 周均线刚刚完成了对 10 周均线的突破，形成了黄金交叉形态，9 月 30 日的股价明显高于 5 月 17 日的股价，说明此时该股股价很可能要启动第三浪走势，投资者可积极入场建仓。

其后，该股股价出现了一波快速上涨走势。

# 第二节　MACD 指标抄底战法

股价进入底部区域后，股价 K 线的下跌步伐会出现减弱的态势，MACD 指标也会同步捕捉到这些信息，进而发出股价触底的信号。投资者依靠这些信号，可以提早做好准备，一旦出现更为明确的反弹信号，就可以快速入场抄底了。

## 一、低位双金叉 + 突破 0 轴

通常来说，低位金叉因距离 0 轴较远，空方实力还占据着优势地位，因而其成色是远远不如 0 轴附近金叉的。不过，若 MACD 指标在 0 轴下方连续走出两个低位金叉，此后股价又向上突破了 0 轴，则意味着股价很可能会走出低位区域。

低位双金叉 + 突破 0 轴，是指 DIFF 快线与 DEA 慢线在 0 轴下方连续形成两个金叉后，一举向上突破 0 轴的形态。该形态与前面讲的双金叉形态比较相似，只是金叉出现的位置比较靠下，因而需要 DIFF 线向上突破 0 轴以确认买入形态，该形态也属于典型的看涨形态。

如图 7-7 所示，智能自控的股价在 2024 年 8 月到 9 月期间，曾经连续两度出现黄金交叉形态，随后 MACD 指标很快向上突破了 0 轴，说明 MACD 指标进入强势趋势，也意味着股价即将启动一波强势上升行情。

MACD 指标双金叉与突破 0 轴的具体要求如下。

第一，DIFF 快线与 DEA 慢线两次形成黄金交叉时位于 0 轴下方，说明多方虽然暂时取得了优势地位，但并未占据主导地位，因此需要 MACD 指标向上突破 0 轴来确认这一优势。

第二，两个金叉之间的间隔时间不能太长，而且越短越好。金叉之间间隔的时间过长，说明这个金叉分别代表了两个不同的上升波段，也就失去了组合的力量和效果。

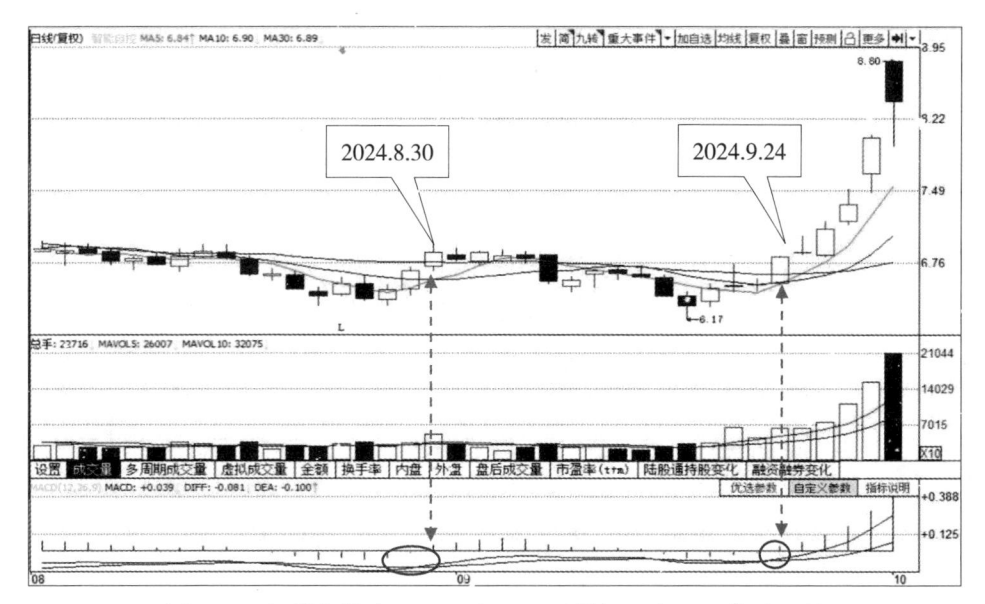

图 7-7　智能自控（002877）MACD 指标双金叉 + 突破 0 轴

第三，两个金叉的交叉点中，若后一个高于前一个，则更能反映多方力量的强大。

第四，两个金叉出现期间，成交量应该出现温和放大，但不能出现巨量。

第五，MACD 指标在短期内形成的两个金叉，应该是相对简单的交叉，而非缠绕式交叉。也就是说，如果 MACD 指标出现了连续的缠绕，频繁地交叉，则此形态无效。

下面来看一下统一股份的案例。

如图 7-8 所示，统一股份的股价经过一段时间的振荡上涨后出现下行走势，其后股价自底部开始振荡反弹。随着股价振荡上升，MACD 指标在 7 月 31 日、8 月 26 日和 9 月 19 日连续走出三个低位黄金交叉形态，且后一个金叉要高于前一个，这种走势说明股价很快就可能进入快速上升通道。鉴于这两个交叉点仍位于 0 轴下方，投资者可继续观望。

9 月 26 日，该股股价温和放量上攻，DIFF 线向上突破 0 轴，至此，"MACD 指标双金叉 +DIFF 突破 0 轴"形态正式成立，这也意味着股价将迎来一波快速上升走势，投资者可积极入场买入该股。观察该股的 K 线走势图还可以发现，该股在 7 月 31 日、8 月 26 日和 9 月 19 日的三个低点中，8 月 26 日的

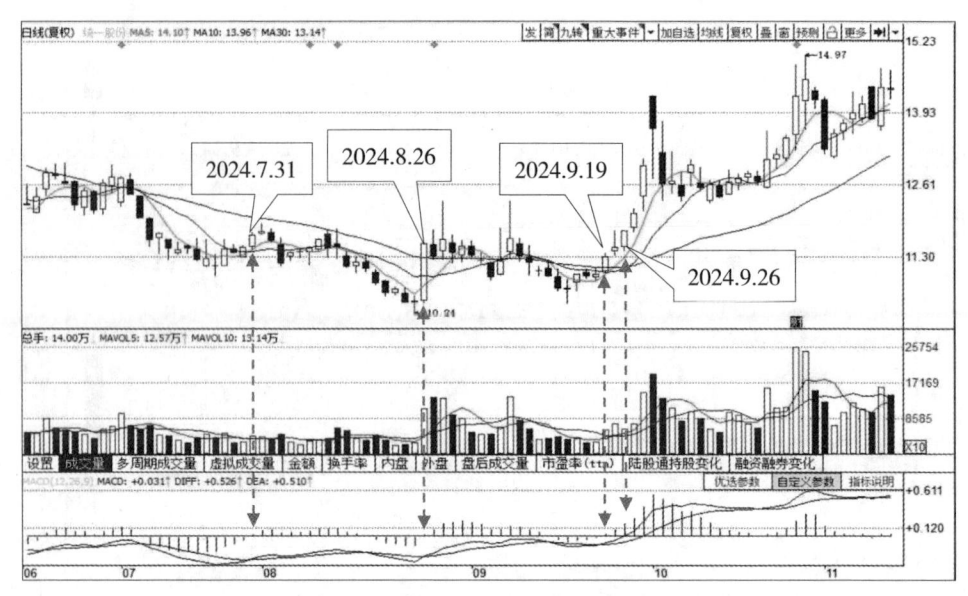

图 7-8　统一股份（600506）MACD 指标走势图

低点最低，也就意味着此时该股已经形成了 K 线形态中经典的头肩底形态。9 月 26 日，股价 K 线正好完成了对头肩底的突破，这也是股价即将上攻的明确信号。

其后，该股股价出现了一波快速上升走势。

## 二、MACD 指标金叉与 RSI 指标超卖

相对强弱指标又称为力度指标，英文简称为 RSI，是由美国技术分析大师威尔斯·威尔德（Welles Wilder）创立的。该指标通过比较一段时期内的收盘涨幅和总波动幅度之间的比值，分析市场买卖意愿和实力，从而对未来市场走势做出预测。

RSI 指标的波动较为频繁，但实用性很强，常被用来研判中短期趋势，预测阶段性顶部和阶段性底部。与 KDJ 指标相似，RSI 指标的金叉死叉、超买超卖也是较为核心的研判项目。

MACD 指标 0 轴附近呈现黄金交叉前，RSI 指标早已进入超卖区间，意味着股价未来触底反弹的可能性较大。

### 1. RSI 指标超卖的特征

RSI 指标出现超卖，说明下跌行情很难持续，股价未来有反弹的可能。

通常情况下，RSI 指标超卖具有如下几个特征。

第一，股价经过一段时间的下跌后，RSI 指标中的 6 日 RSI、12 日 RSI 和 24 日 RSI 先后进入超卖区域，即 20 线下方区域。

第二，尽管 20 线被看成超卖区与弱势区的分界线，但很多投资者仍然将 6 日 RSI 进入 10 线以下区域才看成指标超卖；24 日 RSI 到达 30 线以下区域就会被看成超卖。

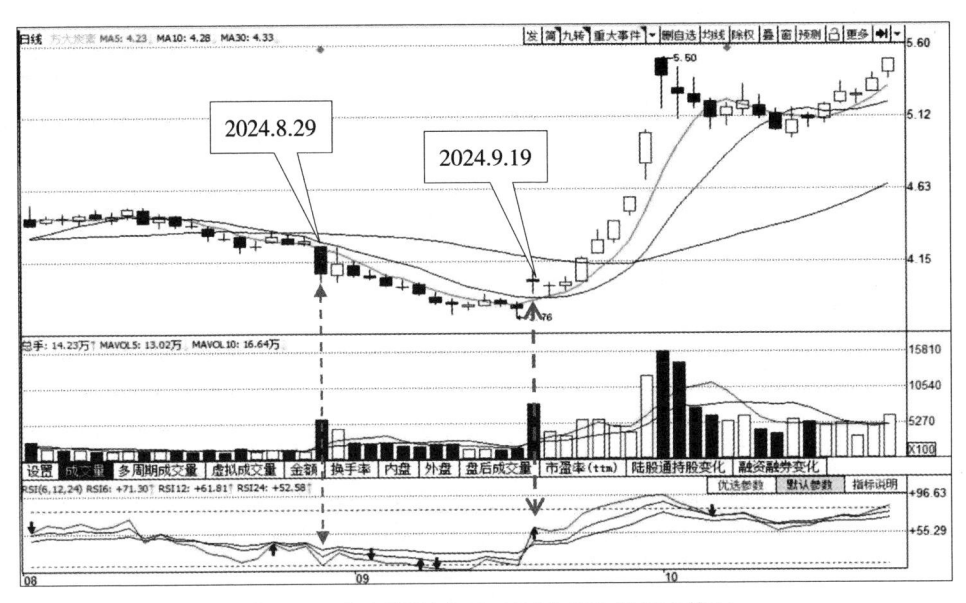

图 7-9　方大炭素（600516）RSI 指标走势图

如图 7-9 所示，方大炭素的股价在 2024 年 7 月出现了一波下跌走势。进入 8 月底，该股下跌速度有加快趋势。8 月 29 日，随着该股连续拉出大阴线，RSI 指标中的 6 日 RSI 指标、12 日 RSI 指标开始接近超卖区域。此后该股股价继续振荡走低，RSI 指标中的 6 日 RSI 指标线开始进入超买区域。这说明随着空方力量的持续释放，未来股价有由弱转强的可能，不过此时投资者仍不可贸然介入该股。

9 月 19 日，该股股价跳空高开并大幅振荡，6 日 RSI 指标自底部回升，并走出了超卖区域，说明多方力量有所增强。与此同时，RSI 指标还在超卖区域上方形成了低位金叉，这也是多方实力开始增强的一个信号。投资者若发现其他更为明显的买入信号，可执行建仓操作。

## 2. MACD 指标金叉与 RSI 指标超卖

RSI 指标进入超卖区间，意味着短期内股价将会反弹向上。若此时 MACD 指标出现黄金交叉，则意味着股价未来上涨的可能性较大。

"MACD 金叉 +RSI 超卖"的操作建议如下。

第一，股价处于阶段底部或回调时，RSI 指标率先进入超卖区间，说明市场下跌动能不足，随时有可能出现反弹走势。

第二，RSI 指标发出超卖信号后，DIFF 快线上穿 DEA 慢线形成黄金交叉形态，若该交叉点位于 0 轴附近，更可印证股价即将上涨的判断。

第三，MACD 指标出现金叉时，6 日 RSI 指标应该处于上升趋势中，且向上突破 20 线。

第四，MACD 指标出现金叉时，是该股的最佳买点。

下面来看一下法拉电子的案例。

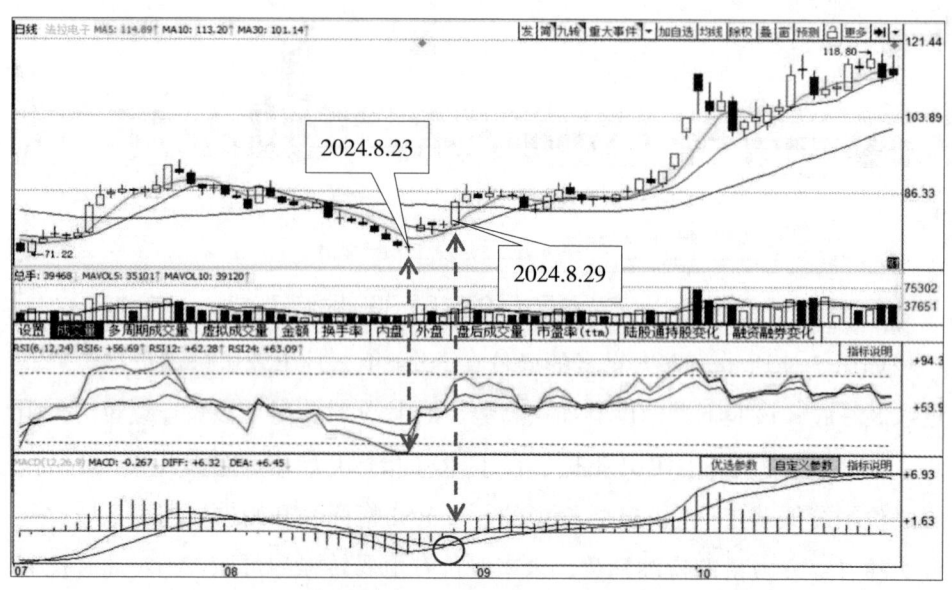

图 7-10　法拉电子（600563）MACD 金叉与 RSI 超卖示意图

如图 7-10 所示，法拉电子的股价在 2024 年 8 月下旬出现了一波快速杀跌走势，RSI 指标与 MACD 指标同步下降。2024 年 8 月 23 日，6 日 RSI 指标跌破了 20 线，说明该股已经进入了超卖区间，下跌动能难以持续，未来随时有上涨的可能。

此后，在超卖区间多日的 RSI 指标拐头向上突破了 20 线，说明股价有企稳迹象，此时 MACD 指标已经出现向右上方倾斜的迹象。8 月 29 日，DIFF 快线向上突破 DEA 慢线形成了黄金交叉形态，此交叉点距离 0 轴较近，金叉的成色相对较好，说明股价上涨趋势已经确立，投资者可于当日第一次买入该股，并于 DIFF 快线向上突破 0 轴时加仓买入。

## 三、MACD 指标金叉与 BIAS 指标超卖

BIAS 指标又称乖离率指标，是依据格兰维尔均线八大法则派生出来的技术分析指标，其通过百分比的形式来表示价格与平均线之间的偏离程度。价格暴涨暴跌，必然导致价格远离平均线，乖离率的绝对值就会变大；乖离率值越大，就意味着价格向平均线回归的可能性越大。

一般来说，BIAS 指标进入超卖状态，意味着股价短线下跌幅度较大，此时 BIAS 指标反向向上，表明股价未来存在反弹的可能。此时，若 MACD 指标出现黄金交叉，更可增强股价短线反弹的概率。

1. BIAS 指标超卖的特征

当股价在均线下方运行时，突然暴跌并远离均线，此时负的乖离率突然增大。当其达到某一百分比时，表现为短期超卖，为买进时机。通常情况下，当 6 日 BIAS 低于 -5%，就可能出现反弹；而 12 日 BIAS 必须达到 -7%、24 日 BIAS 必须超过 -9%，才认为可能反弹。

下面来看一下楚天高速的案例。

如图 7-11 所示，楚天高速的股价自 2024 年 8 月下旬走出波段小高点后，出现振荡下跌走势。进入 8 月下旬，该股股价下跌速度加快，导致负的乖离率突然增大。2024 年 8 月 30 日，该股股价大幅下挫，6 日、12 日和 24 日 BIAS 指标值均低于 -5%，特别是 24 日 BIAS 指标值达到了 -20%，说明该股已经严重超卖，短线投资者可以尝试买入，争抢反弹。

其后，该股股价企稳回升，出现了一波反弹行情。

2. BIAS 指标超卖与 MACD 指标金叉

BIAS 指标超卖与 MACD 指标金叉的操作要点包括以下几点。

第一，BIAS 指标进入超卖区域后，BIAS 值越低，未来股价反弹的空间

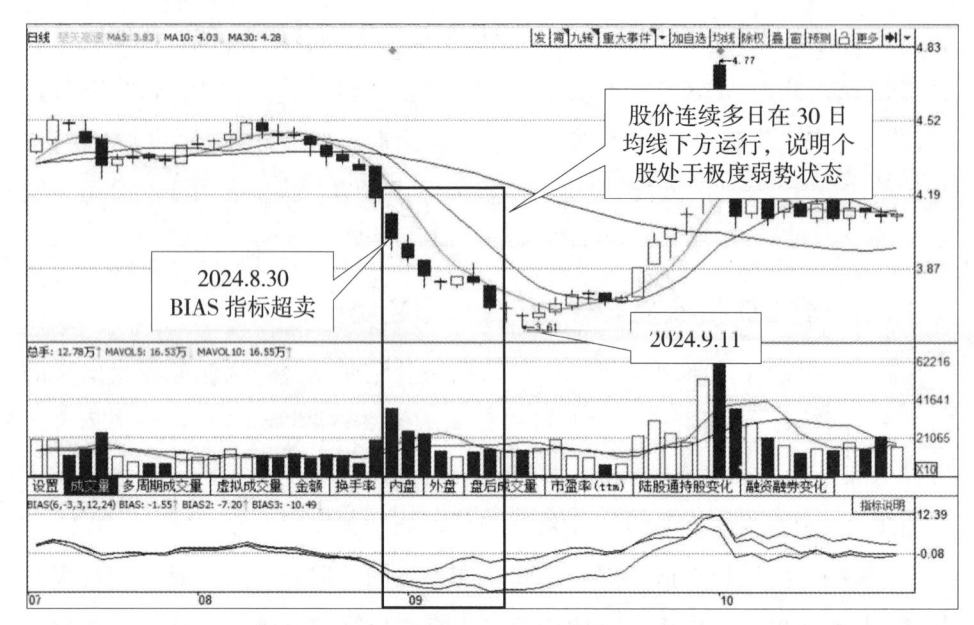

图 7-11　楚天高速（600035）日 K 线走势图

和幅度越大。

　　第二，BIAS 指标进入超卖区域后反弹向上，此时 MACD 指标出现金叉，为最佳买入信号。一般来说，BIAS 指标触底反弹与 MACD 指标金叉同时出现最佳，若 MACD 指标金叉晚几个交易日亦可，但不能相隔太长时间。

　　第三，MACD 指标金叉的位置越高越好，若能在 0 轴附近最佳。

　　下面来看一下丰华股份的案例。如图 7-12 所示，丰华股份的股价自 2023 年 12 月底开始出现了振荡调整走势。进入 2024 年 1 月后，该股股价下跌速度加快，BIAS 指标同步开始下行。

　　2 月 5 日，该股股价大幅下跌，BIAS 指标进入超卖区域，此后 MACD 指标也达到了最低点。之后股价开始出现反弹迹象，BIAS 指标自超卖区域拐头向上，MACD 柱线同步萎缩。2 月 21 日，该股股价在连续几个交易日上攻的基础上再度走高，BIAS 指标进一步走高。与此同时，MACD 指标出现了黄金交叉形态，说明该股可能会启动一波短线反弹走势，喜欢博反弹的投资者可入场轻仓参与。

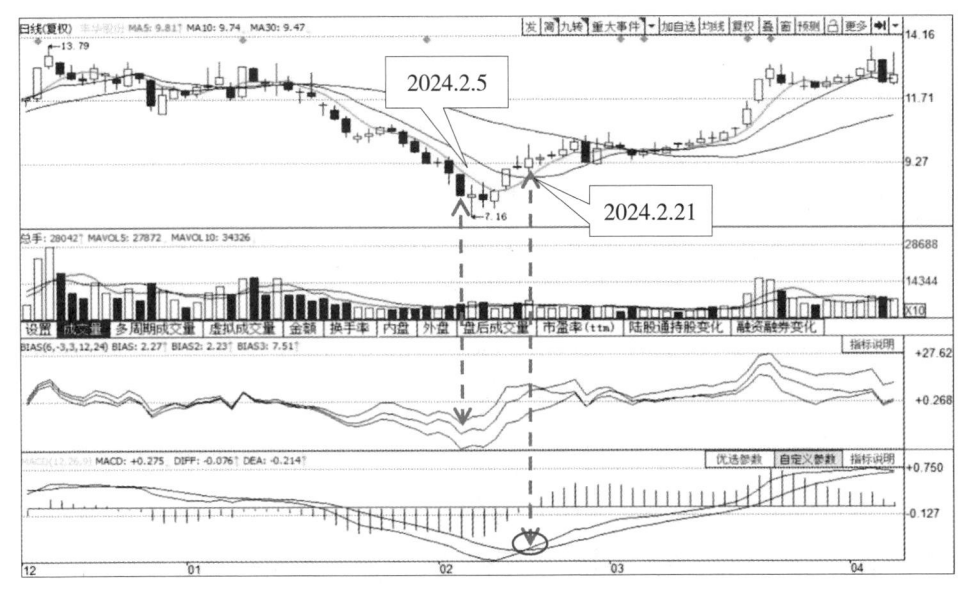

图 7-12 丰华股份（600615）MACD 金叉与 BIAS 超卖示意图

## 四、MACD 指标底背离与布林下轨线支撑

当 MACD 指标与股价出现底背离形态后，意味着股价反弹很快就可能来临，此时若股价在布林下轨线获得支撑，则意味着股价反弹行情开启。

1. 下轨线的支撑

正常情况下，股价下行遇布林下轨线并不会必然受到支撑，有时甚至可能会跌破下轨线，这只能说明股价进入超卖区域，不能提前预判下轨线对股价具有支撑。只有在股价 K 线触及下轨线出现反弹向上的走势时，才能确认下轨线对股价有有效支撑，投资者可以据此入场建仓。

下面来看一下大商股份的案例。如图 7-13 所示，大商集团的股价在 2024 年 1 月出现了一波杀跌走势。股价 K 线自 2024 年 2 月 6 日触及布林下轨线后，出现了大幅反弹。

2 月 21 日，该股股价在经过两个交易日的调整后再度上攻，且该 K 线完成了对布林中轨线的突破，这意味着股价将迎来新一波上攻，同时也说明布林下轨线对股价支撑的有效性。

2. MACD 指标底背离与下轨线的支撑

MACD 指标底背离与布林下轨线支撑的操作要点如下。

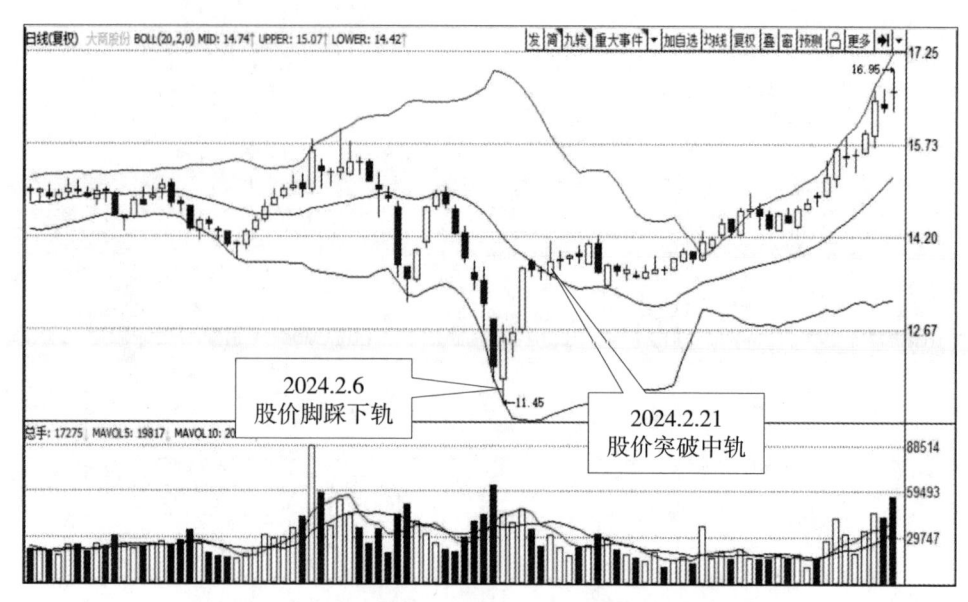

图7-13 大商股份（600694）布林线指标走势图

第一，股价经过一段时间的下跌后，在触及布林下轨线后反向上攻，且在股价反弹时，成交量出现放大迹象。

第二，股价触及布林下轨线时，相比之前的低点已经有了明显的下跌，而MACD指标形成的阶段低点却要高于前一个，即MACD指标与股价形成了底背离，这是股价即将结束下行趋势的一个信号。

第三，MACD指标形成第二个低点并拐头向上时，若MACD指标同步出现金叉，则可增强股价上升的概率。

第四，股价触及布林下轨线反弹时，布林通道的喇叭口同步收缩；当股价突破布林中轨线后，布林通道的喇叭口重新开始放大，说明股价即将进入上攻趋势，投资者可考虑积极入场。

下面来看一下华谊集团的案例。

如图7-14所示，华谊集团的股价在2024年6月出现了一波杀跌走势。股价K线自2024年6月24日触及布林下轨线后，出现了短期振荡反弹。不过此时股价振荡反攻的幅度并不算大，MACD指标仍处于0轴下方较远的位置，投资者可保持关注。

进入9月份，该股股价再度下跌。9月18日，该股股价在前一交易日下跌的基础上再次收出十字线，且该K线正好踩到布林下轨线位置，这属于典型的股价企稳信号。此时投资者需要密切关注下一交易日的股价走势，只要股价反弹向上，就可以确认布林下轨线对股价存在有效的支撑。

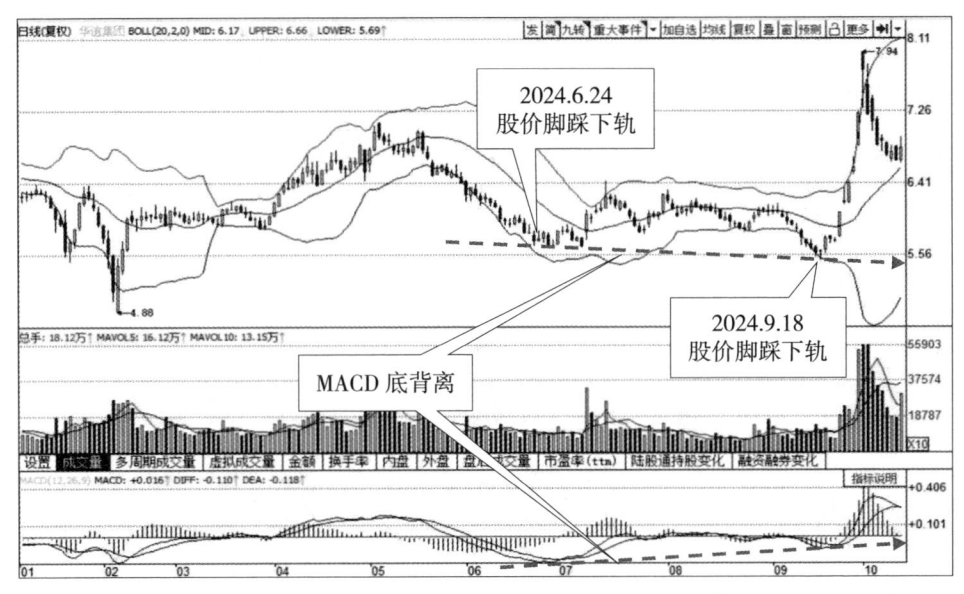

图 7-14　华谊集团（600623）布林线指标走势图

观察该股股价与 MACD 指标的位置关系还可以发现，股价 K 线在 9 月 18 日形成的低点要明显低于 6 月 24 日的低点。而 MACD 指标则是另外一番景象，尽管 MACD 指标也随着股价 K 线的下行而下跌，但其 9 月 18 日形成的低点要高于 6 月 24 日的低点，即 MACD 指标与股价形成了底背离形态，这属于股价即将反弹的信号。

此后，该股股价 K 线连续上行，可以预判股价可能会出现一波反弹或反转走势，激进型投资者可少量入场建仓。

## 第三节　MACD 指标逃顶战法

股价进入顶部区域后，股价 K 线上攻步伐就会出现减弱的态势，MACD 指标也会同步捕捉到这些信息，进而发出股价触顶的信号。依靠这些信号就可能及时撤出，实现顺利逃顶。

## 一、MACD指标顶背离+MACD指标死叉

通常来说，MACD指标出现顶背离时，往往意味着股价上攻之路存在终结的可能。当然，在有些情况下，股价并不会立即转入下跌，但在未来的某一时间段，下跌还是大概率事件。此时，若MACD指标走出了高位死叉，且MACD指标迅速跌破0轴，那么，股价未来下跌的概率将会大大增加。

下面来看一下东港股份的案例。

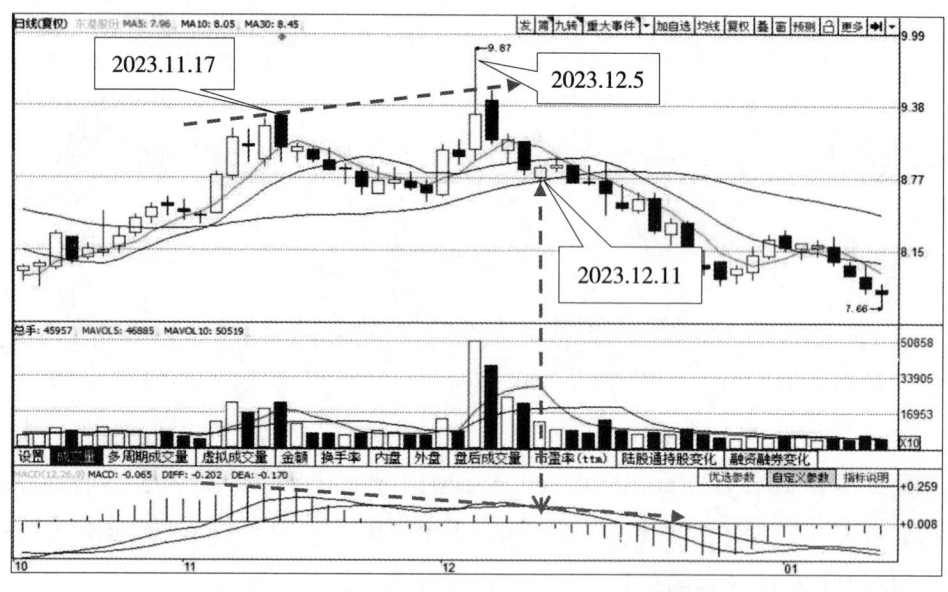

图7-15　东港股份（002117）日K线走势图

如图7-15所示，东港股份的股价自2023年10月开始出现了一波振荡上升走势。该股股价在11月底到12月初期间出现了明显的筑顶态势。从股价K线来看，在11月17日和12月5日，该股股价分别创下了两个短期高点，且后一个明显高于前一个。与此同时，从该股的MACD指标来看，12月5日高点对应的MACD指标的高度，要低于11月17日的高点，这意味着股价与MACD指标之间存在顶背离情况，也意味着股价很可能会走向下跌。

12月11日，该股股价跳空低开后小幅上攻，在K线图上留下了一根小阳线。此时MACD指标却出现了高位死叉形态，意味着股价上攻之路有终结的可能。随后MACD指标很快跌破0轴，这都是股价看跌的明确信号，

投资者可立即离场观望。

一般来说，从投资安全角度来看，确认离场信号并不需要过多的条件。当第一个下跌信号出现时，投资者就应该考虑减仓，第二个甚至第三个离场信号出现时，投资者应该坚决清仓离场。

该战法的操作要点如下。

第一，当MACD指标出现顶背离时，就应该做好离场的准备，保守型投资者可考虑先减掉一部分仓位。

第二，无论何时，MACD指标出现高位死叉，都可以作为一个清晰而明确的减仓信号。即使MACD指标随后又出现二度金叉，投资者也只需将减掉的仓位接回即可。总之，安全才是第一位的。

第三，MACD指标若接连出现顶背离、高位死叉，随后再向下跌破0轴，则是最后的逃命机会。

下面来看一下冰川网络的案例。

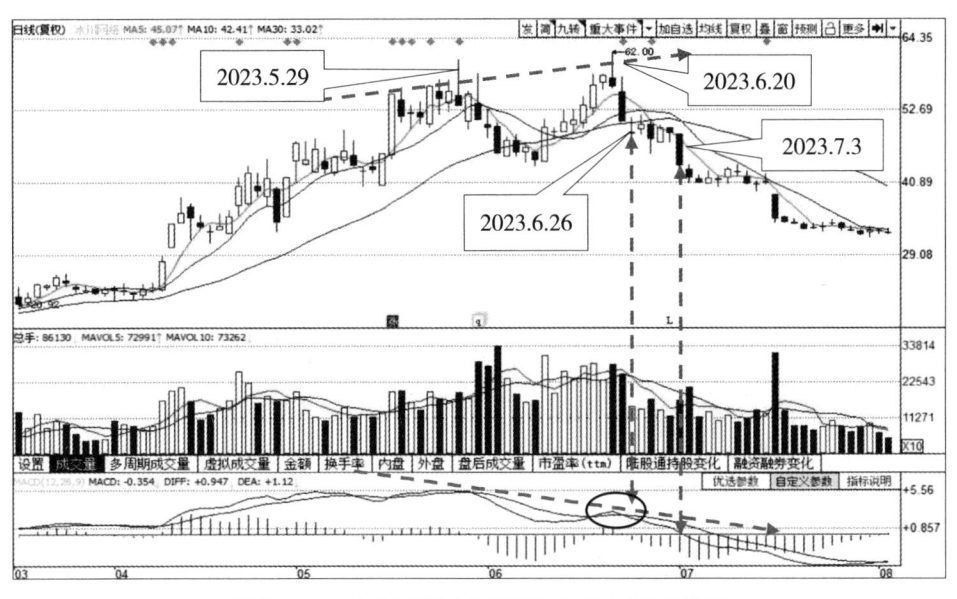

图7-16 冰川网络（300533）日K线走势图

如图7-16所示，冰川网络的股价在进入2023年后发动了一波大幅上攻走势。进入5月后，该股股价的上攻势能有所减弱，出现了明显的筑顶态势。在5月29日和6月20日，该股股价两度创出阶段高点，且6月20日的高点要明显高于 5 月 29 日；与此同时，MACD 指标也同步创出两个阶段高点，不过后一个高点明显低于前一个，这说明 MACD 指标与股价出现了顶背离情况，预示股价上攻行情已经接近尾声了。鉴于 6 月 20 日 MACD 指标的高点要大幅低于 5 月 29 日，投资者可考虑在当日进行减仓操作。

6 月 26 日，该股股价跳空开盘后出现了大幅振荡，并以十字线报收，MACD 指标同步走出了高位死叉，这也是股价触顶的一个信号，投资者宜进行减仓或清仓操作。

7 月 3 日，该股股价再度大幅下挫，MACD 指标同步跌破了 0 轴，这是投资者最后的离场时机，宜立即清仓股票。

## 二、KDJ 指标超买 +MACD 指标死叉

KDJ 指标被称为灵敏度最高的技术指标，在短线交易中使用非常广泛，将其与 MACD 指标高位死叉结合分析，可大大缩短投资者对顶部的研判时间，早一步将获利"落袋为安"。

### 1. KDJ 指标超买特征

KDJ 指标也称为随机指标，是一种中短线分析工具，主要用来反映市场上买卖力量的强弱和超买超卖现象，它能够在股价尚未上升或下降之前发出准确的买卖信号。该指标由乔治·兰恩（George Lane）博士首创，是根据统计学原理，将某个周期内出现过的最高价、最低价及最后一个收盘价作为基本数据，来计算最后一个计算周期的未成熟随机值 RSV，然后根据平滑移动平均的方法来确定 K 值、D 值与 J 值，并绘制成相应的曲线图来研判行情。

KDJ 指标超买即股价买盘过于强大，存在力有不逮的可能。当股价在高价位区域波动，这时 KDJ 指标线（尤其是曲线 D）进入 80 以上的超买区，投资者要注意风险。当 KDJ 指标线在超买区发生转折时，投资者应考虑卖出。

下面来看一下沈阳化工的案例。

如图 7-17 所示，沈阳化工的股价在 2024 年 9 月中旬开始启动了一波急速上升行情。KDJ 指标走势大幅走高，KDJ 指标中的曲线 J 率先在 9 月 24 日进入超买区域，并触及了 100 线。9 月 30 日，KDJ 指标三条指标线全部进入超买区域，说明股价短线走势极为强大，也意味着股价的上升势头无法

长期持续，未来有下跌的可能，投资者应做好准备。

10月9日，该股股价大幅下跌，KDJ指标同步走出了高位死叉，这是典型的看跌信号，投资者宜立即离场。

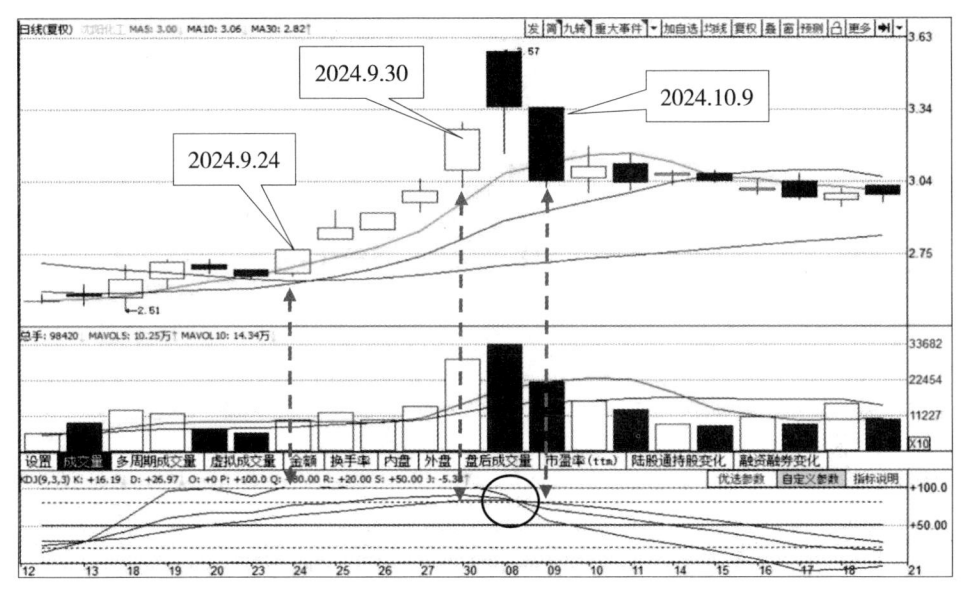

图7-17　沈阳化工（000698）KDJ指标走势图

总之，当KDJ指标进入超买区域时，往往也是强势股涨势最为迅猛的一段，当然，也是股价即将从上涨转为下跌的时刻。此时，若MACD指标同步走出高位死叉形态，KDJ指标再跌破超买区域，则意味着股价很可能转为跌势或出现回调走势，投资者宜暂时离场。

该战法的操作要点如下。

第一，当股价持续上攻一段时间后，KDJ指标已经进入超买区域，曲线J触及了100线，说明股价正处于强势运行状态，也是投资者需要预防可能发生反转的时刻。

第二，MACD指标自高位出现回落，并出现高位死叉形态，说明股价上升可能会出现终结或暂停。此时若KDJ指标自超买区域返回常规波动区域，甚至跌破了50线，则更可印证股价将迎来新一波下跌。

下面来看一下川恒股份的案例。

如图7-18所示，自2024年2月初开始，川恒股份的股价出现了大幅振荡上扬走势。该股股价在上升过程中不断创出新的高点，MACD 指标随之不断走高，KDJ 指标也随着股价的波动而呈现出剧烈的波动。

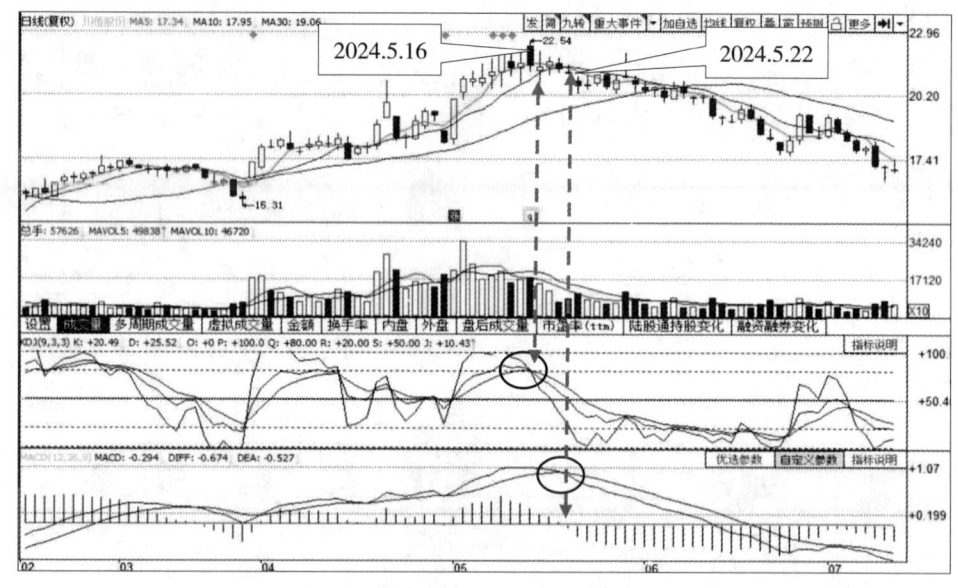

图 7-18　川恒股份（002895）日 K 线走势图

2024 年 5 月 16 日，该股股价创出阶段新高，与此同时，KDJ 指标也全部进入了超买区域。次日，KDJ 指标出现了拐头向下的态势，并走出高位死叉。5 月 22 日，该股股价小幅回调，MACD 指标走出了高位死叉形态，而此时 KDJ 指标则跌破了 50 线，意味着股价将迎来一波回调或下跌走势，投资者可立即清空仓位。

### 三、股价遇布林上轨线回落 +MACD 柱线缩头

股价经过一波上攻，触及布林上轨线后，若出现明显的回落走势，且此时 MACD 柱线同步出现大幅缩头的情况，则意味着股价短线上攻势头有所减弱，甚至有终结的可能。

1. 股价遇布林上轨线回落

布林线指标的上轨线，就是一条由布林线指标系统设定的股价最大波动幅度的界限。也就是说，当股价上升越过布林上轨线，意味着股价进入了非正常区间，未来势必会出现回归走势。通常来说，当一只股票处于正常波动

区间时，若股价触及上轨线后遇阻回落，往往意味着股价很可能会出现一波调整走势。

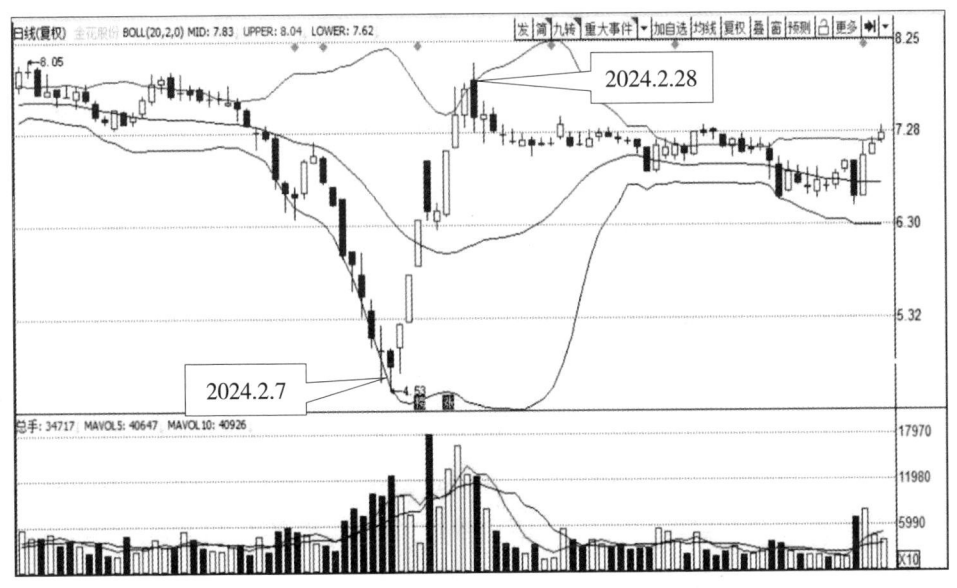

图 7-19 金花股份（600080）日 K 线走势图

如图 7-19 所示，金花股份的股价在 2024 年年初时段出现了一波大幅下跌走势，与此同时，布林线的喇叭口也呈现急速敞开态势，意味着股价将会持续大幅下跌。

2024 年 2 月 7 日，该股股价再度低开低走后，在大盘反攻的带动下，出现了触底反弹走势，最终在 K 线图上留下了一根带长下影线的阴线，其下影线正好触及了布林下轨线。此后，该股股价掀起了一波快速反弹走势。

2024 年 2 月 28 日，该股股价触及布林上轨线后，出现了回落走势。至此，该股股价的上攻之路出现了中断，此后股价进入振荡回调走势。由此可见，布林上轨线对股价还是具有较强的阻力作用的。

通常来说，股价触及布林上轨线出现回落，同时 MACD 柱线出现缩头，意味着股价很大概率会出现调整走势。当然，这种调整可能持续几个交易日，也有可能就此进入下行通道。不过，从投资安全的角度来看，投资者还是应该以减仓或清仓为宜。

该战法的操作要点如下。

# MACD 指标：波段交易技术精解

第一，股价自低位上攻至布林上轨线附近时，因受上轨线的阻力而出现下跌，多以带长上影线的 K 线收盘为主要特征，这是明确的股价上攻遇阻信号。

第二，当股价触及上轨线遇阻时，若 MACD 柱线同步出现缩头态势，这也是多方实力开始减弱的一个信号。这两个信号同时出现，意味着股价上攻有终结的可能，投资者可考虑减仓或清仓操作。

第三，上述信号出现后，若股价继续回调，且跌破了布林中轨线，则应该坚决清仓离场。

下面来看一下大豪科技的案例。

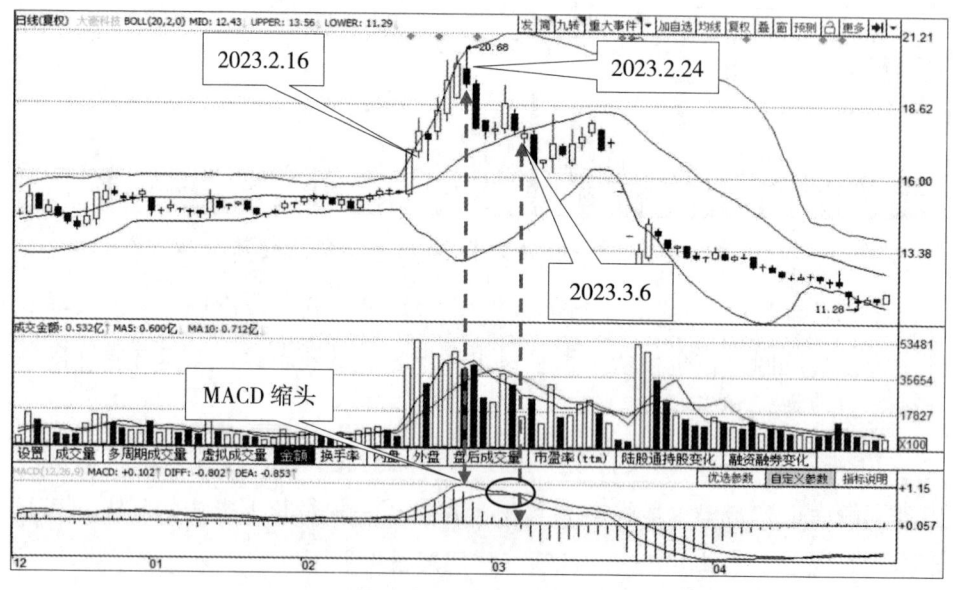

图 7-20　大豪科技（600080）日 K 线走势图

如图 7-20 所示，大豪科技的股价在 2023 年年初时段出现了一波横向振荡走势，与此同时，布林线的喇叭口也呈现收缩态势，意味着股价将重新选择突破的方向。

2023 年 2 月 16 日，大豪科技以一根大阳线吹响了股价上攻的号角，股价连续走高，并沿着布林上轨线上攻。与此同时，MACD 指标柱线也呈现了急速拉升状态，这都意味着股价正处于上升趋势，投资者耐心持股即可。

2023 年 2 月 24 日，该股股价触及布林上轨线后，出现了回落走势，至此，该股股价的上攻之路出现中断。与此同时，MACD 柱线也同步出现了萎缩态势，这也是多方实力出现衰减的一个信号，此时投资者宜进行减仓操作。此后，该股股价连续出现了较大规模的回调。

2023 年 3 月 6 日，该股股价跌破了布林中轨线，MACD 指标同步出现死叉，这是一个更为强烈的看空信号，投资者宜立即清空手中的仓位。

# 第八章

# 以 MACD 指标为核心构建交易系统

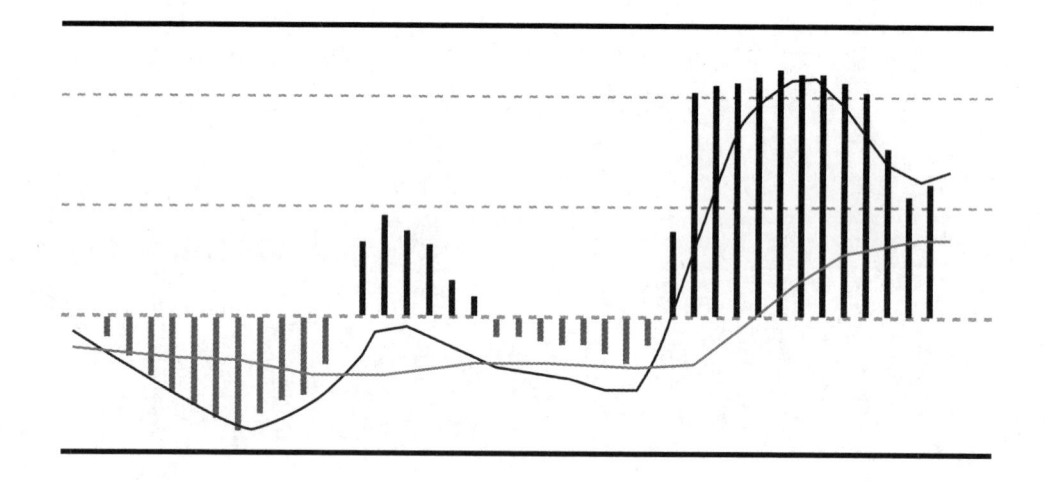

基于MACD指标的交易系统，是以MACD指标为核心参照对象，同时辅之以K线、成交量或其他技术指标构建，涵盖了股票买入、加仓、减仓、清仓等操作时机的交易体系。

# 第一节　基于MACD指标的选股技术

选股是交易的前置条件。MACD指标选股的条件与其他技术指标相似，也是选择优质的、从MACD指标角度来看已经呈现上升势头的股票。

## 一、MACD指标选股的基本原则

MACD指标选股的核心在于寻找股价已经进入波段上升趋势，并且能够持续上行一段时间的股票。在操作过程中，需要对股票质地、短线走势进行一定的筛选，排除一些明显不合适的股票。

MACD指标选股需要遵循以下几个基本原则。

第一，绩优股与成长股是优先备选对象。这类股票的价格走势相对更为稳健，一旦MACD指标进入上升趋势，也更容易持久。

第二，远离垃圾股、ST股。这类股票即使趋势较好，也很容易被突发的利空直接打断上攻进程。

第三，尽量避开妖股、短线暴涨股票。从MACD指标的趋势来看，这类股票的走势很可能符合选股的要求，但由于其短线爆发力度过大，很容易出现反向快速下跌，为波段操作带来不确定性风险。

## 二、MACD指标选股策略——0轴选股

在MACD指标体系中，0轴是一条重要的多空力量分界线，即MACD指标运行于0轴上方，意味着多方占据主导优势；反之，当MACD指标运行于0轴下方，则意味着空方占据主导优势。在应用MACD指标选股时，

# MACD 指标：波段交易技术精解

MACD 指标应运行于 0 轴上方，这是对所选股票的第一要求，也是最基础的要求。

其具体的选股要求如下。

第一，股价经过一段小幅上攻后出现横向或振荡上升态势，MACD 指标运行在 0 轴上方，说明市场处于多头主导行情之中，适宜进行选股操作。

第二，股价运行在 0 轴上方时，两条指标线距离 0 轴并不远。若指标线距离 0 轴过远，就存在回调的需求，也不利于进行选股操作。

第三，所选股票的 MACD 指标通常是自下而上突破 0 轴后，开始在 0 轴上方运行的，而非自高位下跌后运行于 0 轴上方。

第四，MACD 指标运行于 0 轴上方时，在 0 轴附近位置走出了黄金交叉形态，这是股价即将上攻的典型信号，也是投资者的入场信号。

下面来看一下 GQY 视讯的案例。

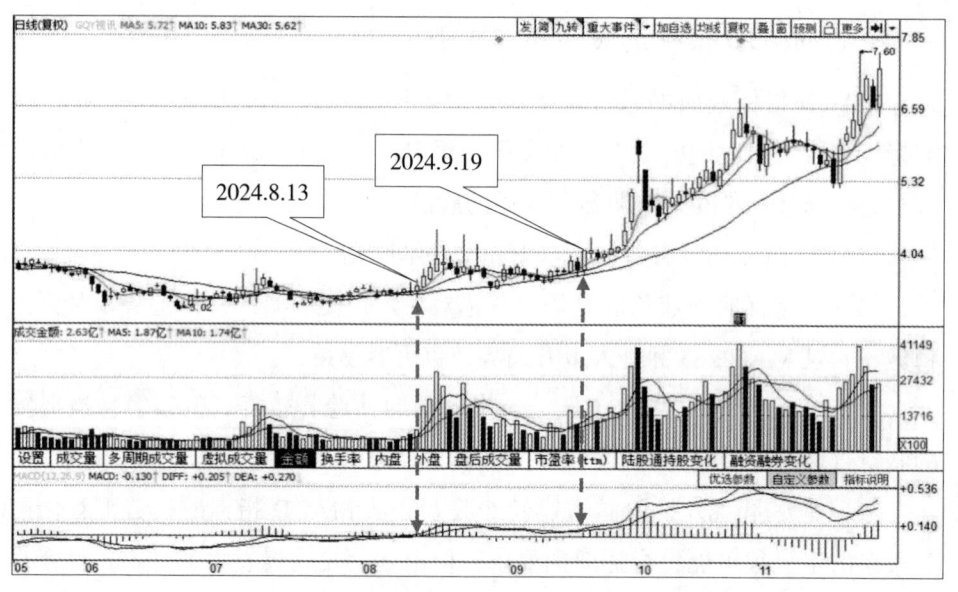

图 8-1　GQY 视讯（300076）日 K 线走势图

如图 8-1 所示，GQY 视讯的股价在 2024 年上半年经历了一波漫长的下跌走势，MACD 指标同步出现了下行态势，且在大部分时间里都运行在 0 轴下方，这说明该股在这一段时间内都不能作为波段交易的候选标的。

进入 6 月中旬以后，该股股价出现了触底反弹走势，MACD 指标也随之振荡走高。不过此时 MACD 指标仍运行在 0 轴下方，说明仍不适宜将该股列为操作对象。

8 月 13 日，该股股价小幅走高，并完成了对均线的突破。与此同时，MACD 指标也同步完成了对 0 轴的突破。此后，随着股价横向振荡，MACD 指标同步在 0 轴上方徘徊，说明此时的环境相比前期有了较大的改善，已经适宜进行入场操作了，该股可以作为波段交易的候选标的，投资者可择机买入。

9 月 19 日，该股股价再度启动上攻，MACD 指标在 0 轴上方形成了黄金交叉，说明股价很有可能开启新一波上攻，投资者可积极入场。

### 三、MACD 指标选股策略——背离与趋势选股

当股价处于下行趋势，且与 MACD 指标出现底背离形态时，通常意味着股价可能迎来运行趋势的转折。之后，若股价与 MACD 指标同步上行，就意味着股价与 MACD 指标同步进入上升趋势。这类股票未来可能拥有相对广阔的上升通道，也是投资者可以积极选择的交易标的。

其具体的选股要求如下。

第一，股价经过一段时间的下跌后，跌势有所减缓，不过股价仍在不断地创出新低。与此同时，MACD 指标走出的底却一个比一个高，说明股价与 MACD 指标之间存在背离，股价在不远的未来可能会转向。

第二，随着股价转向，MACD 指标的上升速度开始加快。这是 MACD 指标处于上升趋势，甚至上升趋势加速的一个信号，也是投资者可以将该股列为操作标的的依据。

第三，当 MACD 指标向上突破 0 轴，或者即将接近 0 轴时，走出了黄金交叉形态，也可以看成是一个明确的入场信号。

下面来看一下八亿时空的案例。如图 8-2 所示，八亿时空的股价自 2023 年 11 月开始进入了下行通道，股价不断创出新的低点，MACD 指标同步进入下行通道。

到 2024 年 7 月底，尽管股价仍处于下行通道，但 MACD 指标却不再创出新低，而是出现了一波比一波高的走势。从图中可以看出，该股股价在 9

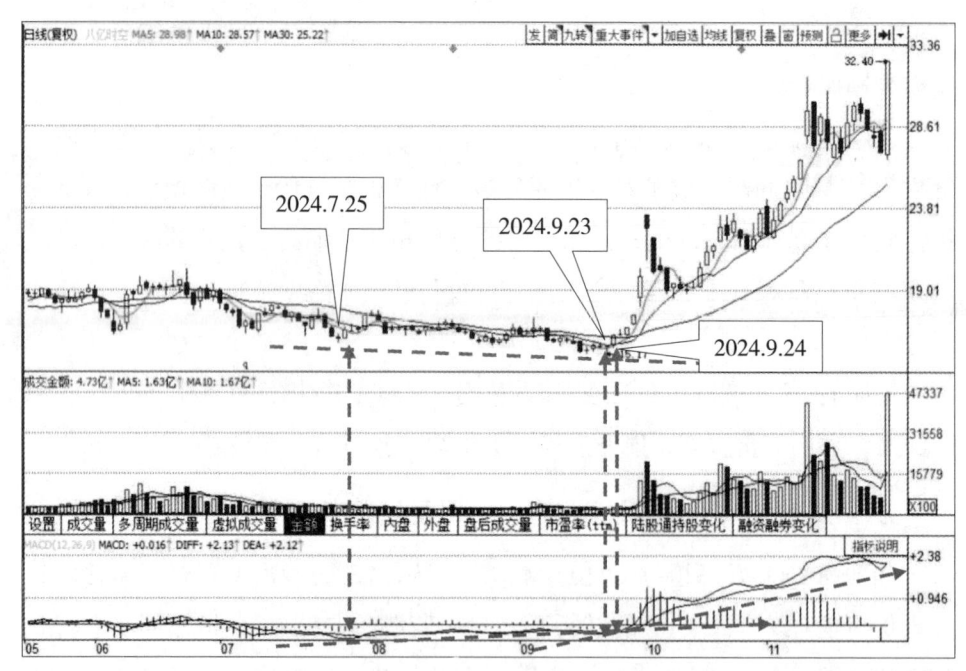

图 8-2  八亿时空（688181）日 K 线走势图

月 23 日形成的低点要明显低于 7 月 25 日的低点，而同期的 MACD 指标形成的低点却比前一个高。这意味着股价与 MACD 指标之间存在背离，这是股价即将反攻的信号。观察 MACD 指标的运行趋势可以发现，自 7 月 25 日开始，MACD 指标已经进入了上升趋势，只是 MACD 指标仍运行于 0 轴下方，投资者只需保持关注即可。

9 月 24 日，该股股价大幅放量上攻，股价 K 线完成了对 5 日线和 10 日线的突破。与此同时，MACD 指标在 0 轴下方附近位置走出了黄金交叉形态，由于此交叉点距离 0 轴较近，成色较高，投资者可考虑积极入场买入该股。

此后，股价与 MACD 指标同步进入快速上升通道。

# 第二节　MACD 指标与左侧、右侧波段交易系统

左侧交易与右侧交易是股市中常见的两种交易模式。左侧交易是指在一个操作周期内，在股价下跌至波谷前买入股票，并在股价上涨至高峰前卖出的一种交易模式；右侧交易是指在一个操作周期内，在股价走出波谷后买入股票，并在股价顶部形成后卖出股票的一种交易模式。

## 一、左侧交易与右侧交易

按照左侧交易与右侧交易的定义，来看一下两种交易风格的买点，如图 8-3 所示。

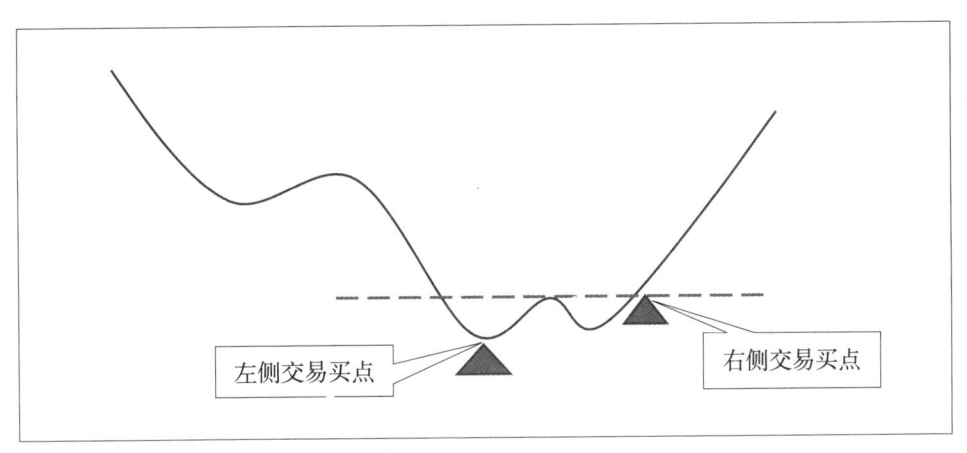

图 8-3　左侧交易与右侧交易的买点

再来看一下左侧交易与右侧交易的卖点，如图 8-4 所示。

从图 8-3 和图 8-4 中可以看出以下几点。

第一，从表面上来看，左侧交易的买点与卖点均较右侧交易提前，而且从图中的表现来看，左侧交易似乎更容易使收益最大化。

第二，从实际应用角度来看，左侧交易的应用难度明显大于右侧交易，因为谁也无法保证买入点位就是最低点，卖出点位就是最高点。在实际交易

# MACD 指标：波段交易技术精解

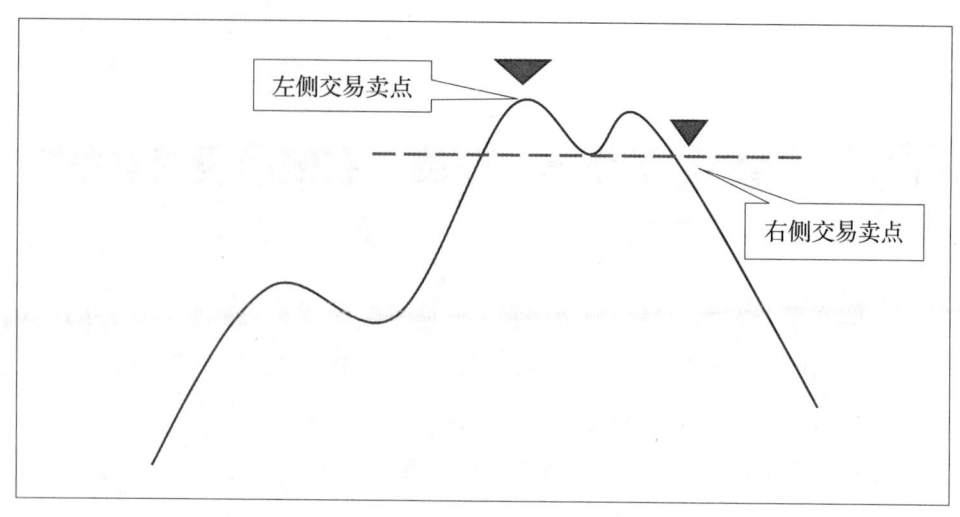

图 8-4 左侧交易与右侧交易的卖点

过程中，在一个低点买入股票后，后面可能还会有更低的低价；在一个高点卖出股票后，后面可能还会有一个更高的高点。右侧交易相对更为科学一点，毕竟买入点位已经是股价上升趋势确立的时刻，卖出点位也是股价下行趋势得以确立的时刻。尽管仍然不能保证买入后股价一定会上涨，卖出后股价一定会下跌，但至少从概率上来讲，右侧交易肯定要比左侧交易更为安全。

现实交易中，左侧交易与右侧交易的拥护者都不在少数，这是由其背后的设计原理所决定的。

### 1. 左侧交易

从表面上来看，左侧交易试图精准地寻找股价低点，并提前入场、离场。然而，在交易过程中，没有人能够准确地预判股价的最低点或最高点。左侧交易的本质其实就是价值投资理论，即通过对股价内在价值的分析，为股票进行估值，然后将当前股价与估值进行对比。

股价处于下行趋势时，当股价低于其估值后，投资者自然认为此时股票就是值得投资的标的，因而当股价创出阶段新低时，投资者往往就会入场建仓。从价值投资的角度考虑，股价低于内在价值时，就是值得投资的标的，因此，短期内无论股价上涨或下跌，投资者都不会离场。只有当股价上涨一定幅度后，已经超过其内在估值了，投资者才会择一高点将其抛售，至于未来股价是否还会创出新的高点，已经不重要了。

### 2. 右侧交易

相对而言，右侧交易是一种更为安全、合理的交易策略。对于投资新手来说，右侧交易也是更能为投资者"保命"的一种交易策略。通常情况下，只有股价运行趋势发生了某种扭转或转向，才能认为出现最佳买入时机，比如，股价突破下降趋势线或者突破某一重要均线位等。目前，绝大多数股票技术分析指标给出的交易信号，都是基于右侧交易策略设计的。

比如前面介绍 MACD 指标时曾强调过，只有 0 轴上方附近的金叉，才是质量最佳的买入信号，其实该位置的金叉就是从右侧交易策略角度确认的一个比较可靠的买点。

## 二、利用 MACD 指标构建左侧交易系统

前面说过，左侧交易系统主要是基于价值投资理论设计的，但是在实战中，仍然可以借助 MACD 指标完善整个交易系统，以达到盈利最大化的目标。

### 1. 主要设计思路

股价低于内在估值后，投资者可根据 MACD 指标发出的背离信号设定入仓时机。这里有一个基本的概念需要澄清：基于左侧交易策略的股票，一定是股价低于其内在价值（及估值）的，而不是股价先前下跌了多少幅度。举个简单的例子，比如，某只股票的估值是 10 元，先前的价格已经上涨至 30 元了，那么，即使此时股价下跌了 50%，达到 15 元，投资者也不应该寻找入场时机。只有当股价低于 10 元，才能找寻合适的入场机会。

### 2. 买入点位的选择

通常来说，股价触底反弹肯定会有一个过程。很多股票在下跌过程中，都经历了股价与 MACD 指标背离的过程，只是背离持续的时间有所不同。基于左侧交易策略的入场点，可以建立在 MACD 指标底背离基础之上，即当 MACD 指标与股价产生背离后，股价不再创新低，即 MACD 柱线开始"抽脚"时，投资者可以第一次入场建仓。

### 3. 仓位的控制

相对而言，左侧交易的风险极高，初次建仓仓位应该控制在 30% 以下。

4. 加仓控制

（1）加仓条件。

投资者建仓后，若股价启动上涨，DIFF 快线自下而上穿越 0 轴时，可考虑加仓买入。此后，股价与 MACD 指标若能同步进入上行趋势，则可在 DIFF 线回调遇 DEA 支撑或二者再度形成金叉时，加仓买入。

（2）加仓仓位。

第一次加仓仓位控制在 20% 以下（计划投入资金量的 20%）。

第二次加仓仓位控制在 20% 以下（计划投入资金量的 20%）。

剩余资金留下备用，除遇特别好的机会，否则不再加仓。

5. 卖出条件

通常情况下，左侧交易策略的卖出条件包括两类：其一，当股价超过内在价值后（20% 以上），投资者就可以在高位择机出货了；其二，MACD 指标进入高位，与股价形成顶背离形态，投资者就需要考虑离场的时机了。

（1）MACD 柱线位于 0 轴上方呈红色，经过一段时间的拉升后，出现明显的"缩头"形态（连续三根红柱依次变短），说明多方力量减弱，股价即将结束上涨。此时左侧交易的投资者可卖出持有股票的 50%。

（2）DIFF 快线自上而下与 DEA 慢线形成高位死叉，可清空所持有的股票。

6. 止损条件

左侧交易的止损相对比较困难。一般来说，止损方法包括两类：其一，固定比例止损，即入场后，股价继续下跌超过一定幅度，如 10% 或 15%，需要进行一定的止损操作；其二，除非股票估值系统需要调整，否则只要股价低于其内在价值，投资者就应坚定持有不止损，这也是很多左侧交易者所坚持的方法。当然，这对投资者选股有很高的要求。

下面来看一下新国都的案例。新国都是以支付服务及场景数字化服务、电子支付设备、审核服务为主营业务的企业。近年来，随着我国电子支付行业的快速发展，其企业业绩保持了强劲的增长。同时，该股还具有数字支付、区块链、智慧政务等多种概念，常常成为各路资金追踪的热门标的。

如图 8-5 所示，新国都的股价在进入 2024 年后出现了一波下跌走势，股价一度下跌至 15 元以下的位置。对于价值投资者或者左侧交易者来说，这已经是一个比较有吸引力的价位了。不过，鉴于大盘不断走低的影响还在扩大，市场不确定性极高，激进型投资者可在 MACD 指标与股价出现底背离形态，且 MACD 柱线出现"抽脚"形态时少量入场，也可以继续保持观望。

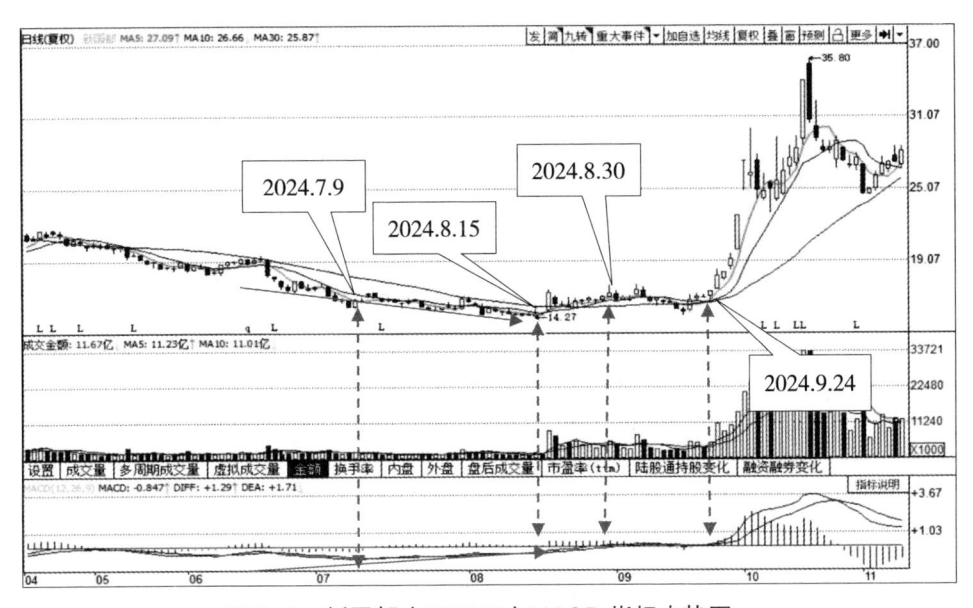

图 8-5　新国都（300130）MACD 指标走势图一

8 月 15 日，该股股价创出新低，该低点要明显低于 7 月 9 日的低点。与此同时，MACD 指标对应的低点却高于 7 月 9 日的低点，说明股价与 MACD 指标底背离形态已经成立，投资者可做好入场准备。鉴于未来股价会出现几次背离还不好确认，投资者可先在 MACD 柱线"抽脚"时少量入场。

8 月 30 日，随着股价振荡走高，MACD 指标完成了对 0 轴的突破，这就意味着市场开始由多方占据主导地位，投资者可考虑加仓买入该股。

此后，该股股价出现了一波调整走势，MACD 指标向 0 轴靠拢。9 月 24 日，该股股价重新开始上攻，MACD 指标在 0 轴上方附近位置出现黄金交叉，这也是股价启动的一个信号，投资者可第二次加仓。

鉴于左侧交易的巨大风险，投资者在基本的建仓与加仓之后，至少还应保留 30% 的资金量。

下面再来看一下新国都其后的股价走势情况。

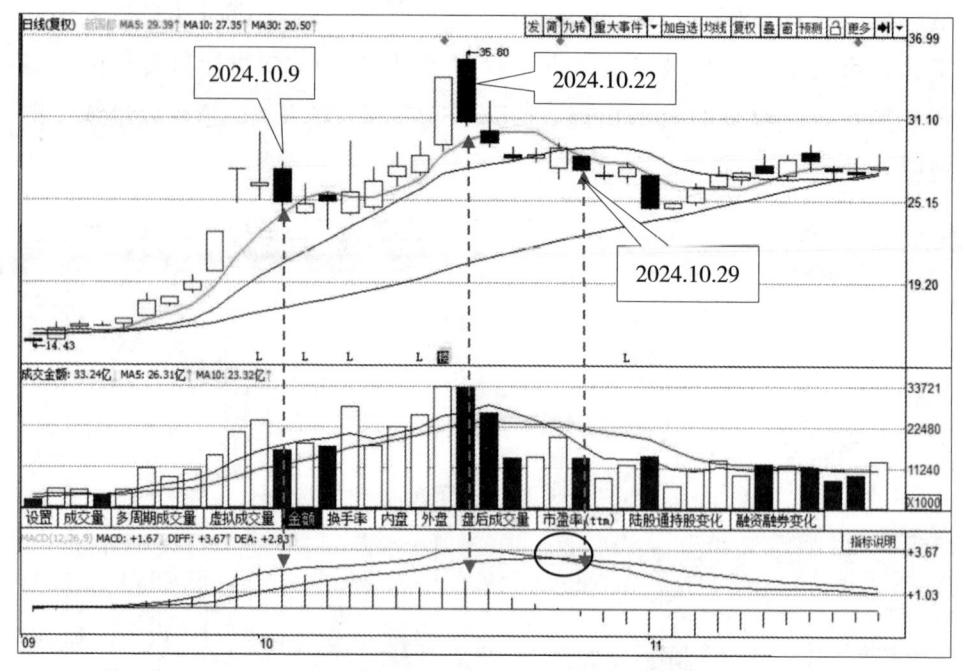

图 8-6  新国都（300130）MACD 指标走势图二

如图 8-6 所示，新国都的股价经过一段时间的振荡上升后，在 2024 年 10 月初，最高点已达到了 29.99 元。也就是说，当时股价相比启动初期已经实现了翻倍，此时左侧交易者可以寻机卖出股票了。

2024 年 10 月 9 日，该股股价出现高位回调，MACD 柱线出现了"缩头"形态，投资者可考虑减仓操作。

此后，该股股价经过一波回调后，重新进入上升通道，并在 10 月 22 日再度出现触顶回落态势，MACD 柱线再度"缩头"，此时投资者可再度进行减仓操作。

10 月 29 日，该股延续了之前振荡走低的态势，MACD 指标出现高位死叉形态，这是一个典型的看空信号。鉴于此时投资者获利已经较为丰厚，应以清仓了结为宜。

### 三、利用 MACD 指标构建右侧交易系统

右侧交易系统是目前应用最为广泛的交易体系，也是绝大多数技术分析

指标所依托的交易系统。下面尝试借助 MACD 指标构建右侧交易系统。

1. 主要设计思路

在股价进入上升趋势时买入股票，在股价进入下降趋势时卖出股票，是右侧交易系统的核心精髓所在。不过，在判断股价进入上升趋势或下降趋势时，需要进行一系列的信号确认。当然，这些确认动作完成后，股价可能已经不在底部位置了。换句话说，右侧交易系统，本身也不是寻求在最低价格位置买入，在最高价格卖出，毕竟目前还没有哪种分析技术能够准确地预判股价的启动点位，投资者只要做到在保证投资安全的前提下，在相对低位买入，在相对高位卖出即可。

2. 买入条件及仓位控制

右侧交易系统需要寻求更为安全的入场点，从 MACD 指标角度来看，MACD 柱线低位"抽脚"或 MACD 指标低位金叉，都不足以构成入场条件。一些带有多空力量对比发生逆转的信号，才能作为投资者入场的条件。

（1）股价处于上涨途中，MACD 指标自下而上突破 0 轴，可以作为第一个入场点位，但必须将仓位控制在 30% 以下。

（2）更加保守的投资者可以等待 MACD 指标在 0 轴上方附近位置出现黄金交叉时入场建仓，并将仓位控制在 30% 左右。

3. 加仓条件及仓位控制

只有股价运行趋势与投资者的判断一致时，才能进行相应的加仓操作。

（1）加仓条件。

投资者建仓后，若股价持续上涨，DIFF 快线出现回调遇 DEA 慢线支撑再度上涨，可以考虑加仓买入。

若 DIFF 快线与 DEA 慢线在高位出现二次黄金交叉，可考虑第二次加仓买入。

（2）加仓仓位。

第一次加仓仓位控制在 20% 以下（计划投入资金量的 20%）。

第二次加仓仓位控制在 20% 以下（计划投入资金量的 20%）。

MACD指标：波段交易技术精解

4. 卖出条件

（1）DIFF快线自上而下与DEA慢线形成高位死叉，可卖出大部分持仓股票（具体比例应根据股价上涨幅度决定，上涨幅度越大，卖出比例越大）。

（2）DIFF快线自上而下穿越0轴，则清空该股。

5. 止损条件

DIFF快线自上而下跌破0轴，则坚决止损。

下面来看一下格力电器的案例。

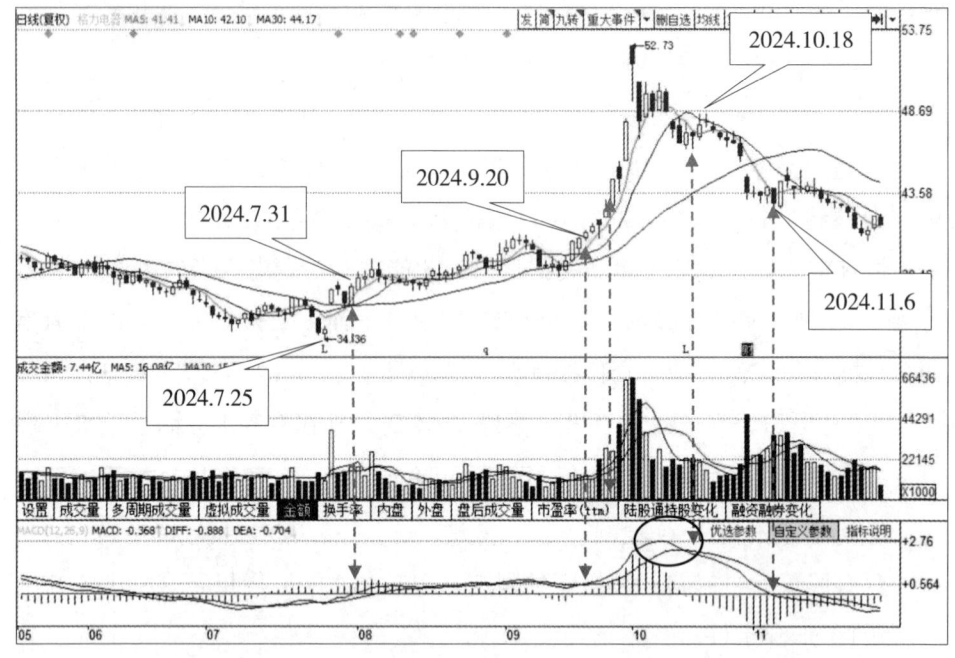

图8-7　格力电器（000651）MACD指标走势图

如图8-7所示，格力电器的股价在2024年7月到10月期间经历了一波振荡上涨行情。2024年7月25日，该股股价触底反弹，并形成了阶段低点。观察此时的股价走势与MACD指标走势可以发现，二者事实上已经形成了底背离形态。不过，按照右侧交易系统，投资者还需要更为明确的趋势转好信号才能入场交易。

2024年7月31日，该股股价成功突破了30日均线的压制。与此同时，MACD指标向上完成了对0轴的突破，这是右侧交易所需的第一个入场点。此后，该股股价振荡走高。到了9月份，股价出现小幅回调，MACD指标在

0轴上方形成死叉，投资者此时可保持观望。

9月20日，该股股价重新开始上攻，MACD指标在0轴附近位置形成黄金交叉，投资者可在此时进行加仓操作。

此后，该股股价掀起了一波上升浪潮。进入10月份后，股价出现了回调。10月18日，该股股价延续了之前的回调走势，MACD指标形成了高位死叉，此时投资者宜执行减仓操作。

11月6日，该股股价再度下跌，MACD指标自上而下跌破了0轴，此时投资者可考虑直接进行清仓操作。

通过左侧交易系统与右侧交易系统的对比，可以发现这样几个问题。

第一，右侧交易相比左侧交易具有明显的滞后性，这种方法可能会错过股价上涨的第一波浪潮，也可能会因为股价下跌蚕食一定的收益，但优势也是比较明显的，即相对安全，投资者可以避免让自己的本金面临较大的风险。避免本金损失在投资领域是一个非常关键的问题，即任何时候都不能为了将收益最大化而将本金置于高风险的环境当中。

第二，右侧交易系统，从本质上来说，就是在判断股价运行趋势成立后再采取相应的交易行动。投资者可通过多种技术指标或分析技术，努力提早觉察或判断股价运行趋势的变化。这里有一点需要提醒投资者，这种趋势变化应该是基于股价运行趋势事实上已经发生的转变，而非投资者自己感觉的趋势变化。

第三，合理的仓位调整计划，也是投资者盈利的保证。根据MACD指标的运行态势适时加仓与减仓，可以帮助投资者实现盈利最大化的目标。